Déjeuners
avec des ministres sous pression

Anne Rovan
et Nathalie Segaunes

Déjeuners avec des ministres sous pression

Albin Michel

© Éditions Albin Michel, 2010

« Mes enfants, tant qu'un homme est au ministère, adorez-le ; tombe-t-il, aidez à le traîner à la voirie. Puissant, il est une espèce de Dieu ; détruit, il est au-dessous de Marat dans son égout, parce qu'il vit et que Marat est mort. La vie est une suite de combinaisons, et il faut les étudier, les suivre, pour arriver à se maintenir toujours en bonne position. »

Mme Campan,
Première femme de chambre
de Marie-Antoinette,
citée par Honoré de Balzac, *Eugénie Grandet*

Introduction

Enfin ils le sont : ministres ! Nommés par le président de la République, ils doivent ce privilège, ils ne l'ignorent pas, au moins autant à ce qu'ils représentent qu'à leurs compétences.

Tous différents, ils font partie d'un casting. Ils ont été recrutés par Nicolas Sarkozy pour mettre en œuvre sa politique, certes. Mais aussi pour incarner une sensibilité, une origine, un parcours...

Il y a ainsi l'insubmersible Michèle Alliot-Marie, de tous les gouvernements depuis 2002. L'incontournable Brice Hortefeux, compagnon de route du président depuis plus de trente ans. Et comment passer sous silence l'exubérante Nadine Morano, à la blondeur gouailleuse, qui parle aux couches populaires ? Moins typés, le villepiniste bon teint Bruno Le Maire, la catholique provocatrice Christine Boutin, ou l'écologiste Jean-Louis Borloo, devenu, de Chirac à Sarkozy, un champion de la survie politique, jouent eux aussi leur partition.

Si toutes les composantes de la majorité sont représentées dans les gouvernements de Nicolas Sarkozy, on y trouve également ce qu'on appelle dans les familles « les pièces rapportées » ! Recrutées et choyées au nom de la sacro-sainte ouverture, elles sont censées attirer les brebis égarées de la gauche dans le camp du président :

Déjeuners avec des ministres sous pression

l'ex-bras droit de François Hollande, Éric Besson, ou le successeur de l'abbé Pierre à la tête d'Emmaüs, Martin Hirsch, introduisent une touche d'audace dans le tableau gouvernemental.

Il y a enfin les symboles : la beurette de Chalon-sur-Saône devenue star, Rachida Dati, bien sûr. « Remplacée » par la novice Nora Berra, fille d'un tirailleur algérien. Et puis Rama Yade, administratrice du Sénat d'origine sénégalaise. Ainsi que la militante féministe arabe issue des « quartiers », Fadela Amara. La présence, sur la photo, de ces figures de la « France métissée » importe au moins autant, si ce n'est plus, que leur action. Pour mieux cerner ces personnalités, nous avons partagé leur table pendant un an[1]. Un privilège réservé aux journalistes politiques qui, comme nous, sont organisés en « groupe ». Les reporters de différents médias, parfois concurrents, ont en effet pour habitude de se réunir, par affinités ou centres d'intérêt, afin de décrocher plus facilement un déjeuner avec des responsables politiques qui ne sont pas toujours accessibles. Aussi avons-nous décidé, fin 2008, de former un petit commando exclusivement féminin.

Ces rencontres informelles sont utiles aux femmes et aux hommes politiques. Elles leur permettent de vanter leur propre action, de roder des « éléments de langage » sur un dossier, de découvrir des objections auxquelles ils n'avaient pas songé, de contre-attaquer vis-à-vis d'un collègue trop hégémonique, de faire fuiter leurs ambitions, de se construire un réseau actif dans les médias et, parfois... de baisser les armes le temps d'un repas. La plupart sont d'ailleurs friands de ces huis clos. Quelques-uns nous recevront ainsi à deux reprises. Hubert Falco

---

1. Nous avons choisi de livrer ces récits en suivant simplement la chronologie de nos rencontres, qui se sont déroulées de fin 2008 à fin 2009.

Introduction

fait partie de ceux-là. Rencontrer des journalistes doit permettre au maire de Toulon, inconnu du grand public, d'exister un peu plus dans les médias. Et de s'épancher sur le mauvais sort qui lui serait fait. Brice Hortefeux est, lui aussi, un assidu qui aime à relayer les messages présidentiels.

D'autres ministres, en revanche, ne veulent pas entendre parler de telles agapes politico-médiatiques. Ainsi Christine Lagarde, ministre de l'Économie, de l'Industrie et de l'Emploi, les refuse-t-elle par principe, tout comme Frédéric Mitterrand, le ministre de la Culture, qui préfère déjeuner avec des journalistes spécialisés. Que ces deux-là ne soient pas issus du sérail n'est sans doute pas étranger à leur réticence. D'aucuns ont une vision utilitariste de ces rendez-vous, et n'accordent les déjeuners qu'au compte-gouttes, lorsqu'ils ont un message précis à faire passer. C'est le cas de Michèle Alliot-Marie, qui nous a conviées à deux déplacements. Certains accélèrent le rythme des déjeuners quand ils sont dans une bonne phase, ou les suspendent lorsqu'ils sont en posture délicate. Ainsi le ministre de l'Éducation et porte-parole du gouvernement, Luc Chatel, est-il devenu difficile à approcher après août 2009 : la polémique qu'a déclenchée sa visite dans un hypermarché du Val-de-Marne n'y est pas étrangère[1]. D'autres enfin ont une conception toute personnelle du déjeuner de groupe : ainsi Jean-Louis Borloo préfère-t-il... les tête-à-tête[2].

Contre toute attente, émerge de ces heures de confidences recueillies auprès de vingt-six ministres une

---
1. En visite dans un Intermarché de Villeneuve-le-Roi, sous l'œil des caméras, Luc Chatel a reçu un accueil très positif de prétendues clientes, qui étaient en réalité des militantes UMP.
2. Précision à l'usage du lecteur : Michèle Alliot-Marie, Rachida Dati, Jean-Louis Borloo, Nora Berra et Bruno Le Maire ont déjeuné ou dîné avec Anne Rovan.

inquiétude lancinante. Parvenus au faîte du pouvoir, tous sont en proie au doute, aux appréhensions. Nos ministres sont inquiets. Inquiets d'être critiqués ou, pis, ignorés des médias ! Inquiets de proférer une énorme bêtise, puisqu'on les interroge sur tout et n'importe quoi comme s'ils étaient omniscients. Inquiets de se retrouver piégés par une caméra ou un micro, et de subir ensuite les railleries de l'énorme caisse de résonance qu'est désormais Internet. Inquiets de voir certains de leurs collègues grimper plus vite qu'eux, voire les concurrencer sur leur propre créneau. Inquiets du vide qu'il leur faudra combler lorsqu'ils quitteront le gouvernement, perdant ce que Roselyne Bachelot appelle « les attributs du pouvoir », et retombant ainsi dans un cruel anonymat.

Ils sont également taraudés par la perspective d'un éventuel désaveu de l'Élysée où, sous la poigne de Claude Guéant, le puissant secrétaire général, beaucoup de choses se décident, jusqu'au choix des directeurs de cabinet des ministres.

Enfin et surtout, il y a le chef de l'État ! Nommés par le prince, les ministres n'existent que par le regard du prince. Sa satisfaction est, au fond, leur seul gage de réussite. Dans ce gouvernement plus que dans tout autre, un bon ministre est d'abord celui qui sait se faire apprécier de Nicolas Sarkozy. Sous pression, l'hyperprésident, qui n'a pas été élu « pour ne rien faire », comme il dit, fait peser à son tour sur ses ministres une énorme pression. Adepte de la culture du résultat, il a souhaité, dès le début de son quinquennat, fixer des objectifs aux membres du gouvernement. Les mettant ainsi continuellement au défi de donner le meilleur d'eux-mêmes.

Doté d'une mémoire colossale, le président, auquel ils n'ont pour beaucoup d'entre eux quasiment pas accès, connaît parfaitement leurs dossiers, lit tout ce qui s'écrit sur eux, leur distribue bons et mauvais points le mer-

Introduction

credi, en Conseil des ministres, et modifie son casting à un rythme soutenu : depuis 2007, onze ministres ont quitté leurs fonctions et, parmi eux, huit ont été purement et simplement congédiés. Du coup, nombreux sont ceux qui craignent de perdre leur poste à la moindre rumeur de remaniement. « En matière de ressources humaines, Sarkozy gère les gens en flux plutôt qu'en stocks, analyse l'ancien Premier ministre Jean-Pierre Raffarin[1]. Il joue la carte untel à tel moment, sur tel enjeu. » Exacerber la concurrence entre ses ministres n'empêche pas le président de la République d'exiger d'eux un comportement moralement exemplaire. Ainsi, face aux coups durs que réserve parfois la vie très exposée de ministre, il attend d'eux de la solidarité : « Soyez certains que vous passerez tous, un jour ou l'autre, dans la machine à lessiver. Alors soyez solidaires ! » leur a-t-il lancé au lendemain des affaires où étaient apparus les noms de Frédéric Mitterrand et de son propre fils, Jean.

Au cours de ces conversations à bâtons rompus, en général dans des palais somptueux, il est frappant de constater à quel point les problèmes quotidiens des Français passent bien après les intrigues du sérail. Les stratégies de survie mobilisent nos éminences plus que tout. Le fond des dossiers est rarement abordé. Certes, les journalistes politiques préfèrent le roman du pouvoir aux sujets de fond... mais les ministres aussi !

Il se dessine également au fil de ces déjeuners le portrait d'une cour qui frôle parfois le comique : ainsi, tous ou presque tressent les louanges du chef de l'État, avec un enthousiasme et une ardeur proportionnels à la crainte de perdre leur position. On découvre également un monde vivant en vase clos : l'opposition n'est que très rarement évoquée. Enfin, ces conversations révèlent

---

1. Déjeuner avec les auteurs, le 29 septembre 2009.

Déjeuners avec des ministres sous pression

des individus surexposés et surmenés, mais évoluant, au fond, dans un grand isolement : chacun, comme le dit Roselyne Bachelot, « court dans son couloir » et gère sa boutique dans son coin, sans beaucoup d'échanges.

Entre crainte de déplaire au Château (l'Élysée), désir de construire son chemin et tentatives de se concilier Matignon – qui compte davantage depuis que l'étoile du président pâlit et que grandit celle de François Fillon –, il règne donc une atmosphère particulière au sommet de l'État. « Tu reviendrais au gouvernement, tu ne reconnaîtrais pas le métier », a lancé un ministre de Sarkozy à Jean-François Copé, ancien ministre de Chirac[1]. Heureusement, l'expérience ou les circonstances aidant, quelques personnalités s'accommodent plus facilement de la pression que d'autres. Ainsi Brice Hortefeux, Roselyne Bachelot ou Éric Besson donnent-ils le sentiment de jouir authentiquement du bonheur d'en être, semblant ne devoir jamais se lasser de ce pouvoir conquis de haute lutte, incarné par des privilèges d'un autre âge. « Pour être heureux dans un ministère, il faut connaître ses dossiers et être légitime, estime l'ancien Premier ministre Dominique de Villepin. La vraie légitimité passe par la connaissance et la maîtrise des enjeux[2]. » Ces trois-là sont sans doute légitimes dans leurs fonctions, au sens où Villepin l'entend. Mais ils ont aussi compris qu'il fallait faire sienne l'invite que leur lance régulièrement Nicolas Sarkozy : « Soyez heureux d'être ministres, réjouissez-vous ! Vous trouvez peut-être que c'est dur, mais beaucoup aimeraient être à votre place. »

---

1. Ministre dans les gouvernements Raffarin et Villepin, de 2002 à 2007, Jean-François Copé est député de Seine-et-Marne, président du groupe UMP à l'Assemblée nationale.
2. Déjeuner avec les auteurs, le 26 juin 2009.

Michèle Alliot-Marie, ministre de l'Intérieur, de l'Outre-mer et des Collectivités territoriales

Vendredi 12 décembre 2008, 18 heures
Dans l'A319 présidentiel,
quelque part entre Washington et Paris

Alors que nous grimpons dans l'avion qui nous ramène à Paris, l'attachée de presse de Michèle Alliot-Marie me glisse à l'oreille : « Le ministre te propose de le rejoindre pour le dîner. Je viendrai te chercher un peu plus tard. » L'entretien avec la numéro trois du gouvernement aura donc bien lieu, et je ne rentrerai pas bredouille au terme de ce déplacement ministériel de 36 heures à Washington. La ministre de l'Intérieur, pardon LE ministre de l'Intérieur, puisque celui-ci tient à ne pas féminiser sa fonction, boucle un voyage consacré à la cyber-criminalité et à la lutte contre le terrorisme. La France préside pour quelques jours encore l'Union européenne (UE). Et dans la capitale américaine, Alliot-Marie a participé à un Conseil des ministres des affaires intérieures entre l'Union et les États-Unis.

Mais ce n'est pas pour parler des cellules dormantes d'Al-Qaïda que la nouvelle patronne de la place Beauvau m'a invitée à la suivre dans son périple. Lassée qu'elle est des critiques et des rumeurs sur sa mésentente avec l'Élysée, l'ancienne présidente du RPR veut organiser sa riposte, après plusieurs mois de silence. Elle a rencontré, quelques semaines plus tôt, le chef de l'État, à la résidence de la Lanterne[1], et celui-ci lui a assuré qu'elle ne quitterait pas l'Intérieur. Il n'y a plus qu'à le faire savoir...

En attendant le dîner, je patiente donc à l'arrière de l'A319 présidentiel, où est également installée la délégation ministérielle : une vingtaine de personnes au total. L'avion n'a rien d'extraordinaire. Rien, si ce n'est l'espace dont chaque passager dispose. Les fauteuils sont larges et leurs dossiers peuvent s'incliner presque jusqu'à l'horizontale. Les hôtesses sont plus qu'attentives. Nous ne sommes pas sur un avion de ligne, mais au cœur de la République française ! La ministre est à l'avant de l'appareil, dans sa cabine réservée, où seuls ses proches conseillers peuvent entrer sans autorisation. Pour le moment, elle discute avec l'ancien ministre Jacques Barrot. Il est également du voyage, en tant que commissaire européen à la Justice et aux Affaires intérieures.

Une heure après le décollage, nous la retrouvons dans sa zone réservée. Il y a là un espace de travail classique et une petite salle de repos avec lit que nous ne ferons que deviner. Elle a troqué son strict tailleur-pantalon contre une confortable combinaison intégrale de coton beige. « Cela fait des années qu'elle porte ce vêtement sur les vols longs courriers. C'est sa tenue tempête du désert », s'amuse l'un de ses conseillers, dans une allusion à ses précédentes fonctions, celles de ministre de la Défense.

Combinaison ou tailleur, elle est toujours impeccable. Les cinq années qu'elle a passées à la Défense entre 2002 et 2007 sous la présidence Chirac n'ont fait que

---

[1]. Située dans le parc du château de Versailles, cette résidence était réservée au Premier ministre. Mais, dès le début de son quinquennat, Nicolas Sarkozy se l'est attribuée et s'y rend dès qu'il le peut.

renforcer son goût prononcé pour les tenues au carré. Ce soir encore, rien ne dépasse. Elle est tout en réserve. Agréable mais pas exubérante, polie mais pas complice, réservée mais pas froide, elle incarne à sa façon la grandeur de l'État. À 62 ans, elle n'est pas de celles qui pouffent devant les caméras, comme la garde des Sceaux Rachida Dati, ni de celles qui offrent des mines boudeuses aux objectifs, comme la secrétaire d'État aux Droits de l'homme Rama Yade. Elle est imperméable aux modes, et son style – classique – ne change pas. Alliot-Marie, qui a fait ses premières armes à Ciboure puis à Biarritz, au côté de son père Bernard Marie[1], avant de devenir maire de Saint-Jean-de-Luz, a grimpé une à une les marches des palais officiels. Avec méthode et discipline.

« Le déplacement s'est-il bien passé pour vous ? Vous n'êtes pas trop fatiguée au moins ? » s'enquiert-elle lorsque je prends place à sa gauche, face à un autre journaliste et à l'un de ses conseillers. Fatiguée, je le suis. Et pas seulement à cause du décalage horaire. Mais il n'est pas question d'en souffler mot. La veille, lors du trajet Paris-Washington, le film projeté aux passagers installés à l'arrière de l'avion a déclenché chez moi de tels fous rires nerveux qu'il m'a ensuite été bien difficile de trouver le sommeil. Ce film, c'est *Pineapple express*[2], une comédie américaine déjantée racontant les péripéties d'un dealer et d'un consommateur de cannabis, traqués par un flic ripoux auteur d'un assassinat. Un genre de cinéma qu'on ne s'attend pas à voir dans l'avion d'un

---

1. Bernard Marie a été député des Pyrénées-Atlantiques de 1967 à 1981, puis maire de Biarritz de 1983 à 1991. L'ancien arbitre de rugby est le premier Français à avoir dirigé un match du tournoi des cinq nations.
2. Ce film de David Gordon Green est sorti en France en septembre 2008 sous le titre *Délire express*.

Déjeuners avec des ministres sous pression

ministre de l'Intérieur. Également du voyage, les fonctionnaires les plus gradés des ministères – Intérieur, Justice et Immigration – n'ont pas bronché. Mais quelques-uns l'ont tout de même eu un peu mauvaise, et l'ont fait savoir. « Passer un tel film dans un avion ministériel, je n'avais encore jamais vu ça », a ainsi gémi à sa descente de l'avion Jean-Marie Huet, le directeur des Affaires criminelles et des Grâces, qui officie à la Justice.

Michèle Alliot-Marie n'a rien vu et n'a rien su de cette surprenante projection. Elle s'était déjà retirée et devait probablement dormir au moment où grands flics et magistrats s'encanaillaient à leur corps défendant. S'il a été si difficile de trouver le sommeil, c'est aussi à cause des fortes turbulences qu'a eu à affronter l'avion.

Les vibrations, les vents de face, les trous d'air, la ministre en a pris l'habitude. Mais il en faut beaucoup plus pour l'ébranler. Nommée en mai 2007 place Beauvau, elle voit depuis plusieurs mois fleurir dans la presse des échos rapportant les agacements de l'Élysée à son sujet. Elle serait « fatiguée », « has been », dit-on au Château. Ministre pendant plus de dix ans, dont près de sept sans interruption, Alliot-Marie aurait perdu la niaque. Elle se serait engourdie dans la fonction ministérielle, anesthésiée par les ors de la République. Les rumeurs ont redoublé quand il s'est dit que Nicolas Sarkozy pourrait lui retirer son maroquin de l'Intérieur. Maintenant que le président l'a rassurée, elle n'aspire qu'à une chose : faire taire les ragots. « Je sais qui raconte tout cela, dit-elle avec le sourire entendu de celle qui en a vu d'autres. Ce sont trois ou quatre conseillers du président, et trois collaborateurs du Premier ministre qui ne font pas partie du premier cercle, et qui cherchent juste à exister vis-à-vis des médias. » Sept ou huit conseillers de l'Élysée et de Matignon contre soi, ce n'est pas rien tout de même ! D'autant qu'il se murmure aussi que l'important conseiller du président, Pierre

Michèle Alliot-Marie

Charon, ferait également partie de la petite bande. Et que Claude Guéant, secrétaire général de l'Élysée – le plus proche collaborateur de Nicolas Sarkozy –, trouverait lui aussi à redire sur le travail de la ministre. Mais cela, l'intéressée feint de l'ignorer. Elle a mieux à faire : convaincre qu'elle ne risque rien et qu'elle va garder son poste : « Je suis zen », lance-t-elle. Ex-présidente du RPR, ex-secrétaire d'État à l'Enseignement, ex-ministre de la Jeunesse et des Sports, ex-ministre de la Défense, l'indéboulonnable va encore passer entre les gouttes. Elle va sortir indemne du remaniement à venir[1] consécutif au départ du ministre du Travail Xavier Bertrand pour l'UMP. Brice Hortefeux, qui rêve de devenir le premier flic de France, va bel et bien quitter l'Immigration, mais pas pour l'Intérieur. Nicolas Sarkozy, qui aime surprendre jusqu'à ses amis les plus proches, lui a demandé, il y a quelques jours, de prendre la suite de Xavier Bertrand... aux Affaires sociales. Une drôle d'affectation !

La conversation se poursuit, et la patronne de la police, forte de ses vingt-cinq ans de vie politique, relativise encore ce qui se dit : « Il ne faut pas prendre tout cela au sérieux. On a dit que j'étais antichiraquienne lorsque je me suis présentée face à Jean-Paul Delevoye pour présider le RPR[2]. On a dit ensuite que j'étais chiraquienne. Un jour, je vais finir dans le premier cercle

---

1. Celui de janvier 2009.
2. Michèle Alliot-Marie n'a pas toujours été d'une fidélité politique exemplaire vis-à-vis de son mentor Jacques Chirac. En 1995, alors ministre de la Jeunesse et des Sports, elle refuse de choisir entre le Premier ministre Edouard Balladur et le président du RPR, tous deux candidats à la présidentielle. Ce qui lui vaudra le surnom de « passerelle » et de ne pas être nommée dans le gouvernement Juppé après l'élection de Chirac. En 1999, Michèle Alliot-Marie se porte candidate à la présidence du RPR face à Jean-Paul Delevoye qui est lui-même le candidat de l'Élysée. Elle sera élue avec près de 63 % des voix à la tête du parti gaulliste.

sarkozyste. » Et d'ajouter, dans une dernière provocation : « Si j'avais parié une bouteille de champagne avant chaque remaniement, ma cave serait pleine ! »

De toute évidence, l'intéressée n'a pas la tâche facile. Succéder à Nicolas Sarkozy comme premier flic de France n'est pas une sinécure. Qui peut faire mieux que l'ancien ministre de l'Intérieur ? Sans compter que l'Élysée a placé ses hommes place Beauvau. Ainsi, le directeur général de la police Nationale n'est autre que Frédéric Péchenard, un ami d'enfance du locataire de l'Élysée. Alain Bauer, qui préside l'Observatoire national de la délinquance, est également un proche du président. Tout comme Bernard Squarcini, à la tête de la Direction centrale du renseignement intérieur, et Michel Gaudin, le préfet de police de Paris.

Se sachant surveillée de près, la locataire de la place Beauvau tient à montrer qu'elle travaille dur. Comme tous ses collègues du gouvernement, elle a des objectifs à remplir. Ils figurent dans la lettre de mission qui lui a été adressée après sa nomination. Et les résultats, pour l'instant, semblent au rendez-vous. Alors que l'avion affronte de nouvelles turbulences, elle se félicite ainsi que la délinquance continue à baisser. En un an et demi, le ministère a déjà atteint ses objectifs à deux ans, nous explique-t-elle. Les chiffres sont tout chauds, puisque l'Intérieur les a publiés le jour même. « La sécurité, on n'en parle pas. Ma réussite, c'est qu'il n'y a pas de problème de sécurité en France », assure-t-elle un peu vite, en passant sous silence la situation de nombreux quartiers difficiles et la polémique récente qu'elle a eu à affronter non sur la délinquance, mais sur le fichier Edvige[1] et qui lui a valu un désaveu de l'Élysée.

---

1. Créé par un décret du 1er juillet 2008, Edvige est destiné à remplacer l'ancien fichier des Renseignements généraux. Dès sa

Michèle Alliot-Marie

Seule contrariété, le chef de l'État a retardé la présentation en Conseil des ministres de sa loi d'orientation et de programmation pour la performance de la sécurité intérieure, surnommée Loppsi 2. Ce projet de loi est censé renforcer l'arsenal de la police et de la gendarmerie, notamment contre les nouvelles formes de délinquance. Au total, il consacre 2,5 milliards d'euros de dépenses supplémentaires entre 2009 et 2013. Le texte est prêt depuis octobre 2007, mais il est toujours dans les cartons. « On me l'avait annoncé pour juin 2008, et maintenant on me l'annonce pour février 2009, lâche-t-elle un peu agacée. Je croise les doigts pour que ça marche. »

Rien n'est moins sûr, car la crise financière de l'automne 2008 risque de retarder encore la présentation du texte en Conseil des ministres. Décidément, Alliot-Marie n'est pas aussi bien traitée que son prédécesseur. Nommé le 7 mai 2002, il n'avait pas fallu trois mois à Nicolas Sarkozy pour que la Lopsi 1 soit préparée, présentée en Conseil des ministres et votée au Parlement. Il y avait urgence, il est vrai, puisque Jean-Marie Le Pen était parvenu à se hisser au second tour de la présidentielle.

Élu à son tour, Nicolas Sarkozy a depuis quelques semaines d'autres urgences à régler. Cette fois, l'ennemi, c'est la crise. « Le président, poursuit Alliot-Marie, se

---

publication, il déclenche un tollé dans le monde associatif et syndical au motif qu'il permet dorénavant de collecter et de conserver des informations sur la santé et la sexualité des personnes, et autorise le fichage dès 13 ans. Le ministre de la Défense, Hervé Morin, et sa collègue des Droits de l'homme, Rama Yade, critiquent publiquement Edvige. Face à la polémique, Nicolas Sarkozy émet des réserves sur le travail de son ministre de l'Intérieur. « Cette affaire n'a pas été expliquée comme elle aurait dû l'être », commente-t-il le 11 septembre 2008.

consacre en priorité à l'emploi, à l'économie et au social. Et c'est bien normal. Moi, j'espère juste que la sécurité et la justice ne vont pas passer au second plan. »

Mais la ministre se montre conciliante : « Changer les choses, ce n'est pas seulement faire passer des textes », dit-elle. Son rêve, ce serait de faire de l'Intérieur un « grand ministère de la protection des Français », plus proche des citoyens et plus transparent. Pour y parvenir, elle se verrait bien rester longtemps place Beauvau, si possible aussi longtemps qu'à la Défense. Elle est « contre le zapping politique ». « Quand Raffarin m'a proposé les Affaires étrangères, j'ai refusé. J'avais le sentiment que les armées avaient encore besoin de moi. » Les armées auraient-elles eu encore besoin de la ministre si Chirac avait tenu sa promesse et l'avait nommée à Matignon en 2005 ?

Car Michèle Alliot-Marie a un rêve : devenir Premier ministre. Occuper la fonction qu'une seule autre femme a exercée jusqu'à maintenant, la socialiste Édith Cresson, avec un succès très relatif. Au lendemain de l'élection présidentielle, elle avait cru pouvoir décrocher Matignon. Mais Nicolas Sarkozy lui a préféré François Fillon, l'architecte du projet présidentiel.

Depuis, elle tisse sa toile et soigne les parlementaires de la majorité en leur consacrant deux à trois déjeuners par semaine. Le Chêne, l'association qu'elle a créée à l'automne 2006 pour soutenir son éphémère candidature présidentielle, prospère. « Quatre-vingt-deux députés et sénateurs ont choisi de rejoindre notre association, souligne la ministre. C'est le lieu de ceux qui se réclament du gaullisme du renouveau et se retrouvent pour débattre et exprimer leurs idées. » L'heure tourne. Alliot-Marie se retire dans sa salle de repos, après nous avoir souhaité à tous « une bonne nuit ». Le voyage touche à sa fin.

Michèle Alliot-Marie

Michèle Alliot-Marie sortira indemne du remaniement de janvier 2009. Mais elle ne connaîtra que quelques mois de sursis place Beauvau. Le 23 juin suivant, l'ancienne présidente du RPR devra quitter l'Intérieur, un mois après la présentation de sa loi – dite Loppsi 2 – en Conseil des ministres. Elle sera nommée à la Justice pour remplacer Rachida Dati, élue députée européenne. Nicolas Sarkozy n'acceptera pas que la délinquance reparte à la hausse au début de l'année 2009. Au printemps, le chef de l'État critiquera publiquement les résultats de sa ministre de l'Intérieur. En contrepartie de son départ de la place Beauvau, Alliot-Marie obtiendra le titre de ministre d'État. Elle pourra ainsi se prévaloir d'être la seule personnalité de la Ve République à avoir enchaîné trois ministères régaliens. Après quelques mois de répit, les rumeurs sur son éventuel départ du gouvernement repartiront de plus belle, avançant l'idée selon laquelle elle pourrait être nommée au Conseil constitutionnel.

Entendue à plusieurs reprises par les juges d'instruction dans le cadre de l'affaire Clearstream, elle n'ira pas témoigner à l'automne 2009 au procès. Michèle Alliot-Marie se considère comme une victime puisque le nom de son compagnon, le député Patrick Ollier, figure sur les listings falsifiés. Or le général Rondot, l'un des principaux protagonistes de cette affaire, affirme avoir informé, dès mai 2004, Alliot-Marie de l'existence de ces fichiers. Elle était alors à la Défense et le général Rondot était son conseiller pour le renseignement et les opérations spéciales. Alliot-Marie a toujours affirmé n'avoir eu connaissance de l'affaire qu'en avril 2006, lorsque **Le Monde** *a publié des extraits des carnets du général.*

Rachida Dati, ministre de la Justice

Lundi 23 février 2009, 13 h 45
Dans un Falcon, quelque part entre Paris et Toulon

Rachida Dati est en sursis. Nicolas Sarkozy lui a demandé d'être candidate aux élections européennes qui vont avoir lieu dans quelques mois, en juin. Numéro deux de la liste de la majorité en Île-de-France, la ministre de la Justice sera forcément élue et devra donc quitter le gouvernement pour siéger à Strasbourg. Ainsi en a décidé le président ! C'est lui, et lui seul, qui fait et défait les ambitions, qui accélère ou interrompt les carrières. N'a-t-il pas pour habitude de répéter aux membres du gouvernement qu'ils ne sont « pas propriétaires » de leur maroquin ? L'ancienne protégée que l'on pensait intouchable va partir. C'est bien la preuve que le chef de l'État peut mettre ses menaces à exécution.

Après un mois de silence, la future « licenciée » entreprend sa tournée d'adieux. Elle s'est résolue à quitter le gouvernement mais n'a pas l'intention de disparaître du paysage politique. Avant de tirer sa révérence et de refermer la porte de son merveilleux bureau de la place Vendôme, elle tient à démontrer que les réformes qu'elle a engagées n'ont pas été vaines. Qu'elle n'a pas démérité depuis sa nomination en mai 2007. « J'ai rempli la feuille de route du président », a-t-elle coutume de dire avant d'énumérer les dossiers qu'elle a lancés et tenté de mener à leur terme – les peines planchers, la refonte de la carte judiciaire et la rétention de sûreté. Mais en prenant grand soin à chaque fois de passer sous silence ses relations exécrables avec les magistrats.

La toute première étape de sa tournée a lieu aujourd'hui. Elle a choisi Toulon, la ville de son collègue de l'Aménagement du territoire Hubert Falco. Un hasard ? Pas vraiment. Nicolas Sarkozy aime la cité varoise où l'on vote massivement UMP. « Il s'y sent chez lui et il est toujours bien accueilli », répète à qui veut l'entendre Falco. Pour Rachida Dati, Toulon est la ville des jours heureux. Le poumon du Var lui rappelle la campagne présidentielle, lorsqu'elle n'était qu'une conseillère technique de Sarkozy, promue porte-parole par la grâce de celle qui était alors l'épouse du candidat, Cécilia. En février 2007, il y a tout juste deux ans, Sarkozy avait, lui aussi, fait étape à Toulon pour un discours sur l'immigration. La France doit accueillir « fraternellement » les Algériens, les Marocains, les Tunisiens et tous les ressortissants de ses anciennes colonies, avait lancé le candidat. La France ne peut tolérer « ceux qui veulent soumettre leur femme, ceux qui veulent pratiquer la polygamie, l'excision, le mariage forcé ». Rachida Dati, fille d'un maçon marocain et d'une mère au foyer algérienne, est le symbole de l'immigration que souhaite Sarkozy. Née à Chalon-sur-Saône dans une famille modeste de douze enfants, elle a étudié, s'est accrochée, et a intrigué pour arriver au sommet. Ou à ce qu'elle croyait être le sommet. Mais la belle histoire a tourné au vinaigre. Nommée place Vendôme grâce, encore, à l'appui précieux de Cécilia Sarkozy, la ministre de la Justice a ensuite vu le président s'éloigner lorsque sa femme l'a quitté. Elle s'est aussi vite brûlé les ailes sous les lumières des projecteurs. Et a dû faire face aux critiques féroces de ses collègues. Ses dossiers ont été repris en main par Patrick Ouart, alors conseiller justice de l'Élysée. Début janvier 2009, Nicolas Sarkozy a même annoncé la suppression du juge d'instruction sans l'avoir préalablement informée ! Et quelques jours plus tard, il lui signifiait son départ prochain du gouvernement.

Mais Dati est une tenace. Elle n'a pas manœuvré durant tant d'années pour, finalement, partir sur la pointe des pieds. Elle veut reprendre la lumière. Encore faudrait-il qu'elle soit à l'heure à ses rendez-vous ! Cela fait une bonne demi-heure que je patiente en compagnie de quelques conseillers et de son photographe attitré dans le sinistre salon d'honneur de l'aéroport de Villacoublay. L'heure tourne. Et toujours pas de ministre en vue. Elle est en retard. C'est, dit-on, une habitude chez elle ! Peut-être est-elle avec sa petite fille Zohra, née début janvier ? Peut-être a-t-elle eu une entrevue avec l'ancien Premier ministre Jean-Pierre Raffarin qu'elle voit beaucoup et auprès de qui elle prend conseil ? Peut-être a-t-elle été convoquée à l'Élysée pour voir le président avec lequel elle entretient une relation mêlée de complicité, de crainte et d'admiration ?

Dati est une énigme. Sa personnalité est un curieux mélange de légèreté et de gravité, de désinvolture et d'ambition, de chaleur et de dureté. Un mélange détonnant dans lequel ses conseillers ont beaucoup de mal à se retrouver. « Nous ne l'avons pas vue de la matinée et je ne sais pas ce qu'elle a fait », me glisse l'un d'entre eux. Au bout d'une demi-heure, la star des magazines people est annoncée. Il faut vite se diriger vers la piste où stationne le Falcon aux couleurs de la République française. La voiture ministérielle est déjà garée à proximité. Moteur éteint. Le chauffeur de la ministre attend patiemment devant la portière. Mais la portière reste fermée. « Rachida » papote au téléphone. Cinq minutes d'attente et elle sort enfin. Elle me serre distraitement la main en me regardant à peine. Puis grimpe dans l'avion. Il faut partir. Toulon l'attend !

Me voilà à l'arrière de l'appareil, à côté de deux de ses collaborateurs et en face de l'icône de la diversité. La ministre de la Justice a remisé la robe Dior et les bas résille qu'elle portait fin 2007 à la une de *Paris-Match*. Sa tenue du jour est très élégante mais bien plus sobre. Elle porte un pantalon et un col roulé noir sous une veste de daim marron. Nous venons de boucler nos ceintures et l'hôtesse, soucieuse de nos tympans, présente une corbeille remplie de bonbons et de chewing-gum. L'avion décolle.

Mais il y a un problème. Rachida Dati n'a pas la mine des bons jours. Elle fuit mon regard et n'a visiblement pas envie de faire la conversation. Chacune de mes questions tombe à plat. « Qu'attendez-vous de ce déplacement à Toulon ? – Je vais signer une convention pour la destruction de la prison Saint-Roch et l'inauguration du nouveau tribunal administratif », me répond-elle, glaciale. Je prends mon courage à deux mains et tente de relancer le dialogue : « Vous allez vous rendre dans plusieurs villes de province. Pourquoi avoir choisi de commencer par Toulon ? » Pas de chance. Son photographe attitré s'est approché de la petite cabine et a, semble-t-il, des choses urgentes à lui dire. « Vous avez été suivie tout le week-end par des photographes, lui lance-t-il. – Ah bon, je ne me suis rendu compte de rien, répond-elle étonnée. Mais je sais ce qu'ils veulent. »

La ministre n'a pas besoin d'en dire plus. Ce que veulent ces paparazzis, c'est une photo volée de sa petite fille Zohra ou, mieux encore, un cliché de Rachida Dati en compagnie de l'homme qui pourrait être le père de son enfant. Cela fait des mois qu'elle entretient avec science le mystère sur son identité. Et cela fait des mois que les médias s'acharnent à vouloir le trouver. Après tout, elle est la première ministre en exercice à avoir un enfant sans être mariée ou officiellement en couple. Les magazines people n'en finissent pas de s'interroger. Le

Déjeuners avec des ministres sous pression

père pourrait-il être un ministre ? Lassés des rumeurs, le secrétaire d'État à la Prospective, Éric Besson, et son collègue des Sports, Bernard Laporte, ont été contraints de démentir énergiquement. Et avec assez peu d'élégance. Pourquoi pas José Maria Aznar ? Après tout, Dati connaît l'ancien Premier ministre espagnol avec lequel elle a été, à l'insu de celui-ci, opportunément photographiée dans Paris. Mais Aznar a démenti dès septembre 2008. Et si c'était Arthur, le présentateur vedette de télévision au côté duquel elle a aussi pris la pose ? Lui aussi a fait savoir qu'il n'était pas le père de la petite Zohra. Alors, pourrait-il s'agir du procureur général du Qatar ? Nouveau démenti.

L'intrusion du photographe officiel de la ministre m'a compliqué la tâche. Comment diable avoir une conversation avec quelqu'un qui ne veut pas parler et profite de la moindre sollicitation pour se dérober ? Après avoir vainement tenté d'en savoir plus sur sa tournée d'adieux, j'aborde le sujet délicat de sa participation aux européennes et de son prochain départ du gouvernement. « Vous allez faire campagne pour les européennes et serez probablement élue. Savez-vous à quel moment vous quitterez le gouvernement ? » Ma question fait un flop. L'indifférence et la distance ont cédé la place à l'exaspération. « Je ne sais pas », me répond-elle sèchement. Et je ne peux que la croire. C'est le président et lui seul qui décidera de la date de son départ. Peut-être avant, peut-être après les élections de juin. Ce sera la surprise du chef.

L'hôtesse m'apporte un plateau-repas. Dati boit une tisane. Jeune maman, elle souhaite sans doute retrouver la ligne. À sa manière, elle me fait comprendre que la séance de questions est désormais terminée. Car la ministre a beaucoup mieux à faire. Elle entame ses lectures et tourne les pages sans prêter la moindre attention à ce qui se passe autour d'elle. Gênée par la situation, j'avale mon déjeuner en silence. Sous l'œil de ses deux collaborateurs qui n'ont pas l'air beaucoup plus à l'aise. Que lit-elle ? Un rapport parlementaire sur l'état pitoyable des prisons ? Les fiches de ses conseillers ? La revue de presse préparée par son cabinet ? Rien de tout cela ! Dati préfère les magazines grand public. Elle attaque par l'hebdomadaire *Marianne*, poursuit avec *Elle* et achève sa lecture avec le supplément *Femina*. Va-t-elle relancer la discussion ? Non. Elle prend son iPod et place les écouteurs dans ses oreilles. Voilà qui a le mérite d'être clair.

Rachida Dati connaît trop bien les journalistes pour ne pas s'en méfier. En outre, j'apprendrai plus tard qu'elle a reçu des consignes strictes de l'Élysée : plus de surexposition médiatique ni d'étalage de la vie privée. Comme si Dati pouvait stopper la machine infernale qu'elle a elle-même mise en place. Comme si elle pouvait, d'un claquement de doigts, empêcher la presse de s'intéresser à elle et les photographes de la pourchasser !

Un autre la poursuit. À Toulon, avant de signer le livre d'or de la Ville, elle se rend compte que le dernier à l'avoir fait est le président. Il était aussi dans la capitale varoise fin septembre 2008. C'est là qu'il a fait un grand discours sur la crise. Décidément, Nicolas (Sarkozy) est partout ! Peu importe. À Toulon, elle a aussi pu mesurer sa propre popularité. Entourée d'un bataillon de photographes et de cameramen, elle s'offre, ce jour-là, un grand bain de foule devant l'hôtel de ville. Un jeune homme lui demande de poser. Elle accepte immédiatement et tend vers l'objectif son sourire radieux. Un autre s'approche d'elle un enfant dans les bras, et la voilà qui s'amuse gentiment avec le bambin, autour d'une foule de badauds qui crient « Rachida ! », « Rachida ! ». Comme c'est bon d'être aimé ! Après un mois de cure de silence, une année de critiques ininterrompues, Dati quitte la cité varoise le cœur plus léger. La voilà rassurée. Son départ du gouvernement n'y changera rien. Elle est et reste populaire.

Requinquée, elle se livre davantage sur le trajet du retour. À moins qu'elle ne veuille faire bonne figure vis-à-vis de Jean-Marc Sauvé. Le vice-président du Conseil d'État, ancien secrétaire général du gouvernement, s'est joint à nous pour regagner Paris. Plus légère et plus désinvolte, la voilà qui répond à mes questions en veillant tout de même à s'en tenir au strict minimum. Son bilan à la Justice ? « J'ai beaucoup de choses à dire sur comment on réforme, comment on avance, comment on obtient des résultats. » Son départ du gouvernement ? « Partir n'est pas une difficulté, j'ai des choses à dire là-dessus. » Les critiques qu'elle a essuyées sur son congé maternité de cinq jours ? « Guigou fait de la politique », réplique-t-elle à l'ancienne garde des Sceaux socialiste qui a vivement critiqué son bilan et son congé maternité « à géométrie variable ». Le livre *Belle-Amie* dans lequel deux journalistes[1] dressent d'elle un portrait au vitriol ? « Vous savez, sept ou huit livres sont déjà sortis sur moi. Je n'ai pas lu celui-ci », affirme-t-elle les yeux dans les yeux. Dati minimise, relativise, minore et… ment sans doute.

L'avion a entamé sa descente sur Villacoublay. Et elle n'a toujours pas parlé de sa petite fille. J'ose une question sur le sujet. Comment se porte le bébé ? Sans doute aurais-je dû commencer par là. Car le regard de la ministre s'illumine. Ses défenses tombent. « Elle va très bien. Mes sœurs s'occupent d'elle. Elles passent leur temps à m'envoyer des photos ou des vidéos de Zohra sur mon portable. Et j'ai des fous rires en réunion. J'essaie de rester sérieuse, mais je n'y arrive pas. » Je

---

1. Michaël Darmon et Yves Derai, *Belle-Amie*, éditions du Moment, 2009.

poursuis. L'arrivée de cette petite fille a-t-elle changé sa vie ? L'expression de la ministre change. La gravité se lit maintenant sur son visage. « C'est le plus important. Il n'y a rien de plus important qu'elle », me répond-elle. Le Falcon a atterri. Dati descend et s'engouffre dans sa voiture. Où va-t-elle ? « Je ne sais pas », me glisse son conseiller à l'oreille. La mystérieuse en sursis a disparu.

Sans surprise, Rachida Dati sera élue députée européenne. Elle quittera le gouvernement le 23 juin 2009. Quelques semaines avant son départ, la locataire de la place Vendôme adressera aux journalistes, aux chefs de cour, aux avocats, aux doyens des facultés de droit et aux parlementaires, un fascicule d'une centaine de pages vantant son bilan. Puis, elle s'exilera au Parlement européen. Et s'y fera remarquer. « Je suis dans l'hémicycle de Strasbourg. Je n'en peux plus, je n'en peux plus ! Je pense qu'il va y avoir un drame avant que je finisse mon mandat », dira-t-elle à une de ses amies au téléphone, oubliant le micro accroché à son pull. L'enregistrement, diffusé en décembre 2009, fera le tour de la Toile.

N'ayant pas l'intention de disparaître du paysage politique français, la maire du VIIe arrondissement fera état de son ambition pour la mairie de Paris en 2014. Les élus UMP de la capitale lui préféreraient le Premier ministre François Fillon, qui semble également intéressé.

Ses prises de parole seront toujours guettées par les médias, ses prestations télévisées très écoutées, les paparazzis ne cesseront de la poursuivre.

Continue-t-elle à voir le président de la République comme le laissent penser certains échos parus dans la presse ? Un ministre proche de Nicolas Sarkozy affirme que « non ». Pourrait-elle redevenir ministre ? « Si nous ne trouvons personne susceptible de la remplacer, elle reviendra en 2012 », soupire ce même ministre. En attendant cet hypothétique retour, l'ex-magistrate s'inscrira au barreau de Paris et prêtera serment fin janvier 2010.

Nadine Morano, secrétaire d'État chargée de la Famille et de la Solidarité

Mardi 10 mars 2009, 13 heures
14, avenue Duquesne, Paris VIIe

Nadine Morano est d'humeur volcanique. Mais y a-t-il un jour de l'année où ce n'est pas le cas ? C'est son tempérament, sa marque de fabrique, son mode de séduction. Cette quadragénaire a la réputation d'être incontrôlable. Et ce jour-là, c'est le placide député UMP des Alpes-Maritimes qui fait les frais de son tempérament. Le matin même, elle a provoqué un incident à l'Assemblée nationale, au cours de la traditionnelle réunion du groupe UMP, où se retrouvent chaque mardi les députés de la majorité, le Premier ministre et certains membres du gouvernement. Jean-François Copé annonce que Jean Leonetti sera chargé de conduire un groupe de travail sur le statut des beaux-parents. Depuis plusieurs jours, en effet, une controverse agite la majorité. Dans un avant-projet de loi, Morano propose de donner des droits aux beaux-parents. Mais elle évoque, en préambule, les « couples de même sexe ». Certains députés UMP, et la ministre du Logement Christine Boutin, estiment que ce texte menace la famille traditionnelle et ouvre la voie à une « reconnaissance détournée de l'homoparentalité et de l'adoption par les couples homosexuels ».

En confiant ce rapport à Leonetti, très apprécié des députés UMP, Copé cherche à dépassionner le débat, à faire retomber la polémique, et à resserrer les rangs de la majorité sur cette question de société hypersensible. Reste que la ministre, elle, vient de perdre la main. Et c'est un député qu'elle connaît bien qui rafle la mise. Assise au premier rang, elle lève les yeux au ciel, et siffle entre ses lèvres : « Oh non, pas lui ! » Le député, ébranlé, propose de se retirer, pour que quelqu'un d'autre remplisse cette mission. Copé refuse, et le maintient, malgré le mouvement de mauvaise humeur de la ministre. L'incident, qui vient de se dérouler sous les yeux de tous les députés de la majorité, laissera des traces. Déjà peu appréciée dans sa famille politique, Morano vient d'aggraver son cas. Mais elle n'est pas au bout de ses peines. Quelques semaines après l'incident, Jean Leonetti se verra confier un rapport sur le sujet par le Premier ministre François Fillon. Elle ne le sait pas encore...

Nous la retrouvons juste après l'incident, dans la petite salle à manger impersonnelle, située au dernier étage du ministère de la Santé, un bâtiment-forteresse de l'avenue de Ségur. Elle tente dans un premier temps de justifier sa réaction. « Il a beaucoup de qualités, mais je suis étonnée qu'on ne fasse jamais appel à des jeunes parlementaires, commence-t-elle : on a Leonetti sur la bioéthique, Leonetti sur la fin de vie, et maintenant Leonetti sur le statut des beaux-parents ! Et on dit qu'on veut moderniser le Parlement ! Les mêmes trustent toujours tout ! » « Moi, je suis parlementaire dans l'âme, je pense aussi aux autres députés », s'énerve-t-elle encore. Et puis, argumente-t-elle, « Copé décide sans avoir lancé d'appel à candidature, ni même discuté du sujet au bureau du groupe, c'est quand même incroyable ! ».

Emportée par la colère, la voilà qui ouvre les vannes et déverse tout son fiel sur le malheureux député-maire d'Antibes, qu'elle abhorre de toute évidence. « Leonetti, c'est un coucou ! Il se met toujours sur les sujets des autres. En 2004, personne ne voulait se charger du

Déjeuners avec des ministres sous pression

rapport sur l'euthanasie. Du coup, je m'y suis collée, avec Gaëtan Gorce[1], et j'ai eu le prix du Trombinoscope[2] du député de l'année. Il ne l'a pas digéré ! » Certes, mais la loi votée dans la foulée porte le nom de Leonetti. À entendre la ministre, le député serait tout simplement « jaloux » parce que, médecin de profession, « il rêve d'être un jour ministre de la Santé », imagine-t-elle. Elle lui en veut encore parce que, pour son rapport sur la fin de vie, « il n'a pas auditionné le ministère de la Famille, alors que je le lui avais demandé ! ». « Il a auditionné Dati et Bachelot, mais pas moi ! » s'exclame-t-elle, scandalisée. De jalousies en chamailleries dignes d'une cour d'école, nous comprenons que la rupture est consommée entre eux. Et même sa qualité d'homme de consensus, volontiers reconnue au député, ne lui vaut que le dédain de la ministre : « C'est sûr, il a l'art oratoire du consensus ! » grommelle-t-elle en mâchonnant un bout de pain...

L'incident de la matinée a valu à la secrétaire d'État un message de François Fillon sur son portable. A-t-elle rappelé le Premier ministre pour s'entendre, telle une petite fille, donner la leçon ? Elle fait non de la tête en levant les yeux au ciel. Il n'y en a qu'un dont elle peut manifestement admettre les réprimandes : le président.

Pour lui, elle est toute dévotion et admiration. Lorsqu'elle parle de « Nicolas », la voix de cette grande et solide femme de 46 ans se radoucit immanquablement. Entrée au gouvernement en avril 2008, après sa défaite aux municipales à Toul, et non après les législati-

---

1. Député PS de la Nièvre.
2. Le Trombinoscope est l'annuaire professionnel du monde politique. Chaque année en janvier, la soirée des « prix du Trombinoscope » se déroule dans les salons du Sénat : sept personnalités politiques de l'année se voient récompensées par un jury de journalistes.

ves de juin 2007, cette femme issue d'un milieu modeste sait à qui elle doit le ravissement d'être enfin au cœur du réacteur, et en savoure chaque instant... quitte à en faire des tonnes. « J'ai l'impression de vivre un moment de l'Histoire », confie-t-elle en lissant ses cheveux parfaitement brushés. Ce qui est en soi une vraie victoire pour cette fille d'un chauffeur de poids lourds et d'une standardiste, entrée aux jeunesses RPR de Meurthe-et-Moselle à 23 ans. Titulaire d'un DESS d'information, communication et organisation des entreprises, Morano s'est retrouvée, une fois ministre, dans le petit cénacle du G7, le groupe des sept ministres les plus politiques[1] que réunissait le président. Mais qui a été dissous en raison des trop nombreuses fuites dans la presse...

Morano, qui adorait visiblement ces réunions où elle avait l'impression d'être « au cœur de l'État », est déçue. Elle ne voit plus Nicolas Sarkozy en dehors des Conseils des ministres auquel elle n'est d'ailleurs pas toujours conviée[2]. Elle aimerait « que Nicolas garde un contact informel avec ses ministres, sous forme d'échange téléphonique ou de tête-à-tête ». À ses yeux, la voix du maître est irremplaçable. « Je ne dirai jamais rien qui puisse lui nuire », continue le bon soldat Morano. « Je ne suis pas du style à appeler le président pour aller pleurnicher dans son bureau », assure-t-elle. Pas comme Rachida Dati, sous-entend-elle. Mais même pour les meilleurs élèves du gouvernement, dont elle estime faire partie, l'accès au président n'est pas facile, et les occasions de lui parler fort rares. « Quand j'ai quelque chose à lui dire, je lui fais une note courte, poursuit-elle. Je ne

---

1. Brice Hortefeux, Xavier Darcos, Xavier Bertrand, Éric Woerth, Laurent Wauquiez, Luc Chatel et Nadine Morano.
2. Contrairement aux ministres de plein exercice, les secrétaires d'État n'assistent au Conseil des ministres que lorsqu'ils ont une communication à faire.

Déjeuners avec des ministres sous pression

passe jamais mes messages par l'extérieur. » Pas comme certains, autrement dit. « Je suis en contact avec Franck Louvrier[1], par texto, je le préviens de ce que je fais, je l'appelle pour me caler et être en phase avec l'Élysée », détaille celle qui voudrait apparaître comme une ministre irréprochable en tout point.

Peu amène avec ses camarades, surtout lorsqu'elles sont populaires et qu'elles manquent de loyauté à l'égard de Nicolas Sarkozy, elle revient sur le différend qui l'a opposée cette fois à Rama Yade, quelques mois plus tôt. Taclant à mots couverts la secrétaire d'État aux Droits de l'homme sur son refus de porter la bannière UMP aux élections européennes, elle avait lâché publiquement : « Être issu de la minorité, cela ne doit pas être un bouclier (…). On n'est pas protégé parce qu'on est d'origine maghrébine ou africaine. On doit faire comme les autres, et je dois dire même plus que les autres[2]. » Une leçon à laquelle Nadine Morano croit profondément, et qu'elle ne regrette absolument pas. Mais qui a fait sortir sa collègue de ses gonds. Morano se scandalise du texto que Rama Yade lui a envoyé dans la foulée et finit par nous le montrer. « Je te rappelle, chère Nadine, que je ne sors pas de la brousse… », lui écrit-elle, cinglante, le 21 décembre. Un message que Morano n'a pas effacé, et dont elle n'est toujours pas revenue. Un message qui en dit long sur l'ambiance au sein du gouvernement.

Partie de rien donc, Nadine Morano, très sûre d'elle, se voit un grand destin ministériel et s'imagine volontiers promue lors du prochain remaniement. Au motif que « la famille doit fonctionner avec l'éducation », elle se verrait bien, dans le futur gouvernement, « ministre

---

1. Le conseiller communication du chef de l'État.
2. Le 17 décembre 2008, sur la chaîne parlementaire LCP.

de l'Éducation et de la Famille ». Mais Brice Hortefeux, son ministre de tutelle, lui a dit qu'« on ne demande pas » un portefeuille. « Moi, je ne demande pas, je propose ! » rétorque-t-elle, dans une réplique à la Audiard, digne des *Tontons flingueurs*. « Je suis quand même légitime à dire les dossiers qui m'intéressent », se défend-elle encore, sa voix montant dans les aigus. « Parfois, on me dit : qu'as-tu besoin d'aller chercher un bâton merdeux pareil ? continue-t-elle. Mais je n'ai pas choisi de faire de la politique pour faire dans la facilité. Est-ce qu'on fait de la politique en espérant qu'il ne va rien se passer ? »

Personnage haut en couleur et impatient, cette femme énergique se sent à l'étroit à la Famille. Et cherche à donner à son ministère plus de visibilité. Ainsi a-t-elle découvert qu'il n'y avait pas de préparation au mariage civil, alors qu'il y en a une pour le mariage religieux. Du coup, elle a mis en place un groupe de travail chargé de réfléchir au sujet. « Je voudrais qu'il y ait un seul numéro de téléphone, que les gens connaissent, pour s'informer sur le mariage, et qu'il soit aussi simple à mémoriser que celui du Samu ou des pompiers. »

La ministre de la Famille tente aussi de transformer ses déplacements sur le terrain en événements. Ainsi le récit qu'elle fait d'une récente visite dans l'Ain relève-t-il de l'épopée : « Alors que je faisais un discours à la Caisse d'allocations familiales, une femme enceinte a eu les premières contractions dans la salle, raconte-t-elle, encore tout excitée. Elle a accouché quelques instants plus tard, devant la CAF, dans le camion des pompiers. Je lui ai fait envoyer des fleurs. C'était vraiment le déplacement du bonheur, car après, le petit enfant de trois ans qui avait été choisi pour couper le ruban, eh bien... il s'appelait Nicolas ! » Comme le président de la République adoré ! « Ah, le bon préfet ! » s'esclaffe Morano, les mains jointes et les yeux levés au ciel.

Elle nous explique ensuite que, puisque « Brice veut des objectifs chiffrés, dans mon bureau, j'ai une carte de France avec un drapeau partout où nous créons des modes de garde pour la petite enfance ».

Cette mère de trois enfants se dit « très attachée à la structure familiale », bien qu'elle soit séparée de son mari. La vie est parfois plus compliquée que les discours. Alors qu'elle s'est affrontée violemment avec le monde catholique sur le mariage gay et l'adoption par des couples homosexuels, elle nous confie, contre toute attente, avoir « été élevée chez les sœurs ». « J'ai fait mon catéchisme, j'ai donné des cours de catéchisme à Pont-à-Mousson, et ma fille va faire sa profession de foi le mois prochain. Et la Bible a toujours été sur ma table de chevet. » Un aveu de Morano-la pieuse qui contraste avec l'impression laissée par une vidéo la montrant délurée sur une piste de danse, l'année précédente, au milieu des jeunes UMP. Une séquence qui a fait un tabac sur Internet.

Alors que le déjeuner se termine, avec un menu light pour la ministre, moulée dans une robe couleur crème, nous l'interrogeons sur sa relation avec l'homme de télévision Guy Carlier, qui lui consacre un livre intitulé *Nadine Morano, une chanson populaire*, à paraître quelques mois plus tard. Après une « chronique blessante » que Carlier avait consacrée sur France Inter à la « vulgarité » de Morano, ils ont fait connaissance et, contre toute attente, ont sympathisé. « C'est l'un des rares journalistes qui soit venu chez moi. Il a vu ma famille, et même ma chambre quand j'étais petite », lance fièrement celle qui a grandi dans la cité très populaire du Haut-du-Lièvre, à Nancy. Et la ministre de s'enflammer pour Carlier : « J'ai découvert quelqu'un de fabuleux, incroyable de sensibilité et d'humour. Il avait besoin d'une enveloppe aussi grande pour accueillir un cœur gros comme ça. C'est rare, les personnes qui vous font un choc pareil. » Son enthousiasme ferait presque plaisir à voir...

Pressée par les questions d'actualité, Nadine Morano nous quitte brusquement pour l'Assemblée nationale, où ses « amis » de l'UMP l'attendent. Sans peur et sans complexes.

Le maroquin de Nadine Morano s'épaissira un peu en juin 2009. Le président ajoutera à la Famille le portefeuille de la Solidarité, jusque-là confié à Valérie Létard. Morano y verra, bien sûr, une promotion, même si ce n'est pas le grand ministère de l'Éducation et de la Famille dont elle rêvait...

Le livre de Guy Carlier, Nadine Morano, une chanson populaire, *paraîtra comme prévu chez Michel Lafon en septembre 2009, mais décevra terriblement la ministre : elle n'apparaît véritablement sous la plume de l'auteur qu'à la moitié du livre. Et de nombreux faits rapportés la concernant seraient tout simplement erronés, s'indignera-t-elle auprès de l'une d'entre nous.*

Après cinq mois de travail et une cinquantaine d'auditions, Jean Leonetti remettra au Premier ministre, en octobre 2009, son rapport « Intérêt de l'enfant, autorité parentale, droits des tiers ». Il plaidera pour une convention de partage de l'autorité parentale, beaucoup moins souple que celle prévue dans le projet de loi de Morano. Ne prévoyant aucun droit nouveau pour les couples de même sexe, ce rapport ne fera pas de vague dans la majorité.

Quelques mois après la suppression du G7, le président prendra l'habitude de réunir autour de lui un petit groupe informel de six ministres. Mais Morano n'en fera pas partie...

Hubert Falco, secrétaire d'État chargé de l'Aménagement du territoire

Lundi 23 mars 2009, 20 heures
Hôtel de Roquelaure,
249, boulevard Saint-Germain, Paris VIIe

Nous voici en ce début de printemps, installées à la table d'une coquette salle à manger de l'hôtel de Roquelaure, boulevard Saint-Germain. Face à nous, un ministre qui souffre et n'en finit pas de ressasser sa situation. Le maire de Toulon n'est « que » secrétaire d'État à l'Aménagement du territoire et aimerait tant exister un peu plus au plan national ! « Moi, je suis un maire de province. Quand je remonte à Paris, je n'ai pas la grosse tête. C'est important, le contact avec le terrain. Alors, bien sûr, je suis moins médiatisé que les autres, mais que voulez-vous ? »

Pour rompre l'ennui des longues soirées parisiennes passées loin de sa compagne qui, dit-il, « ne me rejoint qu'une semaine par mois à Paris », Hubert Falco nous a conviées à un dîner sympathique. Qui aurait pu l'être davantage encore si l'une d'entre nous n'avait pas passé la soirée à se moucher et à jeter – aussi discrètement que possible – au pied de sa chaise ses mouchoirs usagés. Maudit rhume de cerveau ! « J'ai eu la même chose que vous et j'ai mis un mois à m'en débarrasser. Il faut bien vous soigner », lance-t-il, compatissant.

C'est l'homme aux deux visages. D'un côté, il y a le maire et le président de la communauté d'agglomération de Toulon, le poumon du Var. De l'autre, il y a le secrétaire d'État à l'Aménagement du territoire, le ministre qui n'existe pas dans l'opinion. Quand, à la fin de chaque semaine, il redescend dans sa « bonne ville de Toulon » (*sic*), Falco a droit à tous les égards : les quotidiens régionaux *Var Matin* et *La Provence* rapportent le moindre de ses faits et gestes, et les habitants le saluent bien bas dans la rue. Là-bas, il est l'homme fort de la droite.

Mais lorsqu'il remonte à Paris, au début de la semaine suivante, pour s'occuper de son maroquin, il redevient un ministre passe muraille. La presse nationale le boude. Le portefeuille ministériel dont il a la charge – l'aménagement du territoire – et le dossier le plus lourd qu'il a à gérer – l'accompagnement de la réforme de la carte militaire[1] – ne passionnent guère les médias. Sauf lorsque les choses se gâtent un peu pour lui. « Il y avait beaucoup de journalistes à Bitche[2]. J'ai été reçu sous les sifflets et les jets d'eau », nous lance-t-il, ironique.

Quant à ses collègues du gouvernement, éduqués dans les meilleures écoles, ils regardent un peu de haut ce ministre de province pas bien grand et pas bien épais. Son accent chantant et rugueux des hommes du Sud est sans doute un peu trop marqué au goût des Parisiens. Sans compter qu'un léger cheveu sur la langue vient compléter ses intonations. L'homme n'a pas fait l'ENA, n'est pas passé par les cabinets ministériels et ne maîtrise pas les codes feutrés de la capitale. À Paris, Falco

---

1. Pour moderniser l'armée, le gouvernement a annoncé, en juillet 2008, la suppression de 83 sites et unités militaires. C'est Hubert Falco qui a été désigné pour négocier avec les communes concernées la reconversion des sites.
2. Sur les 5 700 habitants que compte cette petite ville de Moselle, environ 2 500 dépendent directement de la base militaire dont la fermeture est programmée en 2009. Hubert Falco s'est rendu sur place le 28 juillet 2008. La rencontre avec la population et les élus locaux a été très tendue.

Déjeuners avec des ministres sous pression

étouffe. Alors, dès qu'il le peut, il part s'oxygéner sur le terrain, de préférence au sud de Lyon. « Quel bonheur, dit-il ce soir-là. Je reviens des Causses et des Cévennes ! »

Hubert Falco est lucide sur sa situation, mais n'arrive pas à s'y résoudre. Il aimerait tant compter dans les milieux parisiens ! Jamais il n'est parvenu à s'en rapprocher. Paris est son plafond de verre. La canicule de l'été 2003 aurait pu le propulser en haut de l'affiche. Après tout, il était alors secrétaire d'État aux Personnes âgées, et donc en première ligne. Mais c'est surtout de la décontraction du ministre de la Santé de l'époque, Jean-François Mattei, que parleront les médias. Que de rendez-vous ratés !

Le secrétaire d'État compte donc sur ce dîner au moins autant que nous. Le timing est bon. Les élections européennes de juin 2009 se profilent, et plusieurs places vont bientôt se libérer dans le gouvernement, avec les départs programmés de la ministre de la Justice, Rachida Dati, et de son collègue de l'Agriculture, Michel Barnier. Comme le leur a demandé le président, ils siégeront à Strasbourg, et quitteront donc le gouvernement. Peut-être avant, peut-être après le scrutin. Un nouveau remaniement est en vue. Le microcosme politique commence à bruisser de rumeurs... On peut lire ici et là que le secrétaire d'État à l'Industrie, Luc Chatel, pourrait se voir confier l'Agriculture. Que Jean-Louis Borloo[1] aimerait décrocher la Justice. Un portefeuille que revendique haut et fort Christine Boutin, sa collègue du Logement. Il se dit aussi que Xavier Darcos aimerait que le président profite de ce nouveau jeu de chaises musicales pour lui faire quitter l'Éducation. Comme elle nous l'a confié, Nadine Morano se sent prête

---

1. Ministre d'État en charge du Développement durable.

Hubert Falco

à lui succéder. Beaucoup de choses se disent et s'écrivent. Mais jamais rien sur notre hôte. Pas même un entrefilet.

Or le maire de Toulon sait que la visibilité des ministres dans les médias est, à condition de ne pas trop en faire, un des critères de Nicolas Sarkozy pour évaluer les membres du gouvernement. À l'instar de beaucoup de ses collègues, il croit aussi dur comme fer – mais à tort – que les fameux échos et confidentiels des journaux pourraient donner des idées au président. Comme tous, il ne retient de Sarkozy que la période où, alors en charge de l'Économie puis de l'Intérieur, il faisait ouvertement état de ses ambitions pour défier le président Chirac. Falco n'a pas compris que « Nicolas » n'autorise pas à ses ministres ce que lui-même se permettait naguère.

Sûr de son fait, persuadé que nos plumes pourraient l'aider à monter une marche, Hubert Falco se lance et, dans un style très direct, nous fait part de ses ambitions. Pourrait-il être récompensé à l'occasion du prochain remaniement ? « On va voir. Je ne pense pas avoir déçu, ni mon ministre de tutelle Jean-Louis Borloo, ni le président. On m'a confié la mission de la carte militaire. Tout l'accompagnement et tout ce qui se passe sur le terrain, c'est sur mes épaules. C'est une réforme difficile. Sur le terrain, on me respecte. Moi, je veux finir mon travail. » Ce travail va bientôt s'achever, puisque, de l'aveu même du ministre, les contrats de sites seront bientôt tous signés. Et après ? « Si on me nomme à l'Agriculture, je serai heureux. Si on me donnait l'Aménagement du territoire et la Ruralité, je serais heureux aussi. L'Aménagement du territoire mérite mieux qu'un secrétariat d'État. » Falco veut donc un ministère de plein exercice, et estime d'ailleurs avoir toutes les compétences pour exercer le job. « Avec mon parcours, je suis un généraliste, dit-il. J'ai remplacé Bachelot, j'ai remplacé NKM[1] lors de la discussion de textes au Parlement. » A-t-il évoqué le sujet avec le président ou avec son plus proche collaborateur, Claude Guéant ? « Non. Quand, à Toulon, mes adjoints entrent dans mon bureau pour me demander quelque chose, cela m'ennuie. Je ne suis pas un courtisan, je ne suis pas de cette trempe-là. » Falco enverra tout de même, quelques jours plus tard, une petite note au secrétaire général de l'Élysée, dans laquelle il défend son idée d'un ministère de l'Aménagement du territoire.

Pour l'heure, c'est à nous de faire connaître ses ambitions et d'alimenter les rumeurs ! Falco croit en ses chances. Pour mieux nous en convaincre, il se met en tête de nous raconter son ascension politique. C'est une – longue – construction jalonnée de petits combats et de rudes batailles. « J'ai participé à quatorze élections, et je les ai toutes gagnées, lance-t-il. Et je sais que cela impressionne beaucoup Nicolas. J'ai toujours été maître de mon destin. Ce que j'ai obtenu, ce n'est pas le parti qui me l'a donné. Je me suis fait dans la difficulté. »

Et comme toutes les belles histoires, la sienne commence naturellement par un mauvais coup du sort. À 18 ans, alors qu'il est étudiant à Grenoble, le jeune homme perd son père brutalement. Il abandonne ses études pour faire son service militaire, puis revient à Pignans – le village dans lequel il est né et a grandi – pour reprendre l'entreprise familiale, une PME spécialisée dans le liège, le bouchon et le transport. Des ruelles étroites, des fontaines, des maisons sombres, fraîches et profondes. Pignans, c'est une carte postale. Politiquement, c'est un bastion de gauche : « C'est dans le centre du département du Var. Là-bas, à l'époque, on parlait

---

1. Roselyne Bachelot : ministre de la Santé. Nathalie Kosciusko-Morizet : secrétaire d'État à l'Écologie, puis secrétaire d'État à la Prospective et à l'Économie numérique.

Hubert Falco

du Var rouge, parce qu'on y était socialiste ou communiste. » Devenu jeune père de famille, il se préoccupe des activités proposées aux enfants de la commune. C'est comme cela qu'il tombe dans la politique. Il entre en 1971 au conseil municipal, sur une liste de gauche, puis est élu en 1983 maire de la bourgade, où il croisera d'ailleurs la « petite » Christine Lagarde. « Ses parents avaient une propriété à Pignans, et elle venait y passer ses vacances. Je l'ai connue adolescente. Elle m'a connu jeune maire. Elle se souvient plus de moi, que moi d'elle. À l'époque, c'est moi qui étais le maire. » Depuis, la « petite » l'a dépassé. Elle est maintenant ministre de l'Économie et de l'Emploi. D'origine modeste et étrangère – son père s'est installé en France pour fuir l'Italie mussolinienne –, Falco s'est toujours hissé un peu plus haut. Avec l'appui des appareils, dont il se méfie tant mais auxquels il doit tout de même une grande partie de sa carrière de baron local.

En 1985, Hubert Falco devient conseiller général. En 1988, c'est la consécration. Il est élu député de sa circonscription. Cinq ans plus tard, il est réélu à l'Assemblée avec, souligne-t-il pas peu fier, « 71 % des voix ». Le Var va alors entrer alors dans une période noire. L'assassinat de Yann Piat[1] en 1994 brouille les cartes politiques. Les notables s'écrouleront les uns après les autres, propulsant Falco au premier plan. « Le Var, on en a fait un département normal », dit-il maintenant, sans mentionner ceux à qui il doit beaucoup, François Léotard et feu Maurice Arreckx, dont le nom fut un temps cité dans l'affaire Yann Piat, puis éclaboussé par une retentissante affaire de pots-de-vin. Falco le remplace, et devient président du conseil général du Var en 1994. Mais, « à la

---

1. Filleule de Jean-Marie Le Pen, elle fait ses premiers pas au Front national, puis s'éloigne de l'extrême droite pour rejoindre l'UDF. Elle avait été élue députée du Var en 1986.

demande du parti », l'année suivante, il lâche son siège de député pour se présenter au Sénat. Nouveau changement d'affectation en 2001. « On me dit alors qu'il faut que je quitte le conseil général et que j'aille me battre pour décrocher Toulon », raconte-t-il. En bon soldat, il s'exécute à nouveau. Il doit reprendre la ville à l'ex-pilier du Front national, Jean-Marie Le Chevallier. Face à lui, il y a aussi le Corse Jean-Charles Marchiani, l'ancien préfet du Var proche de Charles Pasqua, qui sera quelques années plus tard à l'origine de la libération des otages français au Liban, mais qui passera aussi de longs mois en détention préventive derrière les barreaux de la prison de la Santé pour recel d'abus de biens sociaux[1]. Marchiani défend les couleurs du RPF, le parti créé par Charles Pasqua et Philippe de Villiers.

Hubert Falco, lui, se présente sous l'étiquette Démocratie libérale. Et, parce qu'il se méfie de l'appareil et de Paris, il pose ses conditions : « Je leur ai dit d'accord pour Toulon, mais vous me laissez travailler. Je ne veux pas entendre parler d'équilibre des listes. Je ne veux voir personne de Paris. » Il se lance dans la bagarre. Et gagne la ville en 2001, avec plus de 68 % des voix au second tour, écrabouillant au passage le FN, qui ne récolte que 7,7 % des suffrages. En 2008, il est réélu avec 65 % des voix dès le premier tour. Le FN recule encore. Bravo l'artiste ! « J'ai été le maire le mieux élu pour les villes de plus de 100 000 habitants », lance-t-il fièrement. Cette belle élection lui a permis d'entrer au gouvernement en mars 2008. Comme quoi Nicolas Sarkozy sait récompenser les vainqueurs.

Mais l'homme attend plus qu'un secrétariat d'État. Il vise maintenant un vrai maroquin. Il pense avoir des

---

[1]. Les affaires dans lesquelles Jean-Charles Marchiani est mis en cause n'ayant pas été définitivement jugées, celui-ci est présumé innocent.

chances de l'obtenir en échange de sa participation aux régionales de 2010. Le président de la République aimerait, en effet, le voir conduire la bataille en Provence-Alpes-Côte d'Azur. « Sarkozy m'a demandé d'aller dans cette région pas facile. Christian Estrosi à Nice, Marie-Josée Roig à Avignon, tout le monde dit que je dois y aller. Gaudin – le maire de Marseille – dit : « Falco au moins, il a le sacrement du suffrage universel. » Le maire de Toulon a réservé sa réponse. Pour obtenir sa promotion, il a décidé de faire languir le président. « Pour le moment, ce n'est pas oui, ce n'est pas non. Je le dirai en septembre. Je veux voir comment les choses évoluent. Il y a le rapport Balladur sur la réforme des collectivités locales, et la possibilité, qui semble s'éloigner, de reporter les régionales de 2010 à 2011. J'ai dit au président qu'il n'y a pas lieu de se précipiter. S'il y avait eu deux ou trois candidats, j'aurais dû me prononcer vite. Mais il n'y a que moi. Le président sait que je suis un homme de devoir et que je n'ai jamais déçu mon camp. Ce sera un combat difficile. Si j'y vais, c'est pour gagner, mais c'est difficile d'abandonner une ville. »

Ce 23 mars, Falco pense donc qu'il pourrait être récompensé et devenir enfin ministre de plein exercice. Au passage, cela permettrait de remettre un peu d'ordre dans ce gouvernement qui ne trouve pas grâce à ses yeux. L'équipe Fillon est, selon lui, un bien curieux attelage, un repaire de perdants. « Il y a des battus dans ce gouvernement, lance-t-il. On me dit que je n'ai pas assez de visibilité. Peut-être, mais Falco, c'est comme Borloo, ça gagne[1]. »

Le secrétaire d'État est encore plus critique vis-à-vis des ministres d'ouverture. Martin Hirsch, l'ancien prési-

---

1. Jean-Louis Borloo a été élu maire de Valenciennes, en 1989, avec 76 % des voix, puis réélu en 1995 et en 2001.

Déjeuners avec des ministres sous pression

dent d'Emmaüs nommé haut-commissaire aux Solidarités actives et à la Jeunesse ? « Hirsch agace beaucoup. Beaucoup plus que Besson. Il est suffisant. Il aime vraiment beaucoup le pouvoir. Il ne démissionnera jamais. C'est un loup solitaire. Il n'est pas là que pour le RSA[1]. Bien sûr, on aime tous le pouvoir, mais on ne sort pas tous de chez l'abbé Pierre. Il ne veut pas être un ministre comme les autres. Mais il ne refuse rien et attrape tout ce qu'il peut. Il va plus vers les puissants que vers les petits. Hirsch n'est qu'une caution. » Hubert Falco est à peine plus tendre avec Éric Besson, l'ex-socialiste qui a rejoint Sarkozy entre les deux tours de la présidentielle, et qui est maintenant secrétaire général adjoint de l'UMP et ministre de l'Immigration. « Il a la cote, mais c'est fragile tout ça. Besson, il est plus libéral que Novelli[2]. Quand il y a des réunions du bureau politique de l'UMP, on a l'impression d'avoir affaire à un vieux briscard du parti quand il prend la parole. Je suis sidéré. Personne ne dit rien, tout le monde a peur. »

Et que dire des starlettes du gouvernement qui ne se sont jamais frottées au suffrage universel et qui, à peine nommées ministres, raflent la mise dans les sondages ? Falco veut croire que ce ne sont que des étoiles filantes. Il ne cite pas de nom, mais la charge est pour la secrétaire d'État aux Droits de l'homme, Rama Yade, et la garde des Sceaux, Rachida Dati : « Dans trois mois, quand ils seront tous sortis du gouvernement, plus personne ne parlera d'eux. » Dans trois mois, Falco, lui, sera encore maire de Toulon. Et peut-être, qui sait, ministre de plein exercice. Sinon, le secrétaire d'État laisse entendre qu'il pourrait quitter le gouvernement

---

1. Revenu de solidarité active.
2. Hervé Novelli, secrétaire d'État chargé du Commerce, croit aux vertus du marché. Il est issu de l'ancienne famille libérale d'Alain Madelin. Tout comme Falco.

de son propre chef. Ce ne serait pas la première fois. « C'est moi qui ai demandé à Chirac à partir en 2004 », explique-t-il en réécrivant quelque peu l'histoire. En réalité, le président de l'époque avait demandé, dès 2002, à ses ministres de choisir entre leur maroquin et leur mandat local. Deux ans plus tard, Falco ne s'était toujours pas décidé, au point que Chirac a dû le sommer de trancher. « J'ai choisi Toulon, poursuit Falco. Chirac a été très surpris. Il n'y croyait pas, et m'a même fait une lettre pour que je puisse la montrer à ceux qui penseraient que j'ai été remercié. » Face à nos mines incrédules, l'homme fort du Var abat son joker : « Cette lettre, je l'ai toujours et je vous la montrerai. » Avec grand plaisir, Monsieur le ministre.

Hubert Falco a joué son va-tout et a perdu. Il n'aura pas le poste de ministre de plein exercice qu'il réclamait. On ne force pas impunément la main du chef de l'État. Il sera nommé secrétaire d'État à la Défense et aux Anciens Combattants le 23 juin 2009. Pis, le portefeuille de l'Aménagement du territoire et de la Ruralité, dont il avait soufflé l'idée à l'Élysée, sera bien créé, mais confié à un autre. En faisant part ouvertement de ses ambitions, Hubert Falco a agacé l'Élysée. Comme d'autres collègues, il se fera sermonner en Conseil des ministres, mi-avril 2009. « Vous êtes ridicules », leur lancera le président de la République. Hubert Falco aura tout de même droit à quelques consolations. Au lendemain de sa nomination aux Anciens Combattants, le quotidien Var Matin *titrera ainsi sa une : « Le maire de Toulon devient numéro deux de la Défense. » Une présentation amicale, pour ne pas dire plus !*

Brice Hortefeux, ministre du Travail, des Relations sociales, de la Famille, de la Solidarité et de la Ville

Mercredi 25 mars 2009, 8 h 30
Hôtel du Châtelet, 127, rue de Grenelle, Paris VIIe

Brice Hortefeux se distingue de la plupart de ses collègues ministres en ceci qu'il accorde plus volontiers des petits déjeuners aux journalistes, que des déjeuners. Nous obligeant, cruel effort dans un métier où l'on aime davantage « boucler » tard que se lever tôt, à déposer nos enfants devant l'école avant même l'ouverture des portes, et à nous entasser dans des rames de métro bondées avec la France qui se lève tôt... L'une d'entre nous arrivera d'ailleurs en retard et essoufflée au ministère du Travail.

Le ministre, cela va de soi, est délesté de ce genre de contrainte. Rituel fréquemment observé sous les ors de la République, il ne sort de son bureau que lorsque tous les convives sont là. Son attaché de presse se chargeant de nous faire patienter. Est-il discrètement prévenu par téléphone, dès la dernière d'entre nous arrivée ? Sans doute. Son entrée théâtrale, quelques secondes après, impressionne. L'homme a du métier. Sa secrétaire d'État, Nadine Morano, par exemple, est loin de l'égaler dans ce registre de la mise en scène. Hortefeux, silhouette considérablement amincie, dans un costume bleu marine bien coupé, cheveux roux et teint rose, a l'élégance intemporelle d'un notable bien né. Il embrasse ou serre la main, selon l'ancienneté de la relation. Le geste, ample et lent, est censé, imagine-t-on, refléter le calme intérieur du personnage. Comme souvent, ses premiers mots sont pour se plaindre d'une grande « fatigue ». Notre hôte, qui doit s'envoler le soir même avec Nicolas Sarkozy pour un voyage marathon en Afrique, semble las. Nous montons à l'étage, par l'escalier recouvert d'un épais tapis rouge.

Cet ami de trente-trois ans du président a été nommé, deux mois auparavant, ministre du Travail, à la place de Xavier Bertrand. Une drôle d'affectation pour celui qui aime avant tout les coups politiques et qui se retrouve maintenant à devoir se plonger des heures durant dans le code du travail et à mener d'interminables discussions techniques avec les syndicats. Jean-Louis Borloo, un de ses prédécesseurs, avait réglé le problème en conservant le volet politique du portefeuille et en confiant à son second, Gérard Larcher, les arides questions techniques. Brice Hortefeux ira seul. Il a beau être l'ami du président, il n'a pas eu le choix. « Je te serais bien plus utile au gouvernement qu'à l'UMP », a-t-il dit à Nicolas Sarkozy lorsque celui-ci lui a offert, deux mois plus tôt, le secrétariat général du parti majoritaire. Le président lui a alors proposé de remplacer Xavier Bertrand. Va donc pour les affaires sociales, puisque l'essentiel est de rester au gouvernement !

Nous rencontrons le ministre dans une période d'intense actualité : grève générale du 19 mars, manifestations très suivies, chiffres catastrophiques du chômage, etc. Or notre hôte, en cet instant, n'est pas dans ce monde-là. Consigne a été transmise au gouvernement de ne pas donner trop d'importance à la grogne sociale. Brice Hortefeux choisit donc de nous entretenir longuement... du jardin de son ministère. Un parc qu'il a trouvé, dit-il, en piteux état à son arrivée, en janvier. Bosquets mal taillés, pelouse pas entretenue, fontaine sans eau, bref, un spectacle de désolation. Suprême hérésie, les massifs étaient plantés de telle façon que les

Déjeuners avec des ministres sous pression

occupants des bureaux du rez-de-chaussée – dont il est – ne pouvaient guère profiter du spectacle de la floraison. Une erreur qu'il a dû faire rectifier : « Je suis très sensible aux jardins », confie-t-il, comme s'il s'agissait d'un élément clé pour la compréhension de sa personnalité, il est vrai très difficile à décoder.

Hortefeux évoque longuement son amour exigeant pour les parcs savamment ordonnancés et tenus. Cherche-t-il aussi, au passage, à humaniser une image qu'il sait dégradée ? Il nous raconte en tout cas être allé avec ses enfants, le samedi précédent, dans les animaleries du quai de la Mégisserie, afin d'acheter des poissons pour repeupler le bassin du ministère. En vain, puisque les canards ont avalé les poissons de la République. Image touchante tout de même...

Le ministre aime aussi les vieilles pierres. Après le jardin, le voici parti dans une description tout aussi catastrophiste de l'hôtel du Châtelet, construit au XVIIIe siècle, qui abrite le ministère. « Si vous voyiez le couloir, derrière cette pièce, frémit-il, sur le ton de la colère contenue. La peinture est tout écaillée, il n'y a pas eu de travaux depuis cinquante ans ! »

À l'entendre, l'immeuble serait dans un état de délabrement avancé. « J'ai dit à Xavier Bertrand : C'est hallucinant, tu n'as rien entretenu ! Il m'a répondu que ça coûtait de l'argent. Mais ce qui coûte cher, au contraire, c'est de ne pas entretenir. Moi, ça me gênerait de laisser un bâtiment dans cet état ! » Dans le charmant salon, orienté plein sud (quatre mètres de hauteur sous plafond), où est dressée la table du petit déjeuner, nous cherchons du regard les marques de l'outrage irrémédiable des ans, que ce malotru de Bertrand n'a même pas songé à faire effacer. Hortefeux pointe du doigt la peinture légèrement écaillée aux portes, les lourds rideaux fanés et beaucoup trop courts. Pas de quoi fouetter un chat. « Il n'y a même pas de toilettes à l'étage, s'agace-t-il encore. Lorsque vous recevez à dîner, vous devez envoyer les gens se laver les mains au rez-de-chaussée ! » Peu digne de son rang, en effet.

Le ministre se vante encore d'avoir remis en état, durant les dix-neuf mois qu'il y a passés, l'hôtel de Rothelin-Charolais, au 101, rue de Grenelle, qui abrite le ministère de l'Immigration. Au lendemain de sa victoire, Sarkozy confie à son ami auvergnat le portefeuille le plus difficile au gouvernement, en tout cas le plus contesté, celui de ministre de l'Immigration, qui n'a jamais existé auparavant. Hortefeux crée la fonction de toutes pièces et parvient à la banaliser. Comme les autres ministres, il a des objectifs à remplir. En ce qui le concerne, ils portent notamment sur le nombre de reconduites à la frontière : 26 000 en 2008. Mais il s'attaque aussi aux murs de son ministère. « J'ai notamment fait refaire le jardin d'hiver à l'Immigration, il est splendide maintenant », se félicite-t-il, avec la pointe de regret de celui qui ne peut pas en profiter pour cause de changement d'affectation. L'entretien du patrimoine de l'État est, à ses yeux, l'une des tâches, officieuses mais capitales, des ministres. « Mais beaucoup ne font rien, pour ne pas avoir à subir le bruit des travaux, regrette-t-il. Et c'est vrai qu'avoir du bruit pendant que vous travaillez dans votre bureau, c'est insupportable ! » Puis il enchaîne : « En partant, j'ai demandé à Besson d'entretenir le salon Jaune. » Manifestement, la réussite de l'ancien secrétaire national du PS devenu son successeur à l'Immigration passe autant, à ses yeux, par cette réfection, que par le nombre de reconduites à la frontière !

Épinglé par la presse précisément à cause des dépenses élevées engagées pour rénover le ministère, Hortefeux en a tiré la leçon : « À l'Immigration, Woerth[1]

---

1. Éric Woerth, ministre du Budget.

m'avait aidé pour refaire la toiture et le jardin. Ici, j'essaie de faire en sorte que ça ne coûte pas un sou à l'État, grâce à la loi sur le mécénat. » Mais le ministre, prudent, se garde bien de nous livrer le coût des travaux qu'il envisage. Laissant entendre que les discussions sont en cours, et le montage financier pas encore arrêté.

Lui et sa famille, en tout cas, ne vivent pas sur place, et sont restés, confirme-t-il, dans le logement de fonction de la place Beauvau, qu'ils occupent depuis mai 2007. Sans qu'aucun collègue du gouvernement n'ait à en pâtir, précise-t-il : « Marleix[1] est propriétaire d'un appartement près du Trocadéro, il n'avait pas besoin de logement de fonction. » Ainsi apprenons-nous, incidemment, que ledit Marleix, chargé du redécoupage de la carte électorale, a demandé qu'un « appartement de réception » soit mis à sa disposition près de Beauvau, afin d'y recevoir, en toute discrétion, certains dirigeants de gauche souhaitant discuter en tête à tête du devenir de leur circonscription. Hortefeux ne lâchera qu'un seul nom : celui de l'ancienne ministre communiste Marie-George Buffet, dont on observera, quelques semaines plus tard, qu'elle a miraculeusement préservé son fief de Seine-Saint-Denis...

Entre viennoiseries et fruits frais, la discussion roule enfin sur les chiffres du chômage. « Un pic est prévu à l'automne, admet Hortefeux. Mais vous connaissez la formule de Disraeli[2] : Il y a trois types de mensonges : les mensonges, les gros mensonges et... les statistiques », cite-t-il, afin de relativiser ces sombres prévisions. Le ministre préfère pointer « un ou deux signes de reprise dans le secteur de l'immobilier et du logement ». « Mais

---

1. Alain Marleix est secrétaire d'État à l'Intérieur et aux Collectivités locales.
2. Benjamin Disraeli, Premier ministre britannique conservateur de la reine Victoria, au XIXe siècle, également auteur de romans.

on ne sait pas si c'est conjoncturel ou plus lourd », convient-il, lucide sur la situation. Ce fils de banquier, qui a fait son droit puis Sciences-Po, ne semble avoir aucun goût pour les grandes analyses macroéconomiques. Et trouve dans la crise que traverse le pays une satisfaction inattendue : « Les patrons se rappellent que le pouvoir est d'abord politique », se réjouit-il.

Lui, choisit de commenter quelques points positifs dans l'actualité la plus récente. Ainsi, le retour en France d'usines Renault précédemment délocalisées « est un bon signal », se réjouit-il. « Mais c'était au Premier ministre de l'annoncer sur TF1, pas à Luc Chatel, que j'aime bien, chez Fogiel[1], je l'ai d'ailleurs dit au président », regrette-t-il, suggérant ainsi que le secrétaire d'État à l'Industrie et porte-parole du gouvernement aurait dû respecter la hiérarchie gouvernementale. Et accordant finalement plus d'importance à la manière dont s'est faite l'annonce qu'à son contenu. L'initiative de RTL, qui diffuse à l'antenne des offres d'emplois, « est très positive, poursuit Hortefeux. Je vais appeler Rémy[2], j'ai trouvé ça formidable ». Comme quoi les ministres n'appellent pas toujours les patrons de presse pour se plaindre des journalistes. Mais aussi, parfois, pour les féliciter !

Si la parole de ce ministre peu populaire est tellement recherchée par les observateurs de la vie politique, c'est que « Brice » est un homme qui compte. D'une fidélité sans faille à l'égard du président, il en a partagé tous les combats, la période des vaches maigres comme celle des victoires, et a longtemps été présenté comme son « lieutenant », voire son « porte-flingue ». Un temps écarté du premier cercle par Cécilia, qui ne l'aimait pas, il est

---

1. Marc-Olivier Fogiel réalise chaque matin l'interview d'une personnalité sur Europe 1.
2. Rémy Sautter, P-DG du groupe RTL.

rapidement revenu en grâce au lendemain du divorce, au point que son nom est maintenant régulièrement cité pour succéder à François Fillon. Le Travail, « c'est ma formation continue », avait-il expliqué après avoir appris de la bouche du président sa nomination prochaine rue de Grenelle.

La parole de cet ami du président est d'or. Nous l'interrogeons donc sans détour sur le nouveau rituel élyséen, instauré depuis peu : chaque jeudi à 7 h 30, confirme-t-il, une réunion se tient au palais de l'Élysée pour élaborer la communication de l'exécutif. Y participent Claude Guéant, Raymond Soubie, Jean-Michel Goudard, Julien Beaupré, Éric Woerth, Luc Chatel, Nadine Morano, Xavier Bertrand, Frédéric Lefebvre et lui-même, bien sûr[1]. « C'est la barbe ! » lâche-t-il au sujet de cette nouvelle réunion matinale, qui s'est ajoutée à un agenda déjà très chargé. D'où vient alors ce sentiment que pour rien au monde il ne céderait sa place dans ce cénacle ?

Ce nouveau rendez-vous a été créé, explique-t-il, « parce que tout ce qui se dit au G7 est répété ». Le G7, c'est cette réunion des sept ministres les plus « politiques » autour de Sarkozy, dont le contenu ne restait jamais longtemps très secret, et que le Premier ministre François Fillon avait vilipendé. « Le G7 n'est pas mort, assure cependant Hortefeux. Mais Nicolas a été un peu agacé par les fuites dans la presse, explique-t-il. On sait maintenant qui les faisait. » Songe-t-il au secrétaire d'État à l'Emploi Laurent Wauquiez ? De nombreux journalistes ont bien cru entendre prononcer ce nom au fil des

---

[1]. Raymond Soubie : conseiller social du président de la République. Jean-Michel Goudard : conseiller spécial du président en charge de la stratégie. Julien Beaupré : conseiller à l'Élysée. Xavier Bertrand : secrétaire général de l'UMP. Frédéric Lefebvre : porte-parole de l'UMP.

semaines. Il n'en fait donc plus partie. « Nicolas, ajoute-t-il, veut maîtriser un certain nombre de choses. » Le contraire serait étonnant !

Hortefeux, l'air de ne pas y toucher, alimente à sa façon la chronique, récurrente dans les journaux, du « qui a la cote à l'Élysée, qui ne l'a pas ». Ainsi glisse-t-il spontanément que Woerth est actuellement très en cour : « Il est très bien, très solide, il a du recul, et il ne se prend pas au sérieux. » « Nicolas aime beaucoup Chatel et Wauquiez, continue-t-il. Il aime bien Hirsch aussi, qui est détesté dans le gouvernement. » Aucune d'entre nous n'est surprise : Martin Hirsch, l'ancien patron d'Emmaüs, est effectivement décrié par nombre de ses collègues.

Hortefeux livre les noms d'autres détracteurs du haut-commissaire : « Wauquiez et Lagarde m'ont expliqué qu'il représente tout ce qu'il n'est pas », lâche-t-il, signifiant par là que la personnalité réelle du haut-commissaire est fort éloignée de l'image d'ouverture qu'il renvoie. Et à propos des autres membres du gouvernement, le voilà qui lâche tout à coup : « Il y a quatre dingues qui devraient sauter... » La charité n'est pas la spécialité du ministre !

« Karoutchi[1] est un peu dans l'œil du cyclone, enchaîne-t-il. Il énerve le président. Embringuer comme ça la famille de Nicolas dans la primaire interne, c'était dangereux. En réalité, le président a toujours été pour Pécresse. » Hortefeux nous lâche cette information trois jours après la victoire de la ministre de l'Enseignement supérieur dans la primaire de l'UMP pour conduire les listes en Île-de-France en mars 2010. Elle a recueilli près de 60 % des voix tandis que le vieil ami du président,

---

1. Roger Karoutchi est alors secrétaire d'État chargé des Relations avec le Parlement.

Déjeuners avec des ministres sous pression

Roger Karoutchi, n'en a eu que 40 %. Facile, après coup, de dire que Sarkozy a « toujours été pour Pécresse », alors qu'il n'a donné aucun signe de préférence pour l'un ou pour l'autre durant les longs mois de campagne. Nous comprenons en tout cas que le chef de l'État a vécu comme une instrumentalisation de sa famille par Karoutchi la présence, dans l'un de ses meetings, de sa mère, « Dadu », et de son fils Jean. Son vieil ami serait du coup menacé au sein du gouvernement.

De son travail dans ce nouveau ministère, Hortefeux parle en revanche très peu. Arrivé en janvier, et peu familier du secteur social, il a passé beaucoup de temps, admet-il, à tenter de s'y retrouver dans le paysage syndical français. Comme tous ses prédécesseurs, il a reçu un à un les leaders syndicaux. Il avoue « beaucoup aimer » François Chérèque, de la CFDT. « Le pouvoir aime toujours la CGT, moi, j'aime Chérèque, confie-t-il, amusé. Mais ne le dites pas. » Il juge Bernard Thibault, de la CGT, « très borduré » par Maryse Dumas, sa numéro deux, et donc « pas libre de ses positions ». « J'ai dit à Nicolas que si la période est difficile pour nous, elle est encore plus compliquée pour les syndicats », confie-t-il. Allusion à la colère sociale que les organisations de salariés doivent contenir en cette période de crise et de remontée du chômage.

Hortefeux, soucieux de montrer qu'il est toujours très proche du président, évoque l'hygiène de vie de celui-ci. Diriger la France représente, il est vrai, une épreuve hors norme : « C'est une astreinte physique quotidienne extrêmement lourde. » Pour y résister, « Nicolas fait beaucoup de musculation, des pompes. Du coup, il n'a plus mal au dos ». Sera-t-il candidat en 2012 ? demandons-nous pour évacuer une question qui commence déjà à circuler. « Il n'est pas accro au pouvoir. Et il n'a pas vraiment besoin d'argent. Alors la seule chose qui pourrait le conduire à être candidat, c'est le sentiment d'inachevé », assure-t-il, donnant en cet instant l'impression de parler... de lui-même. Puis d'égrener ce qui fait avancer les hommes politiques : « Le pouvoir, les apparences du pouvoir ; l'argent ; les femmes, la capacité de séduction »... Et le voilà qui ajoute tout à coup, avec une franchise rare à ce niveau de responsabilité : « Il n'est pas besoin d'être intelligent pour réussir dans ce métier : la politique, c'est très simple. » En tout cas, beaucoup moins compliqué qu'on pourrait le penser a priori. Hortefeux respire la jouissance d'être là, la satisfaction de vivre enfin sous la lumière des projecteurs.

Nous l'interrogeons sur les relations du président avec Jean-François Copé, le bouillonnant patron du groupe UMP à l'Assemblée nationale, qui est aussi son ami. Hortefeux a très souvent joué, et continue de jouer, les intermédiaires entre Sarkozy et Copé, dont les relations sont volcaniques. « Copé l'exaspère », confirme-t-il, parlant toujours du président, avec une moue qui en dit long. Sa proximité avec Copé ne l'empêche pas, en tout cas, de porter un jugement sévère sur le positionnement de son « ami », tantôt poil à gratter, tantôt dans la ligne de l'Élysée : « Jean-François se convainc lui-même qu'il fait un boulot très intéressant », poursuit le ministre, manifestement persuadé du contraire. « En réalité, Copé est furieux que Nicolas soit président, parce qu'il avait misé sur tous les autres, Chirac, Villepin, mais pas sur Sarkozy ! » Hortefeux, qui voit souvent son ami député et ne lui cache rien de ce qu'il pense, poursuit : « J'ai dit à Jean-François qu'il avait plutôt intérêt à être 100 % sarkozyste : car si on perd en 2012, il apparaîtra comme en partie responsable de la défaite, ce qui le gênera pour 2017. Et si on gagne, il pourra être ministre ! »

Vient le tour de Xavier Bertrand, le secrétaire général de l'UMP avec lequel, en revanche, les relations ne sont pas au beau fixe. « Lui, son positionnement, c'est : Regardez-moi, je suis comme vous ! » décrypte Hortefeux, suggérant que son rival a choisi la voie plus facile du consensus, tandis que lui assume ses positions clivantes, beaucoup moins politiquement correctes. Le ministre admet malgré tout que Bertrand « trouve ses marques » à l'UMP. Et ce, malgré la concurrence du porte-parole du parti majoritaire, Frédéric Lefebvre, qui publie à un rythme frénétique des communiqués de presse, sans en référer au secrétaire général. « Frédéric dînait ici hier soir, raconte Hortefeux, pointant du menton la place de l'une d'entre nous. Je lui ai dit que si j'étais à la place de Bertrand, j'aurais voulu viser tous ses communiqués, c'est normal. Il m'a répondu : Bertrand peut toujours se gratter ! » Manifestement, l'insolence du député des Hauts-de-Seine[1] ne déplaît pas au ministre du Travail qui esquisse un sourire... « Xavier découvre que c'est compliqué d'être chef de parti quand on est dans la majorité, soupire-t-il, faussement compatissant. Il attend de redevenir ministre en 2012. »

Parfois comparé dans la presse à *Charlie et ses drôles de dames*, Hortefeux règne, rue de Grenelle, sur trois secrétariats d'État dévolus à des femmes : Fadela Amara, Valérie Létard[2] et Nadine Morano. Alors qu'un maître d'hôtel en veste blanche passe à intervalles réguliers remplir nos tasses de thé ou de café, Hortefeux délivre ses bons points. « Valérie est une fille très bien. Elle est populaire parce qu'elle a une image d'assistante sociale, analyse-t-il, un brin condescendant. Les travailleurs sociaux disent : elle est des nôtres. Et c'est vrai, elle leur ressemble. »

Quant à Nadine Morano, la volcanique secrétaire d'État à la Famille qui revendique haut et fort sa

---

[1]. Il a perdu son siège à l'été 2009. L'ancien secrétaire d'État à la Fonction publique, André Santini, dont il était le suppléant, ayant été remercié a souhaité revenir à l'Assemblée.

[2]. Fadela Amara : secrétaire d'État chargée de la Politique de la ville. Valérie Létard : secrétaire d'État chargée de la Solidarité.

« pleine autonomie » vis-à-vis de son ministre de tutelle, Brice Hortefeux a, dit-on, un peu de mal à la canaliser. « Nadine, c'est la femme en politique telle qu'on peut la caricaturer, poursuit-il. Le président l'aime bien. » Lui-même lui reconnaît un « très grand talent : elle a un tout petit portefeuille, et elle arrive à exister ». Sachant sa secrétaire d'État très controversée dans son propre camp, Hortefeux se montre indulgent : « Elle agace Matignon et l'Élysée, mais pas encore moi. » Vient l'explication : « Si la question est : est-elle utile à la majorité ? La réponse est oui. » Un bon ministre, aux yeux d'Hortefeux, est un ministre qui sait communiquer. Ainsi nous confie-t-il ce qui fait l'utilité de Morano : « C'est une éponge. Récemment, dans une interview au *Parisien*, elle a restitué sans fausse note tout ce que nous avions dit le jeudi matin en réunion de la majorité. C'était impeccable ! » On a connu éloge plus flatteur.

Qu'en est-il du cas Fadela Amara, nommée ministre pour incarner l'ouverture et la diversité ? Difficile d'imaginer deux personnes plus éloignées culturellement que l'ancienne présidente de Ni putes ni soumises[1] et son ministre de tutelle : elle vient de la gauche militante, il incarne une droite décomplexée. Elle est issue d'un milieu modeste et en a gardé des manières un peu abruptes et le langage fleuri. Il est né à Neuilly d'un père banquier et se meut dans les palais du pouvoir comme un poisson dans l'eau. Mais ils s'entendent à merveille et ont un point commun : leur attachement à l'Auvergne. Elle a été conseillère municipale PS de Clermont-Ferrand, il siège à la région Auvergne. « Je l'aime beaucoup, confirme Hortefeux. Sur la politique de la ville, Fadela a été utile, car c'est un vrai symbole.

---

[1]. Association créée en 2003 pour défendre les droits des filles et des femmes des banlieues difficiles.

Même si, dans ma région, elle a un problème, parce que son frère a fait de la prison[1]. »

Nous tombons des nues, ignorant ce dont le ministre nous parle très tranquillement. Les faits, dit-il, remontent à « quinze ans ». Le frère de la secrétaire d'État serait désormais « rangé des voitures, dans le Midi ». Mais « la rumeur, dans la région, dit qu'il a été aidé dans sa fuite. Des gens sont venus me voir à Clermont-Ferrand, avec un dossier », raconte-t-il, tout à coup un peu embarrassé. Pourquoi nous entretenir de ce sujet ce jour-là ? Pour que nous le rendions public ? Nous découvrirons plus tard que l'histoire du frère est relatée dans une biographie consacrée à Fadela Amara qui paraîtra quelques semaines plus tard[2]. Brice Hortefeux ne dit jamais rien au hasard. En l'évoquant d'un ton dégagé au détour d'un petit déjeuner, il a peut-être tout simplement voulu désamorcer une éventuelle future polémique, pour protéger sa secrétaire d'État...

Avant de quitter l'hôtel du Châtelet, nous n'échapperons pas à la visite du couloir qui scandalise tant le ministre. En réalité, un coup de peinture serait largement suffisant pour rendre à ce corridor tout son lustre. Mais aucune d'entre nous ne souhaite contrarier l'esthète. Avant de partir, nous aurons droit à une ultime surprise. En nous raccompagnant sur le perron de l'hôtel du Châtelet, vers 10 heures, Hortefeux glissera, amusé, à l'une d'entre nous : « Vous faisiez des papiers bien plus méchants sur moi avant de changer de journal... » Preuve de l'humour très « second

---

[1]. Le frère de Fadela Amara a été condamné en octobre 1995 à seize ans de prison pour coups et blessures ayant entraîné la mort sans intention de la donner, dans le Puy-de-Dôme en 1984. Il a fait appel de ce jugement.
[2]. Cécile Amar, *Fadela Amara, le destin d'une femme*, Hachette Littératures, 2009.

degré » pour lequel l'homme est réputé dans le microcosme.

Brice Hortefeux ne passera que cinq mois au ministère du Travail, laissant un souvenir contrasté à certains leaders syndicaux. « Quand on est ministre du Travail, il faut mettre les mains dans le cambouis », expliquera ainsi Jean-Claude Mailly, de FO.

Hortefeux sera nommé lors du remaniement de juin 2009 ministre de l'Intérieur, décrochant ainsi le maroquin qu'il convoite depuis si longtemps. Mais les ennuis s'accumuleront dès la fin de l'été. Ainsi défraiera-t-il la chronique, début septembre, avec une vidéo dans laquelle on entend le ministre, face à un jeune UMP d'origine maghrébine, déclarer : « Il ne correspond pas du tout à l'Auvergnat type. Il en faut toujours un. Quand il y en a un, ça va. C'est quand il y en a beaucoup que ça pose des problèmes. » Cette séquence, filmée fin août à Seignosse (Landes), lors de l'université d'été de l'UMP, fera le tour de la Toile dès sa diffusion. Le Mrap portera plainte pour « diffamation à caractère raciste », réclamant également la démission du ministre et la Ligue des droits de l'homme s'inquiétera de ce « triste dérapage ». À l'inverse, les membres du gouvernement et les conseillers de l'Élysée monteront au front pour défendre Hortefeux. Quant au président, il expliquera quelques jours plus tard à la télévision que son ministre de l'Intérieur a commis « une maladresse ». En privé, il lui reprochera sa « décontraction ». « La prochaine fois, tu mettras une cravate, comme ça, tu n'oublieras pas que tu es ministre », lui aurait-il dit. L'incident vaudra à Hortefeux, en tout cas, de ne plus être considéré durant un temps comme « premier ministrable ».

Auparavant, le président de la République, qui n'a pas oublié son passage place Beauvau, s'invitera, le 2 septembre, à une réunion avec les patrons de la sécurité, destinée à les remobiliser alors que la délinquance est en hausse. Une visite inattendue, très médiatisée et diversement interprétée, au cours de laquelle Sarkozy précisera : Brice Hortefeux a « toute ma confiance ».

Faut-il voir dans cette visite une marque de soutien à son ami, la nostalgie ou un avertissement au ministre ? Comme du temps de Michèle Alliot-Marie, en tout cas, Nicolas Sarkozy continuera de suivre de près les affaires de sécurité.

Quoi qu'il en soit, Hortefeux appliquera, dès son arrivée à l'Intérieur, la méthode Sarkozy, réagissant à chaque fait divers important par une annonce. « Brice est en train de s'y mettre très bien », approuvera, début novembre, le président devant quelques journalistes.

Sur le front électoral, le ministre sera élu par surprise, en juin 2009, député européen, mais sera... dispensé de siéger à Strasbourg par son ami Nicolas. Qui le déchargera également de conduire les listes UMP aux régionales en Auvergne, afin qu'il n'ait pas à subir la règle selon laquelle un ministre président de région doit quitter le gouvernement, ou qu'il n'ait pas à essuyer une défaite. « J'ai besoin de lui », dira le président. Hortefeux conduira donc seulement la liste de la majorité dans le département du Puy-de-Dôme. Et c'est Alain Marleix qui sera désigné chef de file en Auvergne.

Hervé Morin, ministre de la Défense

Mercredi 25 mars 2009, 13 heures
Hôtel de Brienne, 14, rue Saint-Dominique, Paris VIIe

Cet homme-là voulait absolument un maroquin. Et il s'est donné les moyens de l'obtenir. Ancien intime de François Bayrou, Hervé Morin est passé chez Nicolas Sarkozy avec vingt et un députés UDF à l'avant-veille du second tour de la présidentielle de 2007, sur fond de désaccord avec la stratégie de la troisième voie du Béarnais[1]. Ce propriétaire de chevaux de course a perdu dans l'aventure un ami. Mais il a gagné ses galons de ministre. Toutefois, depuis, il semble tourner en rond sous les dorures de son palais.

La Défense, ce n'est pas rien pour cet ancien administrateur de l'Assemblée[2], et d'ailleurs, de plus capés que lui y sont passés, de Michèle Alliot-Marie à Jean-Pierre Chevènement. Et c'est là qu'il a fait lui-même ses premiers pas en politique, comme conseiller de François

---

1. François Bayrou prétendait incarner une troisième voie durant la campagne de l'élection présidentielle de 2007, entre le candidat de l'UMP, Nicolas Sarkozy, et la candidate PS Ségolène Royal, au point de refuser de choisir entre l'un et l'autre au second tour de la présidentielle.
2. Les administrateurs de l'Assemblée sont des fonctionnaires, recrutés sur concours, qui apportent une assistance juridique et technique aux députés dans l'élaboration de la loi et le contrôle du gouvernement.

Déjeuners avec des ministres sous pression

Léotard, sous Balladur. Mais depuis quelques mois, Hervé Morin semble désœuvré.

Ses débuts ont été difficiles. On a raillé son allure si peu martiale, voire dépenaillée, incompatible avec un milieu attaché aux apparences. La réforme de la carte militaire, annoncée de façon assez brutale par le ministre aux élus, a provoqué un tollé dans la majorité. Sur son blog, le maire de Bordeaux Alain Juppé raconte ainsi l'échange qu'il a eu, fin juillet 2008, avec le ministre de la Défense : « Coup de téléphone expéditif hier soir d'Hervé Morin : Je te confirme ce que tu sais déjà, Santé navale quitte Bordeaux pour Lyon. » Le dossier de l'accompagnement a été habilement confié au beaucoup plus diplomate Hubert Falco, alors secrétaire d'État à l'Aménagement du territoire, qui a apaisé les villes de garnison et leurs édiles, avec, il est vrai, une enveloppe budgétaire de plusieurs centaines de millions d'euros. Du coup, les médias ont oublié Morin.

Le ministre nous offre pourtant en hors-d'œuvre une démonstration de la méthode Coué. Deux ans à peine après son entrée en fonction, il nous fait, sous le regard de ses proches collaborateurs invités à notre table – directeur de cabinet, conseiller budgétaire, attachée de presse –, le panégyrique de son action. Le tout, en quelques minutes et d'une traite. Morin prend son élan : « La réforme de la carte militaire, c'est fait, attaque-t-il fièrement : 54 000 postes supprimés, ça a fait vingt-quatre heures dans les médias ! » Autant dire qu'il s'agit, à ses yeux, d'une véritable réussite, quoiqu'il semble regretter que personne n'ait vraiment salué l'effort. Mais passons ! « Le démantèlement du porte-avions *Clemenceau*, c'est réglé », poursuit-il. « L'indemnisation des victimes des essais nucléaires, c'est fait », enchaîne-t-il avec autorité. « L'Europe de la Défense, on l'a faite, les étrangers disent que c'est formidable », se rengorge-t-il.

« On a remis les finances de la Défense en état », affirme-t-il. « Pour Balard[1], 500 millions d'euros d'investissement sont engagés. Grâce à un partenariat public-privé, on économise 25 %. » Enfin, point particulier qui tient à cœur au ministre, lui-même touché par un léger handicap à la jambe, le nombre de postes occupés par des personnes handicapées dans l'armée est passé, sous son impulsion, de 4 % à 5,95 %. « J'ai toujours pensé qu'on ne se comportait pas bien avec le monde handicapé », explique-t-il, cette fois avec pudeur. Et de citer l'hommage que lui a rendu un « myopathe tétraplégique » récemment recruté dans son ministère : « Monsieur le ministre, vous avez donné un sens à ma vie », lui aurait confié le jeune handicapé.

Avec un tel bilan, cet homme de 48 ans pourrait se montrer serein, ou tout au moins apaisé. Il n'en est rien. Manifestement, il n'a pas digéré les critiques qui lui ont été faites sur les fermetures de casernes. « La restructuration de la carte militaire, on nous avait expliqué que ça foutrait tout le monde dans la rue ! tempête-t-il. Or on a vu qu'entre le tribunal et la caserne, ça n'a pas du tout le même écho local. » En clair, on était en droit de s'attendre à beaucoup plus de protestations qu'il n'y en a eu. Et surtout, il s'en est bien mieux tiré que sa collègue Rachida (Dati), qui a dû affronter durant des mois, à cause de la fermeture des tribunaux, la colère des magistrats et des avocats.

Certes, admet-il, les fonctionnaires civils et militaires qu'il a sous ses ordres n'ont pas le droit de grève et ne peuvent s'organiser en syndicats. Ils n'opposent donc pas une grande résistance à leur ministre. « Mais ils ne

---

1. Douze sites de la Défense, jusque-là disséminés dans Paris, soit 10 000 personnes, vont être regroupés, en 2014, sur un site unique, sorte de Pentagone à la française, dans le sud du XVe arrondissement, entre France Télévisions et l'Aquaboulevard.

sont pas les plus grands disciplinés de la terre[1], objecte-t-il. C'est un monde qui s'autogère. » Et donc, il est plus difficile de s'y imposer. Et plus encore de le réformer ! Quant à la rumeur qui court le microcosme, selon laquelle il n'aurait aucune latitude et que tout se déciderait à l'Élysée, le ministre lui tord le cou en s'énervant : « Je n'ai jamais reçu un ordre de l'Élysée, lance-t-il, furieux. J'ai une paix royale ! D'ailleurs, c'est moi qui ai préparé la carte militaire. » Sur ce point, au moins, il a raison. Moyennant quoi, alors que les spéculations vont bon train à Paris sur le futur remaniement, Morin assure qu'il est fait pour le job et précise qu'il souhaite rester à la Défense : « Je voudrais aller au bout des réformes », dit-il, explication passe-partout de ceux qui ne peuvent prétendre à plus. « Sarkozy m'avait proposé la Justice en 2007, se vante-t-il. Mais j'aurais eu du mal, car j'ai tellement tapé sur les peines planchers pendant la campagne avec Bayrou, que je ne me voyais pas les mettre en place. Ce point m'aurait gêné. »

Ce sera la seule allusion à son ancienne proximité avec le président du MoDem, et à ses positions très anti-sarkozystes de l'époque. Depuis, l'eau a coulé sous les ponts. Et le chef de l'État ménage désormais le président du Nouveau Centre[2] qui se permet d'ailleurs de

---

1. Hervé Morin a effectivement eu du fil à retordre avec les militaires. Sous couvert d'anonymat, un groupe d'officiers généraux et d'officiers supérieurs des trois armes, baptisé Surcouf, signe une tribune dans *Le Figaro*, le 18 juin 2008, intitulée « Livre blanc de la Défense : une espérance déçue ». Une enquête interne sera diligentée pour retrouver les auteurs, puis abandonnée.
2. Formation politique de centre-droit, faisant partie de la majorité présidentielle, créée en mai 2007 par d'anciens membres de l'UDF, qui étaient en désaccord avec la décision de François Bayrou de créer le MoDem pour succéder à l'UDF. Le Nouveau Centre dispose à l'Assemblée nationale d'un groupe parlementaire de 22 membres et revendique 11 000 adhérents.

critiquer parfois, au nom de la sensibilité centriste, les positions du gouvernement sur certains dossiers. Michèle Alliot-Marie en sait quelque chose, qui s'est opposée à Hervé Morin sur le fichier Edvige ! Le ministre de la Défense se dit rassuré sur son avenir au gouvernement. Et d'ailleurs, ne semble pas attendre de changement majeur du remaniement prévu après les européennes : « Le seul choc qu'il pourrait y avoir, c'est si on changeait de Premier ministre », analyse-t-il. Tout juste s'attend-il à être rejoint, au gouvernement, par le patron des sénateurs centristes : « Michel Mercier a une relation ancienne et très bonne avec Sarkozy, nous confie-t-il. C'est lui qui faisait le go between entre Bayrou et Sarko pendant la campagne de 2007. Il peut prendre l'Agriculture, il connaît bien le monde rural. »

Le ministre parle peu de ses collègues. Si ce n'est pour noter que Nicolas Sarkozy a félicité le matin même, en Conseil des ministres, « Luc Chatel sur la gestion du dossier Heuliez[1] », ou « Devedjian sur sa communication sur le plan de relance[2] ». Distribution de bons points présidentiels à laquelle le reste de la classe assiste, envieuse. Morin, qui n'est pas un adepte de la petite phrase assassine, égratignera tout de même au passage Christine Boutin, la très catholique ministre du Logement : « Ses propos sur le préservatif, c'est à hurler[3] ! » s'emporte-t-il.

---

1. Alors secrétaire d'État à l'Industrie, Luc Chatel est chargé de trouver une solution pour assurer la survie de l'équipementier français Heuliez, implanté dans la région Poitou-Charentes, alors que la présidente PS de région, Ségolène Royal, s'est emparée du dossier.
2. Ministre de la Relance, Patrick Devedjian est chargé de mettre en œuvre le plan de Relance de l'économie annoncé par Nicolas Sarkozy fin 2008, d'un montant global de 26 milliards d'euros, porté ensuite à 33 milliards.
3. Réagissant aux propos du pape Benoît XVI qui avait affirmé que le préservatif aggrave le problème du sida, la ministre du Logement, Christine Boutin, avait expliqué que « le préservatif, c'est pas drôle »... avant de faire marche arrière.

Déjeuners avec des ministres sous pression

Le déjeuner, jusqu'ici, s'est plutôt bien passé. La petite colère concernant ses pouvoirs réels ou supposés est retombée. Affable, le ministre semble maintenant plus décontracté. Le répit sera de courte durée. Les spéculations sur l'entrée possible de « poids lourds » au gouvernement le font une nouvelle fois sortir de ses gonds. Les noms de Philippe Séguin et d'Alain Juppé ont notamment été rapportés dans la presse. « Séguin et Juppé, des poids lourds de quoi ? s'indigne-t-il. Comme si c'était des gens qui avaient des réussites exceptionnelles ! » Étonnées par ce ton excédé, nous tentons de rappeler la stature du premier président de la Cour des comptes, et l'incontestable expérience de l'ancien Premier ministre et maire de Bordeaux. « Séguin !? s'étrangle-t-il. Séguin, il a fait perdre à la droite l'élection législative de 1997 ! » Un jugement bien rapide. Quoi qu'il en soit, la charge n'est pas terminée. « Et c'est le genre de type capable de jeter un parapheur par la portière de sa voiture ! » rappelle-t-il encore, faisant allusion au caractère impétueux de Philippe Séguin. Pressé de rejoindre le Palais-Bourbon pour les questions d'actualité, mais toujours sous l'emprise d'un certain énervement, le voilà qui se lève pour venir nous serrer la main, sans oublier au passage de régler son compte à Juppé : « Il était très bien au ministère des Affaires étrangères, mais en 1997, il a poussé Chirac à la dissolution. Et il a perdu une élection législative ! » Nous lui rappelons qu'il y a dans le gouvernement des ministres défaits aux élections, comme Nadine Morano et Xavier Darcos. Mais notre interlocuteur n'en démord pas : « Il n'y a pas d'intérêt à faire venir des poids lourds ! » Le ministre rallié à Sarkozy a tourné la page des années RPR. Il s'éclipse. Les échos de sa charge inattendue résonnent encore dans la pièce.

Hervé Morin

Le remaniement du 23 juin 2009 confirmera les prévisions, si ce ne sont les souhaits, de notre hôte : lui-même restera ministre de la Défense, tandis que le centriste Michel Mercier fera son entrée au gouvernement, comme ministre de l'Aménagement du territoire et de la Ruralité. Et nul poids lourd de l'ex-RPR ne sera nommé. Philippe Séguin, tant décrié par le ministre, décèdera brutalement le 7 janvier 2010 d'une crise cardiaque. « Philippe Séguin était une grande figure de la vie politique française, commentera Morin. Ce grand républicain portait les valeurs du gaullisme social avec courage et une très grande indépendance d'esprit. »

Morin continuera de se rendre régulièrement en Afghanistan pour remonter le moral des 3 750 soldats français, et honorera de sa présence les obsèques des militaires tués par les talibans. Il justifiera sans relâche le choix du chef des armées, Nicolas Sarkozy, de maintenir les troupes françaises en Afghanistan, et défendra, en bon soldat, le retour de la France dans le commandement intégré de l'OTAN. Toutefois, lorsque le président américain Barack Obama demandera aux alliés européens, le 1ᵉʳ décembre 2009, le renfort de 10 000 hommes supplémentaires, le ministre se trouvera pris en tenaille entre les réticences des états-majors des armées et la volonté de l'Élysée de faire un geste en direction des États-Unis. Alors que la France avait jusque-là exclu l'envoi de tout soldat supplémentaire, Morin devra justifier la politique inverse, évoquant la nécessité de « former » l'armée et la police afghanes...

Moins contraint sous sa casquette de président du Nouveau Centre, qui sera remise en jeu en juin 2010, Hervé Morin s'opposera, en revanche, au scrutin à un tour qu'envisage le gouvernement pour l'élection du futur conseiller territorial. Il dénoncera un scrutin « fait pour l'UMP et le PS », mais propre à laminer sa petite formation centriste.

À l'occasion des élections régionales, il nouera sans surprise une alliance avec l'UMP. Au lieu des trois têtes de listes régionales qu'il réclamait, il en obtiendra deux, confiées à Valérie Létard

Déjeuners avec des ministres sous pression

(Nord-Pas-de-Calais) et à François Sauvadet (Bourgogne). Auxquelles s'ajouteront quinze têtes de listes départementales.

En campagne pour conserver la présidence du Nouveau Centre, Morin estimera que l'UMP ne fait pas la place qu'elle devrait au centre et lancera, le 13 décembre 2009, que « l'UMP, c'est le RPR d'hier ! » Toujours dans la même perspective, il proposera aux cadres de son parti de récupérer la marque UDF, sans existence politique depuis la création du MoDem en 2007. Avec pour ambition de se présenter à la présidentielle de 2012 sous l'étiquette UDF !

Roselyne Bachelot, ministre de la Santé et des Sports

Jeudi 26 mars 2009, 13 heures
14, avenue Duquesne, Paris VIIe

Inutile de se raconter des histoires : Roselyne Bachelot est une forte personnalité. Lorsqu'elle pénètre, d'un pas décidé, dans la salle à manger, au septième étage de son ministère, ce jeudi-là, un quarteron de conseillers dans son sillage – dos légèrement voûté, yeux plissés et sourire aux lèvres –, nous comprenons que nous allons avoir droit à un festival. Petites phrases, anecdotes et saillies féroces sont sa spécialité ! Roselyne Bachelot sera le personnage central, volubile et haut en couleur de ce déjeuner, au cours duquel nous tenterons de lui donner la réplique. L'entrée en matière est d'ailleurs on ne peut plus théâtrale : « Alors, quels sont les potins dans Paris ? » nous lance-t-elle l'air gourmand en prenant place au centre de la table, dos à la baie vitrée. Les « potins » sur ses collègues du gouvernement courent le VIIe arrondissement, elle ne l'ignore pas, et s'en délecte à l'avance. En revanche, la ministre de la Santé ne fait guère parler d'elle. De plus en plus respectée par le chef de l'État, très proche du Premier ministre, elle n'est pas, comme d'autres, moins aguerris, l'objet des sarcasmes des conseillers de l'Élysée ou de Matignon, ni du mépris des parlementaires ou de ses collègues du gouvernement.

Déjeuners avec des ministres sous pression

La loi Hôpital[1] vient d'être votée en première lecture à l'Assemblée. Sans la moindre difficulté. Ce texte, qu'elle prépare depuis des mois, n'a pas encore mis dans la rue médecins et grands mandarins. Bachelot n'est d'ailleurs pas peu fière de la facilité avec laquelle il avance. Et s'en réjouit un peu vite, loin d'imaginer le tir de barrage qui accueillera la réforme quelques semaines plus tard, lorsqu'il sera examiné au Sénat. « J'ai eu la chance de porter un projet avec du temps », explique-t-elle comme si l'affaire était dans le sac. « Et puis, je suis une parlementaire chevronnée, je connais bien le Parlement, c'est important », poursuit-elle, pour justifier que cette loi, malgré les bouleversements qu'elle porte, ne se soit pas – encore – heurtée au moindre écueil. « J'ai aussi un vrai goût pour l'administration, j'aime discuter avec les grands directeurs du ministère », souligne-t-elle encore, manière de donner la recette pour réussir une réforme. Et aussi, sans doute, pour marquer sa différence avec certains, qui ne s'embarrassent guère de consultations superflues.

Pour autant, après ce numéro d'autosatisfaction, elle refuse de juger ses collègues. « Je ne vois pas ce qu'ils font, assure-t-elle d'un ton très sérieux. La caractéristique des ministres, c'est qu'ils courent chacun dans leur couloir. Je suis la plus mal placée pour juger de ces choses. » Soit. Le nom de celle qui n'en finit pas d'alimenter la chronique médiatique arrive dans la conversation. « Rama Yade est une femme extrêmement intelligente », commence-t-elle. Nous soupçonnons que la suite sera plus nuancée. « Mais elle est sur un sujet, les Droits de l'homme, sur lequel il n'y a pas d'aspérité pour les Fran-

---

1. Le projet de loi « Hôpital, patients, santé et territoires », qui vise à garantir l'accès à des soins de qualité sur tout le territoire et envisage des actions de prévention vis-à-vis des jeunes, sera définitivement adopté en juin 2009.

çais, poursuit-elle. Elle n'exprime pas ses réelles capacités. Le jour où elle les exprimera, elle chutera dans les sondages. » Voilà, c'est dit : la jeune femme jouit d'une grande popularité parce que son sujet est consensuel et peu risqué, vis-à-vis de l'opinion publique tout du moins. Le jour où elle entrera dans la cour des grands – dont fait partie Roselyne – et se verra confier un vrai dossier, ce sera une autre histoire. « Mais elle a une bonne attitude, tempère Bachelot. Elle est à la fois contente d'être au gouvernement, et qui ne le serait pas, et lucide. » Pour faire bonne mesure et preuve de sa condescendance envers sa jeune collègue, Bachelot conclut, du haut de ses 63 ans : « Et puis, elle est choupinette comme tout avec ses tresses. »

Vient le tour de Rachida Dati, autre starlette du gouvernement qui, contrainte et forcée, s'apprête à quitter son palais de la place Vendôme pour rejoindre l'austère Parlement européen de Strasbourg. Une situation que Roselyne Bachelot a elle-même connue, et à laquelle elle compatit sincèrement, gardant manifestement un souvenir terrifiant de cette expérience. « Quitter un gouvernement en cours de route, c'est dur, confie-t-elle. Il faut s'armer politiquement et psychologiquement. » Parce que nous ignorons tout de la détresse du ministre contraint de quitter les ors de la République pour une vie de parlementaire européen, elle fait le topo. « En tant que ministre, vous étiez tout le temps entouré, aidé, porté, et tout d'un coup, vous êtes seule, décrit-elle. Personnellement, j'ai eu deux mois d'agoraphobie : j'ai mis un moment avant de pouvoir reprendre le métro. » Et encore, cela n'a pas été simple, à l'en croire. La ministre nous explique qu'elle devait prendre la ligne 4[1] du

---

1. Elle relie la porte d'Orléans, au sud de Paris, à la porte de Clignancourt, au nord.

Déjeuners avec des ministres sous pression

métro parisien pour aller de son domicile, dans le XIVe arrondissement, jusqu'à la gare de l'Est et le train pour Strasbourg. « Vous me voyez, avec ma valise, prenant la ligne 4, en plus dans le sens porte de Clignancourt ! » s'exclame-t-elle en roulant de gros yeux. C'est-à-dire, sous-entend la ministre, au milieu d'une population très... bigarrée. « J'étais là, je me tenais à la barre, je n'osais regarder personne », pouffe-t-elle à ce souvenir. Qui en appelle un autre. Celui de « François », alias François Fillon, renvoyé à la dureté de la vie civile en mai 2005 par Jacques Chirac, après avoir connu la ouate gouvernementale. « Je me souviens d'un jour, il m'appelle de son portable, il me dit en chuchotant : Allô, c'est François : tu ne devineras jamais où je suis. Je suis en gare du Mans, j'ai acheté mon billet tout seul ! »

La ministre, faussement apitoyée, revient à cette « pauvre » Rachida. « Elle va avoir un moment de vide affreux, prédit-elle. Et puis, le Parlement européen, c'est très austère. Le style paillettes, là-bas, ça ne marche absolument pas. Il n'y a aucune fantaisie. » Et de se souvenir, avec une grimace de léger dégoût, des « Suédois avec leurs Birkenstocks[1] ». En tout cas, « je serai près d'elle », promet Bachelot, tout à coup étrangement compatissante. Car elle-même a gardé précieusement, confie-t-elle, la liste de « ceux qui l'ont appelée » lorsqu'elle a connu ce douloureux exil à Strasbourg. « Ils sont huit » sur cette liste, poursuit-elle, l'air malicieux. Elle ne lâchera que trois noms, mais pas n'importe lesquels : Nicolas Sarkozy, François Fillon et Michèle Alliot-Marie. Une confrérie à laquelle elle est manifestement fière d'appartenir. Quant à l'avenir politique de Dati, la ministre ne prend pas de risque : « Je ne dis pas qu'elle reviendra forcément, mais elle a les capacités de le faire. »

---

1. Une marque de chaussures célèbre dans le monde entier.

À ce moment du déjeuner, le maître d'hôtel sert le plat principal, qui ressemble à une farce. Ce qui a l'air d'un soufflé provoque des exclamations de surprise de la ministre. Qu'y a-t-il donc à l'intérieur de cette pochette surprise ? Nous perçons la pâte. Le gâteau s'effondre alors sur... des légumes vapeur. Régime oblige ! Le tout est aussi insipide que spectaculaire. Mais personne, à l'exception de la ministre, n'en fait la remarque. « Quand on voit des choses comme ça arriver, on se dit qu'il y a du foie gras ou des bonnes choses. On ne pense pas à des légumes », s'amuse-t-elle.

Perpétuellement au régime, la gironde Roselyne se moque volontiers de ses formes, même lorsque l'on évoque la possible entrée de personnalités dans le gouvernement Fillon. « Pour ce qui me concerne, je suis déjà un poids lourd... dans tous les sens du terme ! » s'esclaffe-t-elle. « Un gouvernement de poids lourds, c'est un gouvernement de personnes expérimentées, qui ont une carrière, corrige-t-elle, redevenue sérieuse. Dans les périodes de gros temps, les capitaines expérimentés peuvent sans doute être mieux à la manœuvre. » Un plaidoyer pro domo qu'elle nuance toutefois : « Mais il faut les gérer. Que ce soit Lagarde[1], Borloo, Alliot-Marie ou moi... » Une liste de poids lourds qu'elle complète d'un autre nom : « Woerth a acquis une véritable présence politique, c'est un homme très écouté. » Nous laissant entendre ainsi que Sarkozy, avec le gouvernement actuel, a déjà son lot de ministres qui comptent, et n'ira certainement pas en chercher d'autres.

En revanche, Roselyne Bachelot juge Christine Boutin « moins menacée que ne le disent certains ». « C'est une ministre qui a une vraie vitrine politique, et une vraie personnalité », la défend-elle, alors que, quelques jours

---

1. La ministre de l'Économie et de l'Emploi.

plus tôt, Boutin a irrité l'Élysée et une bonne partie du gouvernement en critiquant l'utilisation du préservatif. « J'analyse sa position comme un témoignage de l'embarras des catholiques sur cette question », relativise la ministre de la Santé. Pour elle, pas de doute : Boutin est « une bonne personne. Mais elle a glissé sur un préservatif qui devait être trop lubrifié », sussure-t-elle, vacharde...

Ses relations avec Bernard Laporte, secrétaire d'État chargé des Sports placé sous sa tutelle, ont fait couler beaucoup d'encre, et sont un sujet de conversation incontournable dans ce type de déjeuner. Tels la carpe et le lapin, tout opposait la ministre de la Santé, fille d'élu, élue elle-même[1], ayant la politique dans le sang, et l'ancien entraîneur de l'équipe de France de rugby, arrivé en politique sur le tard, propriétaire de casinos, ayant investi parfois dans des affaires aventureuses. « On ne peut pas imaginer plus différents que nous deux, admet-elle. Il a peut-être pensé un moment avoir un ministère plein », suggère-t-elle, pour expliquer ses difficultés avec Laporte durant les premières semaines de leur cohabitation. « Mais tout cela est terminé depuis longtemps, puisque le président de la République a dit qu'il était important que le sport et la santé soient ensemble. » À entendre la ministre, ses débuts chaotiques avec le très médiatique Laporte – qui a attiré les lumières sur lui au moment de sa nomination[2] – ne sont plus qu'un mauvais souvenir. « Il a appris à me connaître, sourit-elle. Je peux même vous dire que, mainte-

---

1. Roselyne Bachelot est la fille de Jean Narquin, résistant, député gaulliste, dont elle a repris la circonscription du Maine-et-Loire en 1988.
2. Bernard Laporte a été nommé le 22 octobre 2007. Son arrivée au ministère a été différée en raison de la Coupe du monde de rugby.

nant, il me regarde avec admiration. » En clair, la ministre a dompté son secrétaire d'État. « Les gamins l'adorent, s'amuse-t-elle. On a même passé un week-end ensemble à Rome, pouffe-t-elle. Mais je précise qu'on était accompagnés tous les deux. » L'humour façon Bachelot !

La perspective d'un prochain remaniement rend très philosophe la ministre de la Santé. N'ayant aucune crainte sur son propre maintien dans l'équipe de son ami « François », elle prend les choses de haut : « Le gouvernement, dit-elle, c'est comme la mouche tsé-tsé : une fois qu'on est piqué... » Elle n'a nul besoin de terminer sa phrase. « Le pouvoir, c'est une drogue dure, diagnostique-t-elle drôlement. Car nulle part ailleurs qu'en politique on n'a les deux éléments : le pouvoir de faire et les attributs du pouvoir. »

La conversation prend soudain un tour plus tendu lorsque l'une d'entre nous, entre la poire et le fromage, évoque incidemment sa participation à une récente émission de Laurent Ruquier. La ministre, alors, se dresse sur ses ergots : « Jamais je ne suis allée chez Ruquier, et jamais je n'irai, vous devriez vérifier vos informations », se fâche-t-elle, cinglante, sourcils froncés. Un épais silence se fait autour de la table. Difficile d'imaginer que le sujet pouvait à ce point irriter cette femme rompue aux us et coutumes politiques... et aux médias.

Eh bien non ! Il est des fourches caudines sous lesquelles nul ne la fera passer : celles des émissions de talk-show, où la plupart des responsables politiques, en mal de notoriété ou pas, se précipitent dès lors qu'ils y sont invités. Pourquoi ce refus obstiné ? Il tient à un souvenir précis. Pendant la campagne présidentielle de 2007, l'équipe de Sarkozy lui demande d'aller défendre le candidat dans une émission de Thierry Ardisson. Docile, elle s'y rend. L'enregistrement dure des heures.

Déjeuners avec des ministres sous pression

Peu à peu, elle réalise que le public de l'émission « acclame le nom de Ségolène Royal » dès qu'il est prononcé, et siffle systématiquement celui de Sarkozy. Intriguée, elle profite d'une coupure pour se diriger vers les spectateurs, et leur demande la raison d'un tel comportement. « On fait comme on nous a dit avant l'émission », lui explique le public. « J'étais sidérée, raconte, à raison, Bachelot. Je suis revenue à ma place et, au cours de l'émission, alors que j'avais la parole, j'ai dit ce que je venais de découvrir, et à quel point j'étais scandalisée. Évidemment, ça a été coupé au montage. » Depuis, elle boude les « Ardisson, Fogiel ou Ruquier », qu'elle met tous dans le même sac, estimant qu'ils auront toujours le dessus. Et que le jeu entre les politiques et les animateurs de télévision ne se fera jamais à armes égales. Résumant ainsi sa position : « Je veux bien monter sur un ring, mais je veux des gants ! » Roselyne Bachelot semble pourtant armée pour mener beaucoup de combats, même sur un plateau de télévision.

La ministre perdra son secrétaire d'État Bernard Laporte, remplacé, lors du remaniement de juin 2009, par... Rama Yade. Leur relation sera chaotique.
D'abord prête à endosser le rôle de chef de file UMP aux régionales dans les pays de la Loire, à la demande de son ami François Fillon, Bachelot jettera finalement l'éponge. Il est vrai qu'entre-temps le président de la République fera savoir que les ministres élus présidents de région devront quitter le gouvernement. Après avoir tenté d'expliquer qu'elle « pouvait faire les deux », Bachelot préférera, sans surprise, le gouvernement aux Pays de la Loire.
À l'époque, elle prendra le prétexte de la crise de la grippe A pour justifier son refus du combat électoral. Et de fait, elle aura d'abord à gérer la campagne de vaccination, qui démarrera difficilement, et donnera de sa personne pour convaincre les Fran-

çais inquiets de se faire vacciner contre le virus H1N1, allant jusqu'à offrir son épaule devant les caméras.

Elle se retrouvera ensuite en première ligne face à la montée en puissance de l'épidémie et à l'engorgement des centres de vaccination... désertés à nouveau fin 2009. Elle devra affronter la colère des médecins généralistes, écartés dans un premier temps du dispositif. La ministre aura également à essuyer les critiques nourries de l'opposition, qui lui reprochera d'avoir commandé, dès juillet 2009, 94 millions de doses, alors qu'il était matériellement impossible de vacciner dans un temps aussi bref la quasi-totalité de la population (5,5 millions de Français seulement étaient vaccinés le 13 janvier). À l'Assemblée nationale, le Nouveau Centre demandera une commission d'enquête sur la gestion de la crise de la grippe A.

Christine Boutin, ministre du Logement

Jeudi 14 mai 2009, 13 heures
Hôtel de Castries, 72, rue de Varenne, Paris VIIe

Notre hôtesse du jour est une bonne maîtresse de maison. Elle accueille ses invités avec entrain, leur serre chaleureusement la main, puis leur glisse un mot gentil en les conduisant au premier étage de l'hôtel de Castries, où se trouve la salle à manger. Rien de très ostentatoire. Les murs sont jaunes et la pièce de taille bourgeoise. Il n'y a ici ni plafond à caissons, ni dorures, ni boiseries. Seulement une table de bonnes proportions, une commode encadrée par deux grandes fenêtres donnant sur le jardin, quelques portraits au mur. Déjeuner avec Boutin, c'est comme rendre visite à une grande cousine de province. Si la ministre plaît autant aux médias, ce n'est pas seulement parce qu'elle est bonhomme. C'est également parce qu'elle représente une poche de résistance dans le gouvernement Fillon. Boutin raconte ce qu'elle sait, ou plutôt croit savoir, des secrets de la famille. Elle dit ce qu'elle pense de Sarkozy, souligne les qualités du chef de l'État – alors au sommet de sa popularité après sa présidence de l'Europe en plein krach – sans faire l'impasse sur ses défauts.

Ce 14 mai, Boutin porte un ensemble de maille noire qui ressemble davantage à un vêtement d'intérieur qu'à une tenue officielle. La ministre a encore changé de coiffure, abandonnant sa coupe en pétard et sa couleur rousse pour une mise en plis sage, qui n'a rien à envier à celle de Susan Boyle[1]. Elle ronchonne à propos de ce ciel gris qui plombe la capitale. Rien de grave. Car la ministre est en pleine forme. « Cela ne peut pas aller mieux, dit-elle tout sourire en s'asseyant. Je sors d'une gastro, et je viens de passer deux heures face aux lecteurs de *Metro*[2]. C'est très bien. On peut vraiment parler. Mais c'est claquant. » Et la ministre d'ajouter, pour nous faire languir un peu : « Je suis une femme sans problème, et je ne sais pas très bien ce que je vais pouvoir vous dire. »

En réalité, la feuille qu'elle a placée à gauche de son assiette va lui permettre de n'oublier aucun des messages qu'elle veut faire passer. Elle s'en saisira plusieurs fois au cours du déjeuner en s'exclamant : « Bon, alors, qu'est-ce que je voulais vous dire d'autre ? » Et puis, il y a toutes ces improvisations spontanées et dangereuses, que guettent ses invités à l'affût.

Mais les déjeuners avec elle commencent toujours sur une note de légèreté. Et aujourd'hui, elle est d'humeur badine. Catholique pratiquante, anti-avortement et anti-euthanasie, elle savoure l'effet qu'a produit sur le microcosme politique l'indiscrétion parue huit jours plus tôt dans *Le Canard enchaîné*[3]. Cette anecdote qu'elle juge « extraordinaire » a fait hurler de rire beaucoup de confrères et en a navré quelques autres. Il est vrai qu'elle donne une image décalée des femmes de pouvoir. Le journal satirique relatait l'échange entendu sur le banc des ministres à l'Assemblée, lors des questions

---

1. Chanteuse dans une chorale catholique, Susan Boyle est devenue en quelques semaines une star, au printemps 2009, dans le monde entier, grâce à sa participation à l'émission de télévision *Britain's Got Talent.*
2. Le quotidien gratuit distribué à Paris et dans les grandes villes.
3. Le 6 mai 2009.

au gouvernement. Pestant contre la multiplication des Grenelle[1], et notamment d'un futur « Grenelle des ondes », Bachelot a lâché à sa collègue Morano que si elle avait à choisir, elle préférerait « lancer un Grenelle du cul ». Réponse du tac au tac, et non sans arrière-pensées, de la secrétaire d'État à la Famille : « Dans ce cas-là, il faudrait prendre Christine comme marraine. » Boutin n'y a vu, semble-t-il, aucun inconvénient : « Oh, tu sais, Nadine, il faut se méfier de l'eau qui dort », lui a répondu la ministre du Logement, prête à relever le défi et à prendre une part active dans cette nouvelle compétition.

Elle se demande aujourd'hui qui a pu informer le journal : « Tout ce qui est écrit est juste, au mot près. Qui a raconté ça ? Ça ne peut pas être les gars de la gauche, parce que là où ils sont, c'est impossible d'entendre. Alors, soit c'est la caméra qui a lu sur nos lèvres ce que l'on disait, soit c'est Martin Hirsch. » Un jugement sans fondement, mais comme nombre de ses collègues, la ministre du Logement n'aime pas beaucoup le haut-commissaire aux Solidarités actives et à la Jeunesse, qui, régulièrement, se permet d'empiéter sur son portefeuille ministériel. En novembre 2008, il avait fait état devant Fillon de son désaccord sur l'hébergement d'office des sans domicile fixe proposé par Boutin. Dans *Le Monde* du 3 décembre 2008, il avait également critiqué les choix de la ministre sur le logement des sans-abris. Boutin parle de lui en disant le « coucou ». Mais la voilà pour une fois prête à passer l'éponge. D'abord parce que cette plaisanterie « donne une bonne image du gouver-

---

1. Cette appellation a été remise au goût du jour par Nicolas Sarkozy. Elle fait référence aux accords de Grenelle sur les salaires, signés en Mai 68 et précédés d'une importante concertation menée alors au ministère du Travail installé rue de Grenelle, dans le VIIe arrondissement de Paris.

nement et montre que l'on s'entend bien ». Et puis aussi parce qu'elle-même dit apprécier les blagues légères. « J'aime les histoires grivoises, vous savez, j'aime la vie. Ces choses-là, ça me fait rire », confie-t-elle. Et la voilà qui se lance, et raconte à ses invités cette devinette dont elle avoue ne pas se lasser. « Qu'est-ce qui est vert, rond et vole ? » nous interroge-t-elle, sous l'œil inquiet de ses deux conseillers. Nous séchons. « Un chou de Bruxelles attaché à la queue d'un aéroplane », dit la ministre. Drôle ? Si on veut.

Si l'histoire du *Canard enchaîné* plaît tant à Boutin, c'est parce qu'elle lui permet de corriger son image de catho de droite et de grenouille de bénitier. D'ailleurs, elle en redemande et se félicite que le journal satirique soit encore revenu sur le sujet dans son édition de la veille. Mais le deuxième épisode du « Grenelle du cul » nous a échappé. « Ah bon ! vous n'avez pas lu ce qu'ils disent cette semaine ? Alors, c'est moi qui vais vous le dire. Ils racontent ce qui s'est passé la semaine dernière avant le Conseil. Plusieurs ministres ont réclamé leur carte d'adhésion, et l'un d'entre eux s'est même demandé si je porte une culotte. » Elle met un terme à l'intenable suspense : « Eh bien oui ! »

En politique, Christine Boutin, ce n'est pas vraiment l'eau qui dort. Elle remue, bouillonne, parle trop vite et dérape, se reprend, contredit ses collègues, bref, fait entendre sa petite musique. Le gouvernement souhaite supprimer les verrous sur le travail du dimanche, lever quelques tabous sur l'homoparentalité et les familles recomposées ? Elle campe sur ses positions. Au grand désespoir de Nicolas Sarkozy, pour qui on ne choisit pas d'être homosexuel ou bisexuel, et qui comptabilise déjà trois mariages et deux divorces. Celle qui a bataillé contre le pacte civil de solidarité il y a dix ans s'est encore illustrée, il y a deux mois, en s'opposant à sa collègue de la Famille sur les droits des beaux-parents.

Pour Boutin, la famille c'est sacré ! Plus récemment, elle a soutenu le pape, pour qui le préservatif n'est pas la parade idéale contre le sida. « Ce n'est pas drôle de mettre un préservatif », avait lancé la ministre, ajoutant : « N'attendez pas du pape qu'il dise qu'il faut en mettre. » Des propos que ses collègues ont jugés irresponsables. Boutin, qui a parlé trop vite, a entrepris ensuite un virage à cent quatre-vingts degrés.

Mais, dans le fond, elle revendique ce rôle d'iconoclaste de service. « Je suis très heureuse de jouer un rôle de veilleur et d'alerte », dit-elle. Peu lui importe que ses positions exaspèrent le président. Peu lui importe que, mi-avril, en plein Conseil des ministres, il se soit emporté contre elle et quelques autres collègues à cause d'un article faisant état de ses ambitions pour la Justice ou l'Agriculture[1]. « Je m'en fous. J'assume ce que je vous ai dit. Les engueulades toutes les semaines, on en a l'habitude. Ça fait partie du caractère du président. De temps en temps, il faut que ça monte », poursuit-elle.

Boutin veut croire que sa position de présidente du Forum des républicains sociaux[2], petit parti qu'elle a créé en 2001 pour se porter candidate à la présidentielle de 2002 – on l'a un peu oublié – et qui est aujourd'hui associé à l'UMP, pèse lourd et la protège. « Le président est très politique. Ma part de marché, il en a besoin. Mon aire d'influence, elle est de 17 %. Et elle emmerde tout le monde, c'est sûr ! Si le président me vire, vous vous rendez compte du signal qu'il envoie ? Je ne suis pas inquiète. À ma façon, je fais de la diversité. »

En employant ce terme, Boutin ne croit pas si bien dire. Son petit Forum, en réalité, pèse peu dans la majo-

---

1. « Ces ministres qui veulent une promotion », *Le Figaro*, 14 avril 2009.
2. Le Forum des républicains sociaux est devenu, en juin 2009, le Parti chrétien-démocrate.

rité. Candidate à la présidentielle, elle n'avait alors recueilli que 1,19 % des suffrages. Ce qui n'en fait pas une force incontournable. Seize candidats étaient en lice au premier tour : elle est arrivée à la quinzième place. L'aventure l'a d'ailleurs suffisamment refroidie pour qu'elle annonce, dès le début de l'année 2006, qu'elle ne se représenterait pas en 2007, choisissant d'apporter son soutien à Sarkozy.

Cela fait des mois que ses collègues la disent sur un siège éjectable. Boutin se rassure comme elle peut, et préfère évoquer le traitement infligé à d'autres. Elle s'étonne ainsi des hauts et des bas qu'ont connus certains de ses collègues depuis deux ans. La ministre de l'Économie et de l'Emploi, Christine Lagarde, en tête. « J'admire Christine. Quand elle a commencé à Bercy, il fallait voir comment elle était traitée. La crise arrive et on se rend compte qu'elle parle anglais. Elle passe dans une émission américaine et se met un béret sur la tête[1], et hop ! c'est une bonne ministre ! » Boutin peine aussi à croire que ses collègues en soient réduits à laisser passer des échos dans la presse pour faire état d'un compliment du président. Ce 14 mai, elle s'amuse justement d'un confidentiel paru le matin dans *Le Parisien*, relatant un clin d'œil complice du chef de l'État à son ministre de l'Immigration Éric Besson, lors du Conseil de la veille. « Un clin d'œil. Mais on peut faire un clin d'œil simplement parce que l'on a une mouche dans l'œil, raille la ministre. J'ai trouvé grotesque d'aller raconter ça dans le journal. Je suis atterrée. Ils sont malades. »

Christine Boutin dit préférer le travail de fond, les réformes et les textes qui avancent. Et ses dossiers à elle,

---

[1]. Christine Lagarde a participé, en avril 2009, au *Daily Show* de l'Américain John Stewart.

Déjeuners avec des ministres sous pression

où en sont-ils ? Celui qui l'intéresse le plus, c'est la « loi de mobilisation pour le logement et la lutte contre l'exclusion », votée en février 2009. Boutin, qui a connu quelques difficultés avec son texte lors de son examen au Sénat, n'est pas vraiment mécontente de voir certains de ses collègues à la peine. Elle ne cite pas de noms, mais elle pense, manifestement, à la ministre de la Santé Roselyne Bachelot, qui a dû adoucir certaines dispositions de sa loi sur l'hôpital[1], et à Valérie Pécresse, qui s'est enlisée durant de longs mois dans le conflit avec les étudiants et les enseignants chercheurs[2] avant de régler la crise. « Je ne fais pas de bruit. Je fais mon boulot. J'avance. Je n'ai fait descendre personne dans la rue, si vous avez remarqué. Vous faites votre boulot, alors regardez et tirez-en les conclusions », dit-elle à propos de sa loi « majeure », sur laquelle elle ne supporte d'ailleurs aucune remarque. « Si vous aviez lu ma loi, ma chère, vous auriez vu qu'il y a énormément de choses révolutionnaires », lance-t-elle à l'une d'entre nous qui l'interroge sur les difficultés qu'a connues son texte.

Révolutionnaire, la loi Boutin ? Pas vraiment. Elle ne permettra pas d'offrir un toit aux familles dont les dossiers s'entassent dans les sociétés d'HLM, ni de faire naître cette « France de propriétaires » promise par le candidat pendant sa campagne. Mais ce texte rectifie toutefois quelques aberrations qui avaient cours jusque-

---

1. Dans sa version initiale, le texte défendu par Roselyne Bachelot prévoyait de renforcer les pouvoirs des directeurs d'hôpitaux. Un compromis a été trouvé au Sénat, donnant une plus grande place aux praticiens dans la gestion desdits établissements.
2. La ministre de l'Enseignement supérieur a dû affronter durant cinq mois les manifestations d'hostilité des enseignants chercheurs concernant un décret modifiant leur statut. Mais elle a tout de même réussi à faire passer sa loi sur l'autonomie des universités.

là. Ainsi, les plafonds d'accès au logement social sont abaissés. En outre, il faudra désormais plier bagage si l'appartement est devenu trop grand parce que les enfants ont grandi et sont partis. Bref, le maintien à vie dans un logement social a été cassé, ce qui n'est pas rien.

D'ailleurs, la ministre n'est pas peu fière de nous apprendre qu'elle a eu droit, quelques jours plus tôt, aux compliments d'un proche du président, en l'occurrence Raymond Soubie, son influent conseiller social. Elle s'en délecte. « Monsieur Soubie m'a dit qu'au début, il pensait que je n'arriverais pas à faire passer ma réforme. Ça me fait plaisir qu'il me dise cela. J'ai été mise à l'épreuve et ils avaient mis la barre haut. Et moi, je dis : merci monsieur ! » La ministre a eu droit à un autre compliment de l'Élysée. Mais, une fois n'est pas coutume, la voilà qui joue les mystérieuses. « Est-ce que vous donnez vos sources, vous ? » lance-t-elle lorsque l'on se met en quête de connaître l'identité du flatteur. Ragaillardie, Boutin veut croire qu'elle va rester au gouvernement. Tant pis pour son mari Louis, que la ministre ne retrouve que le week-end dans leur maison de Rambouillet, dans les Yvelines. « Mon logement, ici, c'est 60 m², c'est une chambre d'un grand hôtel. Mon mari dit, c'est 60 m² tout mouillés. Qu'est-ce que vous voulez qu'il fasse ici à tourner en rond ? Je n'ai pas de place pour qu'il mette ses affaires. Et, avec la circulation, c'est impossible de faire tous les jours la navette jusqu'à Rambouillet. » Christine Boutin, la pasionaria de la famille traditionnelle, mène donc une vie familiale assez peu conventionnelle !

Dans l'attente de ce remaniement qui met le gouvernement sous pression, elle feint de ne pas lever le pied. « Je viens de lancer le design du logement pour tous. L'objectif, c'est de regarder quels sont les besoins des personnes », lâche-t-elle, expliquant qu'elle a demandé à des chercheurs de se pencher sur le sujet.

Boutin se sait en sursis et flatte celui auquel son destin de ministre est suspendu. « J'ai écouté avec stupéfaction, étonnement et bonheur la prestation du président sur le Grand Paris, s'enflamme-t-elle. J'ai été enthousiasmée par sa conception de la ville qui est globale. » La ministre ne serait pas mécontente de retrouver l'éloge, dès le lendemain, dans les confidentiels de nos journaux. Cet éloge est-il gratuit ? Pas tout à fait. En se félicitant des positions du président, elle ne fait que rappeler qu'elle-même avait défendu bec et ongles, il y a un an, la même vision, lorsqu'elle avait encore la tutelle sur la politique de la ville[1] et sur la secrétaire d'État Fadela Amara. La perte de ce portefeuille, en janvier 2009, au profit du nouveau ministre du Travail, Brice Hortefeux, l'a longtemps chagrinée.

Quatre mois après cet épisode, elle a pu peaufiner ses arguments. « Je n'ai plus la ville, mais c'est moi qui vais m'occuper du volet logement du Grand Paris. Et puis, le plus important, ce sont les idées. » Combative, Boutin l'est aussi quand il est question de l'Agence nationale de rénovation urbaine (Anru), qu'elle a perdue au terme d'un long combat dont l'issue ne faisait guère de doute : « L'Anru, dit-elle, n'est plus sous ma tutelle, mais c'est moi qui apporte le fric », soit les 320 millions d'euros sur trois ans qu'elle est parvenue à arracher au 1 % logement. Boutin a bien quelques regrets. Mais elle n'ira pas plus loin sur Fadela Amara. Y compris lorsque nous l'interrogeons sur la récente biographie consacrée à la secrétaire d'État, qui révèle les problèmes judiciaires

---

1. Selon Boutin, il ne faut pas opposer les quartiers les uns aux autres. À ses yeux, les problèmes ne se concentrent pas uniquement dans les banlieues et il faut également traiter les centres-ville anciens et l'habitat indigne.

d'un de ses frères. Pudique, la ministre ne semble pas vouloir s'étendre sur le sujet : « Fadela m'a toujours parlé de son petit frère qui a été écrasé, mais jamais, ah non ! jamais, de son autre frère. Hier, avant le Conseil des ministres, elle a lu l'article de *L'Express* consacré à ce livre. Et j'ai cru comprendre à sa réaction que le président n'avait pas aidé son frère à avoir des papiers », contrairement à ce qui est écrit[1]. Silence... Boutin ne veut pas en dire plus. Même lorsque nous lui demandons si les ministres parlent de leur famille entre eux. « Non, on ne s'en parle pas », répond, surprise, celle qui assure qu'« il ne faut jamais mélanger amitié et politique ». Sage constat.

En revanche, critiquer vertement les projets de ses collègues, attaquer les décisions de l'Élysée, c'est possible ! Et, ce jour-là, c'est la loi Hadopi et la suspension de la fourniture d'accès à Internet en cas de téléchargement illégal répété qui la met hors d'elle. Du plat – magret de canard rosé sur lit d'épinards – au dessert – gâteau au chocolat pour nous et salade de fruits pour elle –, elle va se montrer d'une rare violence vis-à-vis de ce texte que vient de faire voter au forceps sa collègue de la Culture, Christine Albanel. Mais qui sera, quelques semaines plus tard, censuré par le Conseil constitutionnel. Elle qui a soutenu en 2006 une autre voie – la licence globale – attaque bille en tête. Attention, les artistes en prennent pour leur grade, et les internautes qui ont fait campagne contre cette loi vont être surpris. La ministre du Logement est submergée par la colère. Elle se lâche. Charles Aznavour qui a défendu le texte ? « Je l'aime beaucoup mais

---

1. Dans *Fadela Amara, le destin d'une femme, op. cit.*, Cécile Amar avance la thèse selon laquelle, ministre de l'Intérieur à l'époque, Nicolas Sarkozy serait intervenu pour faire obtenir un titre de séjour au frère de Fadela Amara.

il a été instrumentalisé, le pauvre ! » s'énerve Boutin. Juliette Gréco et Pierre Arditi, qui ont soutenu Christine Albanel ? « Si c'est ça la création montante », soupire-t-elle, méprisante. Jack Lang, qui a volé au secours du texte ? « Lang, cette vieille barbiche, qui n'y connaît rien », tranche la ministre. Albanel, qui a dû porter cette loi comme le Christ a porté la Croix ? « Je ne comprends pas que Christine, que j'aime par ailleurs beaucoup, ait pu défendre un texte pareil. Il n'est pas possible que la ministre de la Culture ne sache pas ce qu'est Internet. Je suis sûre que Nathalie Kosciusko-Morizet pense comme moi. » Mais Boutin en veut surtout aux patrons des maisons de disques : « Les majors, ces fricards, ces salopards, ils savent très bien ce qu'ils font. Ce sont les grandes industries du disque qui ont fait défiler les artistes dans le bureau du président et dans ceux des médias. » Même Nicolas Sarkozy n'est pas épargné. C'est sur lui que Boutin porte l'estocade finale. L'attaque est brutale et acrimonieuse : « Dans cette affaire, il s'est fait avoir comme un bleu. Il a reçu les artistes en 2006 à l'UMP. Il était tellement content de les avoir autour de lui qu'il les a écoutés. » Nous restons sans voix, estomaquées par la charge.

Bien sûr, cette femme énergique n'a pas que des têtes de Turc. Il y en a d'autres qu'elle ménage. Le président du Sénat Gérard Larcher, par exemple, semble occuper une place de choix dans son cœur. Sans doute parce qu'il est aussi tacticien qu'elle est spontanée. Sans doute aussi parce que l'ex-député des Yvelines n'a pas eu d'autres choix que de composer avec le puissant sénateur du département. Ces deux-là, après s'être violemment combattus à Rambouillet, ont passé un pacte de non-agression. « Larcher, c'est un magicien », dit-elle, laconique. L'ancien ministre Claude Allègre, qui est pressenti pour rentrer au gouvernement en tant que ministre d'ouverture ? « C'est un grand scientifique. »

Christine Boutin

On a connu éloge plus vibrant. Mais le temps file, et la ministre est attendue pour son premier rendez-vous de l'après-midi. Elle se lève, nous regarde et glisse, enjouée mais point dupe : « Je suis très directe. Je vous dis tout. C'est pour cela que vous aimez venir me voir. » Pas faux.

Les nuages s'accumuleront pour Christine Boutin. Après avoir tenté, en vain, de prendre la présidence du conseil général des Yvelines, où elle siège depuis près de trente ans, elle sera remerciée du gouvernement le 23 juin 2009 au soir. François Fillon la convoquera à Matignon l'après-midi pour lui annoncer qu'elle risque de perdre son portefeuille du Logement. Quelques jours après le remaniement, elle se plaindra publiquement de ne pas avoir été prévenue. « François, t'aurais pu avoir le courage de m'appeler, quand même ! » lancera-t-elle. Le parti qu'elle préside n'aura pas pesé aussi lourd qu'elle le croyait. Elle interprétera son éviction comme un « délit de sale gueule ». Sans doute est-elle allée trop loin dans la défense de convictions que ne partage pas le chef de l'État...

En juillet, Christine Boutin refusera le poste d'ambassadeur près le Vatican que lui proposera l'Élysée. Puis elle acceptera en décembre 2009, une mission sur « la dimension sociale de la mondialisation » que lui confiera le chef de l'État, et retrouvera en tout cas sa liberté de parole.

La présidente du Parti chrétien-démocrate fera pression sur l'UMP pour qu'au minimum vingt candidats issus de sa formation figurent en position éligible sur les listes de la majorité aux élections régionales de 2010. Nicolas Sarkozy lui promettra dix places. Elle n'en obtiendra finalement que deux, et laissera éclater sa colère le 9 janvier 2010, lors du conseil national de son parti : « Ça suffit ! Nous voulons la preuve que nous appartenons clairement à cette majorité. Sinon, ce sera la rupture ! » Sa menace de présenter sa propre liste dans la région des Pays

Déjeuners avec des ministres sous pression

de la Loire, où elle possède une résidence secondaire, n'aura pas porté ses fruits...
　　Boutin, prête à toutes les provocations, se dira également favorable à la réouverture des maisons closes. Un nouveau combat ?

Éric Besson, ministre de l'Immigration, de l'Intégration, de l'Identité nationale et du Développement solidaire

Mardi 2 juin 2009, 13 heures
Hôtel de Rothelin-Charolais,
101, rue de Grenelle, Paris VIIe

Il est de bon ton, dans ce que Raymond Barre appelait sans affection particulière « le microcosme », de répéter que les journalistes politiques ne s'intéressent qu'à l'anecdotique, à la politique politicienne, aux carrières des uns et des autres, etc. Mais c'est également vrai des politiques ! En cette magnifique journée de printemps, alors que nous déjeunons dans le parc de son ministère, Éric Besson, en bras de chemise, nous en apporte une éclatante confirmation. Entamant les agapes par un très direct : « Alors, Allègre ? » Traduction : Claude Allègre, ancien ministre de l'Éducation de Lionel Jospin, va-t-il entrer au gouvernement ?

La nouvelle recrue de la droite, face à nos mines étonnées, éprouve le besoin de justifier sa question : « Vous, les journalistes, vous en savez toujours plus que nous. Les confidences, c'est vous qui les avez. Et après, nous, on colporte. » Drôle de renversement des rôles : notre interlocuteur est de ceux qui ont lancé puis alimenté la rumeur Allègre auprès des journalistes ! D'ailleurs, le ministre ne se gêne pas pour continuer ce jour-là : « Je suis convaincu qu'Allègre va rentrer », lâche, très sûr de son fait, celui qui passe pour le favori du moment. « Il ne se précipitera pas, poursuit-il, tel l'oracle, parlant de Nicolas Sarkozy. Il tiendra compte des questions d'équilibre au sein de la majorité. Il y aura une ouverture, mais pas seulement à gauche, au centre aussi. » Il continue de pérorer comme s'il était dans la tête du président, ou recueillait régulièrement ses confidences : « Il a un problème complexe à résoudre : pour qu'il y ait plusieurs entrées dans le gouvernement, il faut plusieurs sorties. » Une lapalissade qui nous laisse songeuses. Sérieux comme un pape, le ministre poursuit, à propos du chef de l'État : « Je pense qu'il n'a pas tranché. Il teste des idées. En général, il arrête les choses quelques minutes avant de les annoncer. » Certain de garder le maroquin dont il a hérité en janvier, l'ancien socialiste est d'autant plus à l'aise pour parler des autres : « Je ne pense pas qu'il ait envie de virer untel ou untel, mais il faut qu'il fasse un peu de place. Sur qui cela tombera, je n'en sais rien. » Ce n'est pas avec de telles informations que nous pourrons nourrir nos papiers !

L'actualité, pour le nouveau ministre de l'Immigration, c'est le revers qu'il a subi le samedi précédent : à la demande de la Cimade, association d'aide aux sans-papiers, le tribunal administratif de Paris a suspendu les contrats conclus par le ministère avec les associations qui assistent les étrangers dans les centres de rétention administrative. La Cimade avait notamment dénoncé la rédaction de l'appel d'offres, qui prévoit une simple « information » des étrangers sur leurs droits et non une véritable assistance juridique, alors que les procédures de recours sont complexes. Le tribunal administratif a donné raison à l'association, seule habilitée à offrir une aide juridique aux sans-papiers en instance d'expulsion. Selon l'ordonnance du juge, « les prestations objet du marché, ainsi fixées par le ministère de l'Immigration, ne permettent pas d'atteindre, dans son intégralité, l'objectif fixé par le législateur, à savoir mettre les étrangers retenus à même d'assurer l'exercice effectif de leurs droits ». Le juge a suspendu l'exécution du marché public et ordonné à l'État de verser 3 000 euros à la Cimade, au titre des frais de justice.

Est en cause un décret du 22 août 2008, signé par Brice Hortefeux, le prédécesseur de Besson, qui prévoyait de confier l'assistance aux étrangers, pour chaque centre de rétention administrative, à une personne morale sélectionnée par le ministère. L'après-midi même, à l'Assemblée nationale, l'opposition socialiste a prévu d'interroger Besson sur ce camouflet.

Dans un premier temps, le nouveau converti se désolidarise totalement de la décision prise par Hortefeux. « Moi, le 22 août, je rendais mon rapport sur la compétitivité, grince l'ancien secrétaire d'État à la Prospective et à l'Économie numérique. Je n'en fais pas une affaire personnelle. » Et il se défausse : « Mon prédécesseur a signé un décret dans lequel, au lieu de marquer *soutien* des étrangers, il a marqué *information*, résume-t-il, réduisant l'affaire à un problème sémantique. J'ai déjà demandé qu'on me prépare un nouvel appel d'offres, avec le mot *soutien* au lieu d'*information*. » Alors que le Conseil d'État a été saisi par la Cimade, qui demande l'annulation du décret, et que le revers subi par l'État fait les gros titres dans la presse de gauche, Besson feint la sérénité : « Je suis cool de chez cool, assure-t-il. Dans trois mois, tout ça, on n'en parlera plus. » De fait, le lendemain de notre déjeuner, le Conseil d'État refusera d'annuler le décret. Mais confirmera la décision du tribunal administratif : la mission des associations dans les centres de rétention doit bien être une mission « d'aide juridique ». Renvoyant ainsi ministre et Cimade dos à dos.

Le sujet, de toute évidence, agace notre hôte, qui ne voit là qu'une polémique inutile orchestrée par l'association et une partie de la gauche. Et son ressentiment à l'égard de la Cimade finit par s'exprimer : « Ils ont le droit de nous cracher à la gueule, tout en étant financés par nous », s'indigne-t-il au sujet de la seule association à intervenir dans les centres de rétention depuis vingt-cinq ans. « Je m'incline, je me mets à genoux », poursuit le ministre, manifestement amer vis-à-vis de la décision du juge administratif. La Cimade, nous dit-il, touche « 4 millions d'euros » de l'État chaque année pour remplir sa mission. L'objectif du décret pris par Hortefeux était de casser ce monopole, et de répartir cette manne entre huit associations. L'une de celles qui répondront à l'appel d'offres, le Collectif Respect, a été créée par un ancien chargé de mission du ministère de l'Immigration et a été sélectionnée le 10 avril 2009. « Si l'appel d'offres est confirmé, la Cimade n'aura plus que 2 millions d'euros », lâche Besson, sur l'air de « bien fait pour eux ! ». Il reproche à l'association de « jouer double jeu », avec « un président qui fait le gentil, et un secrétaire général qui joue le rôle du méchant » lorsqu'il les reçoit dans son bureau.

« Avec ma femme, je connais », poursuit-il. Sylvie Brunel, son épouse, mère de ses trois enfants, a travaillé pendant plus de quinze ans dans le monde de l'humanitaire, à Médecins sans frontières et Action contre la faim. Puis il s'interrompt : « Surtout, n'écrivez pas ce que je vais vous dire ! » Il nous livre ce qu'il appelle un scoop : « La Cimade ne le sait pas, mais je l'ai personnellement financée. » Et l'ancien secrétaire national du PS de nous narrer que les ventes de son livre, *Qui connaît madame Royal?*[1], « écrit en trois jours » pendant la campagne présidentielle de 2007 avec le journaliste Claude Askolovitch, ont atteint « 150 000 exemplaires ». « Un livre de castagne », résume Besson. Un livre dans lequel il règle ses comptes avec la direction du PS en général,

---

1. Paru chez Grasset, en mars 2007.

et Ségolène Royal en particulier, après avoir franchi le Rubicon, et juste avant de s'afficher avec Nicolas Sarkozy. Un livre dont on dira qu'il a contribué à la défaite de Royal. Mais sur lequel Besson répugne à toucher des royalties : « Je veux bien être pute, mais sans toucher d'argent ! » ricane-t-il. L'ouvrage a rapporté, précise-t-il, « 120 000 euros » à chacun des auteurs. Le ministre confirme qu'il n'a « rien touché » et qu'il a « reversé cet argent en intégralité à la fondation de sa femme ». Or, cette fondation – qui est en réalité une association, dénommée Addax et effectivement présidée par Sylvie Brunel – « finance, entre autres, la Cimade », révèle le ministre. Besson veut sans doute nous prouver, en livrant cette information, qu'il garde malgré tout le cœur à gauche, et n'est pas, comme certains le disent, un homme d'argent. En fait, au moment du déjeuner, l'Addax n'avait pas encore versé d'argent. L'association le fera sept jours plus tard – le 9 juin 2009 – en adressant à la Cimade un don de... 1 000 euros.

Puisqu'il parle de sa femme, nous lui demandons quelle mouche l'a piqué d'aller évoquer ses problèmes de couple dans une émission tardive de Karl Zéro, le 18 mars 2009 sur BFM-TV[1] : « En ce moment, ça tangue un peu dans mon couple », a lâché le ministre sur le plateau, dans un accès de sincérité, rompant avec l'habituelle discrétion des hommes politiques sur leur vie privée. À notre question, il sort son joker : « Je ne peux rien vous dire, car il y aura des éléments d'actualité dans quelques semaines », dit-il, énigmatique. « La réalité, explique Besson pour justifier son aveu télévisé, c'est que chez Karl Zéro, on est plus décontracté que dans les autres émissions. Il est 22 heures, on se poile au maquillage, c'est tout juste si on ne va pas chez un

---

1. Chaîne de la TNT.

pote. » Et, à un pote, on peut lui raconter sa vie privée. Arlette Chabot, à 20 h 30, sur France 2, n'aurait sans doute pas eu droit à une telle confession !

Revenant à des sujets plus austères, nous l'interrogeons sur le départ de Patrick Stefanini, secrétaire général du ministère de l'Immigration sous Hortefeux, nommé préfet de la région Auvergne trois mois après l'arrivée de Besson, sur fond de désaccord. Le ministre confirme : « Brice lui déléguait beaucoup plus de choses que moi, explique-t-il. Il dit qu'un politique doit prendre du recul : une fois qu'il a défini les grandes orientations, c'est à son cabinet de faire. Moi, ce n'est pas dans mes convictions. J'aime bien avoir les mains dedans. » Il poursuit dans son langage fleuri : « C'est vrai, je suis un chieur, je relis tout, je ne laisse rien partir sans avoir lu. J'aime bien verrouiller. »

Alors que le ministère de l'Immigration et de l'Identité nationale, signal envoyé par Nicolas Sarkozy à l'électorat du Front national, a été très controversé lors de sa création en mai 2007, Besson prédit que « la gauche, si elle revient au pouvoir – ce qui me paraît mal barré –, pourrait être tentée de supprimer les mots identité nationale ». « Mais ce ministère, contrairement à ce qu'on dit, est très bien perçu à l'étranger, assure-t-il. D'ailleurs, dans les pays sources, un jour, il y aura un ministère des Sénégalais de l'étranger, ou des Maliens de l'étranger. » À ses yeux, son ministère est tout simplement « de bonne gestion pour l'État français ». « Et à long terme, la coopération sera rattachée à ce ministère », prédit-il.

Pour marquer son passage dans cette fonction, Besson s'est fixé un objectif : « Fermer la jungle de Calais. » C'est-à-dire en finir avec le campement de fortune installé dans les bois, dans lequel se regroupent les immigrés clandestins en transit avant de tenter la traversée de la Manche. « Si je ferme Calais, on s'en souviendra », lâche Besson. « Calais, c'est un kyste, poursuit-il. En plus, il y a l'ombre tutélaire du président », qui avait fermé Sangatte lorsqu'il était ministre de l'Intérieur. « La jungle, avant mon départ de ce ministère, ça n'existera plus, promet-il. C'est probablement sur cette question qu'à court terme, je vais être jugé. »

Et que pense-t-il du film *Welcome*, de Philippe Lioret, avec Vincent Lindon, qui a révélé au grand public les conditions de vie des immigrés à Calais, et le sort réservé à ceux qui les aident ? Besson, par médias interposés, a nié l'existence du délit de solidarité et beaucoup bataillé contre la vision du cinéaste. À l'égard duquel il a, devant nous, des mots peu amènes : « Lioret est un cynique, juge-t-il. Il n'en a rien à foutre des immigrés ou de ceux qui les aident. Dans un an, il sera passé à un film sur le skate-board... et j'aime beaucoup le skate-board. » Les hommes politiques auraient-ils, seuls, droit au cynisme ?

Besson est également, depuis peu, secrétaire général adjoint de l'UMP. Et connaît très bien le prolixe député UMP et porte-parole du parti majoritaire, Frédéric Lefebvre. Celui-ci vient de suggérer que le télétravail pourrait être mis à profit pour permettre aux salariés en arrêt maladie de travailler chez eux. Faisant bondir la gauche, mais aussi une partie de la droite. N'est-ce pas l'occasion de tester les réflexes « de gauche » de l'ancien bras droit de François Hollande ? Ils sont, comme nous pouvons le constater, légèrement émoussés. « J'ai découvert cet amendement alors qu'il était déjà plié, avance d'abord, prudent, le ministre. Mais ça ne me fait pas grimper au rideau, même si les risques de dérive existent », explique-t-il mollement. Perçoit-il notre étonnement ? Le voilà qui joue alors la carte de la guerre à la pensée unique : « Quand tout le monde hurle, j'ai tendance à aller dans l'autre sens, se justifie-t-il. On n'est pas obligé d'être tous des Pavlov toute la journée. » Récemment arrivé en Sarkozie, Besson veut se mettre bien avec le député le plus proche du président. Ce Lefebvre, dit-il, « est courageux », « a du flair », mais surtout, « il joue un rôle précieux, crucial ». Bref, une chose est sûre : la majorité « a besoin de ce type de poste dans une équipe, un joueur qui tacle ». Et puis, « cogner sur un parlementaire alors qu'on veut valoriser le Parlement », non vraiment, ça ne se fait pas !

En revanche, Rachida Dati, désormais en disgrâce au Château, n'a, elle, pas droit à autant d'égards. Pourtant, Besson a été très proche de la garde des Sceaux : on les a vus faire leur jogging ensemble, et leur attachement au Maroc semblait avoir créé entre eux une réelle complicité. Las ! Cette période semble bien révolue. Le président de la République s'est lassé de sa protégée. Les critiques à l'égard de « Rachida » sont désormais de bon ton en Sarkozie. Besson se contentera donc d'un peu convaincant « elle va rebondir »... avant de passer à autre chose.

Ainsi, un sujet semble le préoccuper profondément ce jour-là, qu'il confie très volontiers : *Le Nouvel Observateur* s'apprête à publier une enquête approfondie sur lui. Panique au ministère ! « Depuis deux mois, je ne peux aller nulle part sans tomber sur la journaliste, ni croiser quelqu'un qui ne me dise qu'elle est venue l'interroger sur moi », s'indigne-t-il, aussi flatté de tant d'attention qu'inquiet du résultat à paraître (deux jours plus tard).

D'une façon générale, l'homme, comme beaucoup d'autres il est vrai, aime parler de lui. Mais notre hôte semble maintenant indisposé par la chaleur et transpire à grosses gouttes. En s'installant à la table en teck dressée sur la terrasse, devant les fenêtres grandes ouvertes de son bureau, il nous avait expliqué, en début de repas, qu'il s'adjugeait la place au soleil, et non sous le parasol, à cause... de ses origines marocaines. Parce que : « Un médecin m'a dit un jour que je n'irais pas bien si je ne recevais pas quinze heures de soleil par jour. » Moyennant quoi, Besson, dégoulinant de sueur, confie qu'il va lui falloir « changer de chemise ».

Au cours du déjeuner « light » – le ministre surveille sa ligne –, il nous lâchera, parlant manifestement d'expérience, que « tous les journalistes sont des psy ». Or nous notons à plusieurs reprises que notre hôte, sans qu'on l'y invite, se complaît lui-même dans une lecture psychanalytique de son action. Exemple : « Il faut, nous lâche-t-il, que je trouve une façon de tuer le père », à savoir Brice Hortefeux. Symboliquement, bien sûr. « Le mien est mort trois mois avant ma naissance », glisse-t-il l'air de rien, comme si tout son parcours politique découlait de là. Nous l'avons quitté sans lui faire payer la séance...

Nous apprendrons, quelques semaines après ce déjeuner, le divorce d'Éric Besson et de Sylvie Brunel. L'ex-épouse signera, chez Grasset, en octobre 2009, un Manuel de guérilla à l'usage des femmes, *dans lequel elle relate les écarts conjugaux de son mari, donnant ainsi à cette affaire privée une très grande publicité. On y lira qu'ils ont décidé de se séparer en janvier 2009, soit bien avant la sortie de Besson sur son « couple qui tangue ». Les confidences du ministre chez Karl Zéro ne devaient donc en réalité rien au hasard, mais relevaient plutôt de la stratégie médiatique.*

L'article du Nouvel Observateur, *tant redouté, développera la thèse selon laquelle Besson était en négociation avec Sarkozy avant de quitter le PS. Ce que le ministre démentira.*

Quant à la Cimade, dont il nous a si longuement parlé, elle perdra effectivement son monopole dans les centres de rétention. Mais en novembre 2009, le Conseil d'État suspendra le contrat passé avec le Collectif Respect, proche du ministère.

Le prochain film du cinéaste Philippe Lioret ne portera pas sur le skate-board, comme l'avait suggéré Besson avec condescen-

dance, mais sera une adaptation du roman d'Emmanuel Carrère D'autres vies que la mienne.

Le très zélé successeur d'Hortefeux fera procéder, le 22 septembre 2009, à l'évacuation de la jungle de Calais, geste censé permettre au ministre de « tuer le père ». Il annoncera dans la foulée l'expulsion vers Kaboul de clandestins afghans. La gauche criera au scandale, une partie de la droite sera mal à l'aise.

Multipliant les coups afin d'occuper l'espace public, Besson lancera, fin octobre 2009, son « grand débat sur l'identité nationale », en accord avec l'Élysée, relançant ainsi, à quelques mois des élections régionales, un des thèmes de la campagne de Nicolas Sarkozy. Mais plusieurs dérapages retentissants émailleront les réunions organisées dans les préfectures. L'initiative sera contestée par la gauche, le Front national et même par une partie de la majorité, tandis que la moitié des Français se diront « pas satisfaits » de la façon dont le débat se déroule, selon un sondage CSA paru dans Le Parisien *le 21 décembre 2009. De plus, rares seront les ministres à se porter candidat pour participer aux débats locaux. Nadine Morano fera partie de ce petit cercle mais essuiera en contrepartie une vive polémique. À un jeune chômeur se demandant si « l'islam a vraiment sa place dans l'identité nationale », la secrétaire d'État répondra longuement en appelant chacun « à accepter l'autre pour vivre en paix ». Mais elle dira aussi, à la toute fin de son intervention, qu'« un jeune musulman » ne doit pas « mettre sa casquette à l'envers », ni « parler le verlan » s'il veut « trouver un boulot ».*

À la suite de tous ces incidents, Besson fera la une de Marianne, *présenté comme « l'homme le plus détesté de France », et confiera à l'une d'entre nous que ses enfants lui ont demandé de démissionner. Quelques semaines plus tard, il expliquera sur France 2 qu'il souhaite conserver son ministère « républicain ».*

Jean-Louis Borloo, ministre d'État, ministre de l'Écologie, du Développement durable et de l'Aménagement du territoire

Jeudi 4 juin 2009, 13 heures
Hôtel de Roquelaure,
246, boulevard Saint-Germain, Paris VIIe

Jean-Louis Borloo, numéro deux du gouvernement, n'aime guère les journalistes politiques. Quant à déjeuner avec eux en groupe... « Il n'en fait pas », répond invariablement son attaché de presse à chacune de nos tentatives. Jean-Louis Borloo n'aime pas davantage se sentir malmené dans les articles qui lui sont consacrés. En pareille situation, il lui arrive de prendre son téléphone et d'appeler directement les journalistes. Et ce jour-là, c'est sur moi que ça tombe : « Bonjour, c'est Jean-Louis Borloo. Pourquoi ? Je lis vos articles et, à chaque fois que vous parlez de moi, c'est, comment dire ?... C'est fielleux. Vous ne pouvez pas vous en empêcher. Je lis ce que vous écrivez sur les autres. Et vous ne faites pas ça avec eux. » Le ministre n'est pas en colère. Plutôt d'humeur taquine et guillerette. Ce qui m'autorise quelques libertés dans ma réplique : « Monsieur le ministre, il y a beaucoup d'aspérités dans votre personnalité. Admettez – et c'est un compliment, je vous assure – que vous n'êtes pas complètement dans le moule. Alors, forcément, ça donne des idées. Vous êtes un sujet très intéressant. » L'ancien maire de Valenciennes, le président du Parti radical, l'avocat d'affaires, reste sans voix. Comment interpréter un tel éloge ? Puis il se lance : « Êtes-vous libre à déjeuner le 4 juin ? » Je le suis.

Déjeuners avec des ministres sous pression

Quelques jours après l'échange téléphonique, j'arrive donc à 13 heures à l'hôtel de Roquelaure. Le ministre de l'Intérieur, Brice Hortefeux, si soucieux de l'entretien des palais de la République, n'aimerait sans doute pas l'endroit. Ce bâtiment, situé dans le bas du boulevard Saint-Germain, à deux pas de la rue du Bac et du Palais-Bourbon, n'a jamais été vraiment entretenu. La création, voilà deux ans, du portefeuille du Développement durable – qui recouvre en fait l'ancien ministère de l'Équipement et des Transports – n'y a pas changé grand-chose. Jean-Louis Borloo et sa pléthorique équipe ministérielle sont là pour sauver la planète. Pas pour restaurer les vieilles pierres ! Consigne a donc été transmise par le nouveau ministre de refaire les toitures et d'isoler les fenêtres avant de s'attaquer aux peintures et à la décoration.

Certes, le bureau du maître des lieux, celui de sa secrétaire d'État à l'Écologie, Chantal Jouanno, et de son secrétaire d'État à l'Aménagement du territoire, Hubert Falco, sont mieux entretenus parce que classés. Mais le reste est en bien piteux état. Ce dont je ne m'étais pas vraiment rendu compte lors du dîner avec Hubert Falco.

En pleine journée, l'hôtel de Roquelaure n'a pas belle allure ! La façade, celle que l'on voit depuis la rue, a bien été ravalée, mais pas les ailes du bâtiment. Elles auraient besoin d'un bon coup de karcher. Les pavés de la cour mériteraient d'être retirés puis replacés un à un. Cela permettrait aux coquettes à talons hauts de s'y aventurer sans risque. Toutes ces voitures garées dans la cour – une dizaine, les jours de grande affluence, gâchent la perspective. Et que dire de cette triste guérite installée derrière la grande grille d'entrée du ministère ? Les deux malheureux qui surveillent les allées et venues, été comme hiver, doivent y trouver le temps bien long, et font parfois un peu de zèle. Ils m'accueillent sèchement : « Qui allez-vous voir ? Avez-vous une pièce d'identité ? »

À l'heure dite, l'éminence penche la tête vers la salle de réception du premier étage, dans laquelle un maître d'hôtel m'a demandé de patienter. Mais j'ai alors l'oreille collée à mon portable. « Bonjour. Je vous laisse passer votre coup de fil », me dit-il, en faisant mine de repartir. Pas question de perdre une minute de ce précieux repas. J'abrège mon échange téléphonique : « Ma conversation est terminée, Monsieur le ministre. »

La salle à manger dans laquelle me conduit Jean-Louis Borloo aurait aussi bien besoin d'être rafraîchie. Elle ressemble à ces arrière-salles de restaurants de province que les patrons ouvrent deux fois l'an, lorsque l'établissement affiche complet, ou quand il y a une noce. Il y règne une odeur curieuse, mélange de tabac froid et de renfermé. Dès son entrée dans la pièce, Borloo se précipite vers la fenêtre pour l'ouvrir, et amoche au passage un de ses ministres : « Christian Blanc a dû passer ici ce matin. Et il a fumé le cigare. » Christian Blanc, c'est le secrétaire d'État au Développement de la région parisienne – dite « région capitale » –, avec lequel le ministre d'État entretient alors des relations électriques[1]. Borloo me fait signe de m'asseoir et prend place face à moi.

Me voilà donc seule avec le ministre. Sans attaché de presse et sans nos confrères des déjeuners politiques. Pas de mise en bouche. Pas de plaisanteries de début de repas pour donner un peu de légèreté à cette rencontre. Mon hôte entre immédiatement dans le vif du

---

1. Les relations ont été tellement électriques entre Borloo et Blanc que celui-ci a été placé depuis sous l'autorité directe du Premier ministre, François Fillon. Quelques mois plus tôt, l'ancienne secrétaire d'État à l'Écologie, Nathalie Kosciusko-Morizet, avait connu un sort identique.

sujet. Comme le ferait un analyste, il reprend la conversation là où elle était restée une semaine plus tôt, lors de ce fameux coup de fil. Cheveux en bataille, nœud de cravate desserré, costume chic mais lâche, il tient à démontrer qu'il est bien plus dans le moule que les médias ne le disent. Non, il n'est pas un ovni en politique. « Je sais bien ce que pensent les journalistes, soupire le ministre. Ils pensent que je suis créatif et bordélique, mais ils se trompent. Ce n'est pas du tout ce que je suis et, d'ailleurs, ce n'est pas du tout ce que les Français pensent de moi. J'ai fait faire des enquêtes qualitatives, et ce qu'il en ressort, c'est que, pour eux, je suis quelqu'un de travailleur, et que c'est pour cela que je parle peu. »

L'air de rien, le numéro deux du gouvernement est en train de revenir sur les rumeurs qui avaient agité le microcosme au début de l'année 2009. Les médias s'étaient alors étonnés du silence du ministre depuis le vote triomphal du Grenelle I à l'Assemblée nationale[1]. La rumeur, nourrie par quelques membres du gouvernement, colportée par les journalistes, avait alors enflé puis tourné en boucle dans les rédactions : « Borloo s'ennuie », « Borloo aimerait faire autre chose », « Borloo n'a plus envie », « Borloo ne voit plus la vie en vert ». Ce qu'avait démenti avec force – mais avec un temps de retard – l'intéressé.

Comment pourrait-il trouver le temps long, lui qui doit « inventer le nouveau modèle qui permettra de concilier croissance économique et respect de l'environnement », lui qui doit conduire, fin 2009, les négociations de Copenhague sur le climat, lui qui voit à trente ans, alors que l'horizon du commun des mortels ne va guère au-delà de quelques mois ? Entre le réchauffement de la Terre, les

---

[1]. Le 19 octobre 2008, le projet de loi relatif au Grenelle de l'environnement a été voté en première lecture par 526 voix contre 4, avec le soutien des députés PS, à l'Assemblée nationale.

pollutions maritimes, le développement des énergies alternatives, la voiture électrique, parmi d'autres sujets, il y a effectivement de quoi faire ! La crise a totalement éclipsé l'écologie, mais pendant ce temps, il a « continué à travailler ». « Je n'ai jamais souhaité bouger, assure-t-il en attaquant les pilons de canard froids que le maître d'hôtel vient de servir. M'avez-vous entendu, une seule fois, dire que je voulais aller à l'Éducation ou à la Justice ? »

Moi non, bien sûr, et notez que je le regrette bien. Mais plusieurs de mes confrères ont rapporté l'information dans les fameux confidentiels, ces articles très courts qui permettent aux membres du gouvernement de faire passer des messages sans déclencher les foudres de l'Élysée, puisque l'emploi quasi systématique du conditionnel y est de rigueur. Au début du printemps, on a donc pu lire ici et là que Borloo aurait voulu récupérer l'Éducation pour y lancer l'un de ses grands programmes dont il a le secret, et que la Justice ne lui déplairait pas non plus. Est-ce un hasard, il entretient maintenant d'excellentes relations avec Rachida Dati, qui s'apprête à quitter les boiseries de la place Vendôme pour rejoindre le Parlement européen ? Les relations n'ont pas toujours été bonnes entre les deux ministres. Borloo avait été piqué au vif lorsque Dati avait, en mars 2008, formulé quelques remarques sur ses pieds odorants et ses sommeils bruyants. « Il n'est pas vraiment sexy », avait-elle confié, pouffant de rire, à Françoise de Panafieu[1], alors que des caméras indiscrètes filmaient. Il semble avoir passé l'éponge. « J'ai vu Rachida Dati la semaine dernière. Je n'aime pas voir les gens souffrir. Vraiment, je n'aime pas ça. Ce qui lui arrive me touche », dit-il à propos de la garde des Sceaux, ancienne protégée du président tombée en disgrâce.

---

1. Députée UMP de Paris et candidate à la mairie de Paris en 2008.

Déjeuners avec des ministres sous pression

Sait-il que Dati a également vu le premier président de la Cour des comptes Philippe Séguin qui, dit-on alors, vise aussi la Chancellerie ? A-t-il eu vent des contacts noués, ces derniers mois, par une ex-garde des Sceaux qui n'a pas l'intention de disparaître du paysage politique ? Sait-il qu'elle lorgne sur la mairie de Paris en 2014 et compte désormais ses soutiens ? Sans doute. Car, sous ses airs faussement débonnaires, Borloo est un très fin politique. La preuve : cela fait sept ans qu'il est ministre, un septennat ! De Chirac à Sarkozy, de Raffarin à Fillon, en passant par Villepin, le président du Parti radical a toujours eu la bonne idée au bon moment : à Raffarin, il a vendu le plan de rénovation urbaine[1], à Villepin, le plan de cohésion sociale[2]. Pour Sarkozy et Fillon, il a mis en musique le Grenelle de l'environnement lancé par son éphémère prédécesseur, Alain Juppé. Ces grands projets, aussi mobilisateurs que coûteux, sont sa marque de fabrique. Ils lui permettent d'exister et de capter la lumière. Mais la lumière est capricieuse. Pour lui, elle s'est éteinte fin 2008. Elle pourrait revenir. Il l'a déjà flairé.

À quelques jours des élections européennes du 7 juin, il sent bien que quelque chose est en train de bouger dans le paysage politique français, et que le « développement durable », éclipsé depuis la crise, pourrait revenir au premier plan. Ce quelque chose, qui sera confirmé trois jours plus tard, c'est l'incroyable percée d'Europe Écologie, menée par l'improbable trio Cohn-Bendit-Bové-Joly[3]. Depuis quelques semaines, les écologistes

---

1. Il était alors ministre délégué à la Ville et à la Rénovation urbaine.
2. Il était alors ministre de l'Emploi, du Travail et de la Cohésion sociale.
3. Daniel Cohn-Bendit, José Bové et Éva Joly se sont alliés pour les élections européennes sous la bannière Europe Écologie.

grimpent dans les sondages, au point d'être maintenant au coude à coude avec le MoDem de Bayrou. La majorité n'est pas totalement étrangère à cette percée soudaine. De petites phrases en prises de position plus explicites[1], elle soutient Europe Écologie pour mieux faire reculer le PS.

Si la percée se confirme, Borloo devra rester au Développement durable. Il sera assigné dans le bon vieux ministère de l'Équipement, des routes et des transports, repeint en vert en 2007. Jamais l'Élysée n'acceptera de lui confier un autre maroquin. Changer un tel ministre, ce serait admettre implicitement que le job n'a pas été fait. Tant pis pour l'Éducation. Tant pis pour la Justice, qui lui aurait permis d'obtenir son premier ministère régalien, après un bref passage aux Finances en 2007. Borloo a déjà compris tout cela : « Je ne demande rien. Je pense que je vais rester encore un an ici. C'est le temps qu'il faut, à mon avis, pour que le Grenelle de l'environnement devienne tout à fait irréversible », confie-t-il. Est-il dépité ? Pas le moins du monde, car le ministre sait que la probable percée d'Europe Écologie va lui permettre de capter à nouveau la lumière et de peser davantage dans les arbitrages, toujours très tendus, avec Bercy. L'artisan du Grenelle de l'environnement sait déjà qu'il revendiquera une partie du succès de la vague verte. Et il compte bien en parler au président : « Nous devons

---

1. « À gauche, le seul qui soit vraiment européen, c'est Cohn-Bendit aujourd'hui, le seul qui parle d'Europe et qui en parle de manière intelligente [...]. Les gens qui peuvent être de gauche [...] ont ce choix-là, mais sûrement pas du côté du PS qui est un parti isolé, qui est hors jeu même en Europe et qui en même temps n'est pas à la hauteur du débat en France », a ainsi déclaré, le 31 mai 2009, le ministre de l'Agriculture Michel Barnier à propos de son concurrent en Île-de-France, Daniel Cohn-Bendit.

nous voir dans les prochains jours. La date n'est pas encore fixée. »

L'agenda de Nicolas Sarkozy a, il est vrai, été quelque peu bousculé ces derniers jours. Le crash de l'Airbus Rio-Paris, survenu le 1er juin 2009, l'a contraint à écourter un week-end au cap Nègre. Tout comme Borloo, qui a aussi la tutelle sur les Transports. « J'ai été prévenu par mon directeur de cabinet à 9 heures du matin. Et j'ai décidé de revenir à Paris. » Où était-il ? Peut-être dans sa villa de Saint-Tropez. Il ne répond pas. Le ministre n'aime pas faire étalage de son très confortable train de vie et préfère jouer les mystérieux : « J'étais en week-end en famille », dit-il sans plus de précisions. Quatre jours après ce drame, il se félicite de la manière dont a été gérée la crise. « Le président a été formidable. Il en a fait ni trop ni trop peu. Quand il est arrivé à Roissy, il est tout de suite allé voir les familles qui avaient été réunies dans une pièce, à l'écart. Il a parlé à huit d'entre elles, les unes après les autres, pour leur donner les dernières informations et les aider dans ce moment difficile. Puis il a parlé à toutes. Après, il s'est adressé un court instant aux journalistes restés à l'extérieur de cette pièce. » Jean-Louis Borloo admet qu'il n'en menait pas large : « C'était vraiment affreux. »

La veille du déjeuner, lors de la messe célébrée en hommage aux victimes à Notre-Dame, il a eu droit à un échange terrifiant avec la mère d'une des passagères disparues. « Cette dame m'a dit : "Ma fille est au fond de l'eau attachée à son siège. Allez la chercher, s'il vous plaît, allez la chercher et retrouvez-la. Promettez-moi que vous irez la chercher et que vous me la retrouverez." À ce moment-là, je me suis demandé ce que je ferais si un de mes enfants était victime d'une telle tragédie, et comment je pourrais vivre avec un des miens attaché à son siège au fond de l'eau. Il y avait une telle détresse chez cette mère... »

Jean-Louis Borloo

Jean-Louis Borloo est visiblement touché par la douleur et l'impuissance de cette femme. Son épanchement sonne juste. La suite sera moins convaincante. L'animal politique a repris le dessus. À la télévision, plusieurs reportages ont montré le désarroi et la solitude des familles de victimes restées en province, et donc non prises en charge par les bataillons de psychologues envoyés à Roissy. Devant moi, il prend son portable, compose le numéro d'un de ses collaborateurs : « Pouvez-vous me faire préparer la liste et les coordonnées des familles de victimes de province ? Je vais toutes les appeler cet après-midi. » En fin de repas, au moment du café et des Marlboro, le ministre appellera encore une fois. Pas question de me laisser penser que les victimes de province sont négligées ! « Est-ce que la liste est prête ? » Le repas s'achève et Borloo me reconduit sur le petit perron qui surplombe la cour désolée du ministère. Au moment de se séparer, le voilà qui repart sur l'échange téléphonique qui a provoqué ce déjeuner. « Je ne sais pas comment les journalistes peuvent inventer toutes ces histoires ! Vous faites vraiment un métier difficile, à chercher toujours des sujets qui n'existent pas. Moi, vraiment, je ne pourrais pas », me lâche-t-il gentiment en guise d'au revoir.

Les scores inattendus d'Europe Écologie, au coude à coude avec le PS, donneront des ailes à Borloo. L'environnement revenant au premier plan, il revendiquera une partie de ce succès. Son titre ministériel sera allongé, à l'occasion du remaniement du 23 juin 2009. Borloo deviendra ministre de l'Écologie, de l'Énergie, du Développement durable et de la Mer, en charge des Technologies vertes et des Négociations sur le climat.
En septembre, le président annoncera la création de la taxe carbone sur les énergies fossiles, prévue dans le Grenelle de l'environnement. Et Jean-Louis Borloo gagnera une grande partie des

Déjeuners avec des ministres sous pression

arbitrages contre Bercy. Comme il le souhaitait, tout le produit de cette taxe sera redistribué aux ménages.

En revanche, il fera preuve d'une remarquable discrétion sur les suites du crash de l'Airbus reliant Rio à Paris, son secrétaire d'État aux Transports, Dominique Bussereau, prenant le relais.

Loin des caméras et des micros, il travaillera, en revanche, avec acharnement à la préparation de la conférence sur le climat qui aura lieu à Copenhague en décembre 2009. Puis il reprendra la lumière et entamera, comme le président de la République, une tournée mondiale afin de convaincre les grands pays industrialisés de se mettre d'accord sur des objectifs chiffrés de réduction des gaz à effet de serre, de 25 % à 40 % d'ici 2020 par rapport à 1990, et de 80 % d'ici 2050. Pour faire pression sur les États-Unis, la France tentera de rallier un certain nombre d'États grâce à son plan justice-climat, qui prévoit d'adapter la participation financière des pays en fonction de leur contribution au réchauffement de la planète et de leurs ressources. Pour aider les plus pauvres à s'équiper en énergies renouvelables, il proposera la création d'une taxe universelle sur les transactions financières... une taxe Tobin donc. Sa présence sur la scène internationale agacera d'ailleurs son collègue des Affaires étrangères Bernard Kouchner. La machine à rumeurs se remettra en marche fin 2009, diffusant l'idée selon laquelle Borloo souhaiterait aller au Quai d'Orsay.

Mais le sommet de Copenhague ne rencontrera pas le succès escompté. L'accord signé en décembre 2009 ne comporte aucun engagement chiffré de réduction des émissions de gaz à effet de serre. Il réaffirme seulement la nécessité de limiter le réchauffement planétaire à 2 °C. Malgré tout, le texte prévoit un financement de 21 milliards de dollars pour aider les pays pauvres.

Quelques jours avant Noël, le Conseil constitutionnel censurera la taxe carbone, obligeant le gouvernement à revoir sa copie.

Rama Yade, secrétaire d'État chargée des Affaires étrangères et des Droits de l'homme

Lundi 8 juin 2009, 13 heures
Ministère des Affaires étrangères,
37, quai d'Orsay, Paris VIIe

« Vous faites des articles tellement méchants. » Cela fait une bonne heure que nous sommes attablées dans une sobre et élégante salle à manger du Quai d'Orsay, enclave de modernité dans cette maison de tradition. Et nous savons désormais pourquoi Rama Yade a répondu favorablement à notre demande de déjeuner. La secrétaire d'État aux Droits de l'homme veut une explication. Les articles rédigés par l'une d'entre nous lui ont fortement déplu. La star des sondages, plus populaire que son très médiatique ministre de tutelle, Bernard Kouchner, n'a pas l'habitude d'être égratignée dans la presse. Parmi les articles qu'elle ne digère pas, il y a un papier consacré à son « difficile retour en grâce[1] ». Rama Yade se souvient parfaitement de son contenu. Les politiques sont nos plus attentifs lecteurs. Les critiques, les compliments, la taille des photos, les remarques en creux, les petites phrases des collègues... rien ne leur échappe. Ce papier raconte que le chef de l'État a beau l'avoir conviée en mars dans sa tournée africaine et à un récent Conseil des ministres[2], il n'a toujours pas digéré son

---

1. « Le difficile retour en grâce de Rama Yade », *Le Figaro*, 6 avril 2009.
2. Les secrétaires d'État ne participent au Conseil des ministres

refus de conduire la liste UMP en Île-de-France pour les européennes. Et qu'il fait maintenant preuve, vis-à-vis de son ancienne protégée, d'une indifférence polie en sa présence. Or Rama Yade cherche depuis des mois à renouer le contact avec Nicolas Sarkozy. Elle n'apprécie pas non plus que ce même article fasse état de la montée des individualismes et de la société d'ayants droit qu'elle critique. Ce qui laissait à penser que la ministre se comportait elle-même comme une enfant gâtée. « Les deux sujets n'avaient rien à voir », lance-t-elle. Nous assumons ce parallèle, lui faisant remarquer qu'elle était au courant de la préparation de cet article et a obstinément refusé de répondre à nos questions. « J'ai essayé de vous joindre une bonne dizaine de fois, mais vous ne souhaitiez pas me parler. Compte tenu de ce que disent vos collègues de vous, je crois pouvoir écrire que votre image est bien celle d'une ministre ayant droit. »

Un autre article, beaucoup plus court et bien plus ancien, rédigé à la suite de l'intervention de la ministre lors d'un débat à Sciences-Po, l'a également irritée. Son titre : « Rama Yade ne veut pas colorer la photo. » C'est mot pour mot ce qu'elle avait lancé, lors de ce débat, à une étudiante sénégalaise qui s'étonnait que la ministre s'agace d'être toujours présentée comme un symbole de la diversité. « Nous, on a besoin de vous », avait conclu l'étudiante, sans parvenir à convaincre l'icône. « Quelques jours après la sortie du papier, j'ai vu le président. Et vous savez ce qu'il m'a dit : "Alors, Rama, tu ne veux pas être là pour colorer la photo ?" », raconte Rama Yade.

La secrétaire d'État sirote un Coca light. Au début de la mise au point, elle a pris une cigarette. Mais elle n'élèvera pas le ton. Coutumière des coups de gueule, elle a

---

qu'à l'invitation du président, lorsqu'ils ont une intervention à faire. Rama Yade n'y avait pas été conviée depuis longtemps.

choisi cette fois de garder son calme. Ne nous y trompons pas : la star des sondages est en guerre. En guerre contre ces journalistes qui la malmènent. En guerre contre beaucoup de ses collègues ministres. En guerre contre l'Élysée qui l'ignore. En guerre peut-être aussi contre son histoire personnelle[1]. Rama Yade, nommée ministre à 30 ans, deux ans seulement après avoir pris sa carte à l'UMP, se pose en victime : « Je ne m'appartiens pas tout à fait. Ma petite sœur, je lui ai dit : "Si tu fais une connerie, cela retombera sur moi." »

Elle sait que quelque chose cloche. Mais quoi ? Sa peau noire comme l'ébène ? Sa beauté, sa jeunesse ? Ou ses mimiques ingénues offertes aux caméras, et son insolente cote de popularité ? D'origine sénégalaise, elle croit dur comme fer que c'est sa couleur de peau qui ne passe pas : « Les conservateurs ne se sont jamais remis de la diversité. J'ai déjeuné avec Charles Pasqua vendredi. Et vous savez ce qu'il m'a dit ? Il m'a dit, en parlant de tous ceux qui me critiquent : "Ces gens considèrent que tu leur as pris une place qui leur revenait de droit." »

Opposée aux quotas, favorable à « une discrimination positive que l'on fait sans la dire », exaspérée par Fadela Amara qui « empêche l'action » en mettant sur un même plan les soucis de « Benoît et Mohammed », Rama Yade n'est pas très au clair sur sa vision de la diversité. Sa couleur de peau serait sa prison. La diversité, un piège qu'on lui aurait tendu. Elle aimerait au contraire avoir été choisie pour ses « compétences », et seulement pour cela. Comme si la politique se réduisait à cette idée un peu trop simple. « Il y a un côté exemplaire, et je me sens imparfaite, confie-t-elle. Il y a une

---

1. Le père de Rama Yade a abandonné sa femme et ses quatre enfants, laissant sans ressources sa famille arrivée depuis peu en France.

Déjeuners avec des ministres sous pression

pression supplémentaire. Il y a des gens qui instrumentalisent tout ça. Vous avez vu Rachida ? Moi, j'étais consciente dès le début des difficultés de la diversité. On est les premiers, on essuie les plâtres. On nous prête des intentions que nous n'avons pas. » Puis, dans un souffle, Rama Yade s'abandonne. L'insolente, la bravache, celle qui a dit « non » à Sarkozy pour les européennes, et s'est émue ouvertement de la venue à Paris de Kadhafi, jette les armes, laissant entrevoir toute la difficulté qu'il y a à être noire dans la France du XXIe siècle. « Je voudrais aussi que les vieilles dames blanches m'aiment bien », souffle la secrétaire d'État, comme le ferait une petite fille cherchant l'estime dans le regard de son instituteur. Rama Yade, diplômée de Sciences-Po Paris, administratrice du Sénat, veut exister pour elle-même.

Son problème, pourtant, ce ne sont pas « les vieilles dames blanches ». Trop insolente, trop sûre d'elle, propulsée sans doute trop vite au sommet, cette mordue de politique n'a, en vérité, pas encore trouvé sa place dans ce gouvernement et dans la majorité. Supportant mal que ses secrétaires d'État puissent prendre la lumière, son hégémonique ministre de tutelle, Bernard Kouchner, l'a très vite étouffée. Le ministre des Affaires étrangères est comme un père jaloux qui n'aime pas voir ses enfants grandir. Il veut tout savoir et tout contrôler. Jusqu'aux déjeuners et aux dîners de ses secrétaires d'État. Nous en avons fait la curieuse expérience à notre arrivée au Quai, le jour même, pour le déjeuner. Alors que nous traversions les splendides pièces de réception, humant la douce odeur du bois ciré, nous avons été coupées net dans nos rêveries. « Qui est-ce, et que font-elles ici ? » Le temps de nous retourner, et nous apercevions Bernard Kouchner en personne. Réponse gênée d'un des conseillers qui l'accompagnait : « C'est un déjeuner, mais ce n'est pas pour vous, Monsieur le ministre. » Pas le temps de le saluer. Bernard Kouchner avait déjà tourné les talons, manifestement d'humeur orageuse : « Mais j'ai quand même le droit de savoir. C'est normal, non ? » En réalité, Kouchner n'ignore rien des déjeuners de ses secrétaires d'État. Il se murmure même que le maître des lieux se fait transmettre la liste de leurs invités ! Que de cachotteries.

Exaspéré par la popularité et l'insolence de Rama Yade, il est même allé jusqu'à réclamer, à l'automne 2008, la suppression de son poste... qu'il obtiendra finalement ! Cette erreur de jugement a valu au *French doctor* une dégringolade passagère dans les sondages. L'affaire date de plus de six mois, mais Rama Yade n'a pas oublié. Elle remet consciencieusement de l'huile sur le feu. Celle qui se plaint des critiques faites dans son dos n'est pas la dernière à ce jeu-là. Selon elle, son ministre de tutelle aurait oublié depuis belle lurette les sacs de riz qui l'ont rendu si populaire : « Bernard Kouchner est fatigué de défendre les Droits de l'homme et il n'a pas envie de le faire. Mais il a une pression à cause de son passé. Alors il a dit qu'il pourrait s'en occuper lui-même. En fait, je crois que son problème, c'est que je suis trop voyante. Je ne vais quand même pas me peindre en blanc. » Elle s'estime légitime à ce poste. D'ailleurs, les fonctionnaires du Quai d'Orsay n'ont pas demandé sa tête. « J'aurais pu plonger, dit-elle. Quand le Quai d'Orsay veut dégager un ministre, il y arrive. Regardez Douste[1]. Moi, ils n'ont rien fait contre moi parce que j'ai fait le job. » Mais elle ne s'étendra pas sur le « job ». Tout au plus évoquera-t-elle ses actions en faveur de la dépénalisation de l'homosexualité dans le monde, et la réforme de l'adoption internationale. La

---

1. Philippe Douste-Blazy, ministre des Affaires étrangères de 2005 à 2007, peu apprécié des diplomates du Quai d'Orsay.

Déjeuners avec des ministres sous pression

secrétaire d'État n'est pas tendre non plus avec ses collègues. À l'approche du remaniement ministériel, elle veille à maintenir une distance. La voilà seule contre tous ou presque : « La dernière fois que je les ai vus, c'était la semaine dernière à Notre-Dame[1]. Ils ne sont pas très gais. On me dit qu'ils sont stressés. Cela ne sert à rien. Moi, je ne suis pas stressée. » Comme toujours, Rama Yade donne le change, joue les fières, fait la leçon pour mieux prendre le dessus.

Toujours en froid avec le président de la République, elle redoute pourtant de perdre son portefeuille. Et elle sait qu'il lui sera très difficile de trouver des soutiens dans le gouvernement. Car beaucoup de ses collègues relaient la colère présidentielle. Ils multiplient les petites phrases à son encontre, et n'ont, semble-t-il, toujours pas compris que ce sont justement ces attaques répétées qui nourrissent sa popularité. L'intéressée n'est pas dupe et en rajoute : « La vérité, c'est qu'ils trouvent que je ne suis qu'une pisseuse qui n'a pas assez souffert », lâche-t-elle. En ligne de mire, la ministre de la Santé Roselyne Bachelot : « Vous rendez-vous compte qu'elle a été capable de dire que, si j'avais été handicapée et homosexuelle, j'aurais été nommée Premier ministre[2] ? »

Rama Yade, une « enfant gâtée » à qui le président a beaucoup donné et qui n'a pas voulu rendre ? Elle s'en défend. « On m'a donné parce que j'ai donné aussi. On m'a donné, mais on ne m'a pas donné une circonscription de rêve », explique-t-elle. En réalité, Yade fait allusion à Colombes, la ville populaire des Hauts-de-Seine où elle a

---

[1]. Une messe y a été célébrée pour les victimes du crash de l'avion reliant Rio à Paris.
[2]. En 2007, Roselyne Bachelot a effectivement dit à propos de Rama Yade : « Elle est femme et noire, elle va être promue. Heureusement qu'elle n'est pas lesbienne et handicapée, elle serait Premier ministre. »

vécu de 9 à 25 ans, et dont elle est conseillère municipale depuis mars 2008.

Ce 8 juin, au lendemain des européennes qui ont vu l'UMP arriver très largement en tête, la secrétaire d'État assume ses choix : « Je n'ai pas de regrets, parce que, dit-elle, vous ne faites pas des choix politiques en fonction des commentaires. » Et puis, ajoute-t-elle, « Sarkozy sait ce qu'est la politique. Et la politique, ce n'est pas d'aller parler technostructure à Strasbourg. Si c'est si bien que ça, pourquoi Bertrand, Copé et tout ça, ils n'y sont pas allés ? ».

La solitaire, l'ancienne petite Black des Hauts-de-Seine, devenue ministre et prisonnière cinq étoiles, continue à se défendre. Elle est loin d'en avoir terminé avec les européennes. Depuis six mois, elle n'en finit pas de s'expliquer sur ce « non » qui lui a coûté si cher. Elle le fera encore et encore au cours du déjeuner. Aucune des douceurs préparées par les cuisiniers du Quai d'Orsay ne viendront à bout de cette idée fixe. Ni la maraîchère de légumes croquants aux langoustines, ni la longe de veau de lait poêlée aux girolles, ni la tarte chibouste chocolat-abricot. Trouverait-elle un intérêt à revenir en boucle sur ce morceau de bravoure ? Cela ne fait aucun doute. Car c'est à ce refus qu'elle doit largement son ascension dans les sondages. Du bout des lèvres, elle l'admet. « Peut-être que les gens ont de l'empathie pour moi parce qu'ils ont les mêmes problèmes avec leur patron et qu'ils aimeraient faire ce que j'ai fait », confie-t-elle. S'opposer au chef, en tirer parti dans les médias, Rama Yade a su le faire. Enfin, a cru savoir. Car le prix à payer est lourd.

Consciente de l'exaspération qu'elle suscite à l'Élysée et parmi ses collègues, elle tient aussi à relativiser cet affront fait à Sarkozy un dimanche soir sur RTL, au cours du *Grand Jury*. « Je savais que la question allait m'être posée, dit-elle. J'avais deux papiers devant moi : un sur le

Déjeuners avec des ministres sous pression

non, un autre qui me permettait de temporiser encore. Quand Éric Revel[1] m'a posé la question, j'ai baissé les yeux et ils sont tombés sur le non. C'est le ciel. » Le ciel, le hasard, une intervention divine ? Pas tout à fait. À l'époque, Rama Yade sait depuis des mois qu'elle refusera cette expédition à Strasbourg qu'elle juge sans intérêt pour elle, et louvoie dès que la question lui est posée. Elle l'avoue d'ailleurs sans détour au cours de ce déjeuner : « J'ai, dit-elle, réfléchi pendant huit mois. Je m'étais fait une idée très claire. J'ai consulté des gens désintéressés. Je voulais les voir pour valider cette idée. » Par désintéressés, comprenez des sages, des hommes politiques qui ne sont plus aux affaires, et sont donc totalement désintéressés ! L'ancien président de la République Valéry Giscard d'Estaing, l'ancien Premier ministre Édouard Balladur et l'ancien président de la Commission européenne Jacques Delors appartiennent à cette petite élite. Selon la secrétaire d'État, tous ces « sages » lui auraient recommandé de ne pas se lancer dans la bataille : « Delors m'a dit : "J'ai été président de la Commission européenne et quand je suis revenu, je n'avais même pas un bureau." Giscard m'a dit : "Vous pouvez faire un travail énorme, personne ne le saura ici." Quant à Balladur, il m'a expliqué que je n'y avais aucun intérêt. »

La benjamine du gouvernement réclame pourtant sa part dans le succès de la majorité aux européennes. N'a-t-elle pas mouillé sa chemise ? « J'ai fait campagne à Colombes pendant quatre mois. J'ai fait les marchés et du porte-à-porte. Le porte-à-porte, c'est ce qu'il y a de plus chiant. On sonne à l'interphone. On explique que l'on est Rama Yade. Et la personne croit que c'est une blague. Alors elle dit qu'elle n'a pas de temps à

---

1. Éric Revel est journaliste à LCI, qui coorganisait, à l'époque, le *Grand Jury* avec RTL et *Le Figaro*.

perdre, et elle raccroche. Mais c'était plutôt une campagne joyeuse et sympathique. » D'autant que ces électeurs ne l'ont pas bousculée. « Personne ne m'a dit : Vous distribuez des tracts alors que vous avez refusé d'être sur la liste. Les électeurs m'ont dit : Vous vous battez. » Bref, cette campagne, dans laquelle elle s'est obstinée à ne pas vouloir jouer de rôle de premier plan, aurait finalement été pour elle une vraie bouffée d'oxygène, avec de « vraies gens », bienveillants de surcroît. La secrétaire d'État est « prête à recommencer ».

D'ailleurs, elle a accepté de s'engager dans la campagne des régionales de 2010 en Île-de-France, comme porte-parole de Valérie Pécresse. Rama Yade veut s'ancrer. Elle cherche une terre d'élection. « Les sondages si hauts, cela me gêne, confesse-t-elle. Je dois m'inscrire sur le long terme. Car il y a un moment où ça va tomber. Vous savez quel est mon problème ? C'est que je n'ai pas d'assise électorale. Et quand vous êtes élu à Strasbourg, c'est peu légitimant. Regardez Toubon[1]. » L'Europe, encore et toujours ! Le disque rayé continue à tourner. Et Rama Yade à se défendre. Dans ce long plaidoyer de deux heures et demie, un seul est épargné : Nicolas Sarkozy. L'insolente sait ce qu'elle lui doit. « Il m'a apporté le monde, dit-elle. Avant, j'étais allée dans trois pays, et maintenant je vais dans le monde entier. J'ai vu le Dalaï Lama et j'ai rencontré Mandela ». Le déjeuner s'achève, et elle nous raccompagne jusqu'à la porte d'entrée du ministère. La secrétaire d'État aux Droits de l'homme a un petit problème personnel à régler. « J'ai perdu ma Carte bleue et je dois aller à la banque », confie-t-elle. Il est 15 h 30 et elle

---

1. Député européen depuis 2004, Jacques Toubon n'a pas été reconduit sur les listes UMP en 2009.

part voir son conseiller financier. Visiblement, elle n'est pas débordée.

Rama Yade quittera deux semaines plus tard le prestigieux Quai d'Orsay pour s'installer aux Sports, dans un immeuble sans charme du XIIIe arrondissement. Avec pour ministre de tutelle une certaine... Roselyne Bachelot. Le président de la République choisira, en effet, de supprimer le secrétariat d'État aux Droits de l'homme. Si Rama Yade conserve un poste au gouvernement, c'est sans doute parce que sa collègue Rachida Dati le quitte. Nicolas Sarkozy ne peut pas congédier en même temps deux symboles de la diversité.

Aux Sports, son implication sera inégale. Le chef de l'État sera surpris de ne pas la voir au mondial d'athlétisme de Berlin, en août 2009. Un conseiller de l'Élysée appellera la secrétaire d'État en lui suggérant de s'y rendre. Rama Yade sera ensuite plus assidue. Elle organisera en octobre 2009, à la Sorbonne, un séminaire sur les nouveaux défis du modèle sportif français.

Ses relations avec sa ministre de tutelle Roselyne Bachelot ne seront guère meilleures que celles qu'elle entretenait avec Bernard Kouchner. La benjamine du gouvernement s'opposera publiquement à Bachelot sur les avantages fiscaux accordés aux sportifs de haut niveau. Ce qui lui vaudra une nouvelle salve de critiques de ses collègues et, surtout, une mise en garde ferme de François Fillon et de Nicolas Sarkozy. « Je constate sa difficulté à s'insérer dans une équipe quelle qu'elle soit », expliquera le président devant quelques journalistes. Ajoutant : « Le gouvernement est une affaire sérieuse, pas une histoire de caprices. »

Rama Yade, qui veut une terre d'élection, aura quelque difficulté à la trouver. Alors qu'elle souhaitait profiter des régionales de 2010 pour s'implanter dans les Hauts-de-Seine, l'UMP lui proposera d'être tête de liste dans le Val-d'Oise. Au terme d'un bras de fer de plusieurs semaines, elle obtiendra la place de numéro deux dans les Hauts-de-Seine.

Rama Yade

Rama Yade tentera ensuite d'apaiser ses relations avec Nicolas Sarkozy, n'émettant plus la moindre critique sur la politique gouvernementale et évitant tout commentaire iconoclaste sur l'identité nationale.

Chantal Jouanno, secrétaire d'État chargée de l'Écologie

Mercredi 10 juin 2009, 13 heures
Salon de thé Thé Cool, 13, rue de Médicis, Paris VIe

Avant même notre rencontre, elle fait déjà exception : la secrétaire d'État à l'Écologie, nommée à la surprise générale cinq mois plus tôt en remplacement de Nathalie Kosciusko-Morizet, nous donne rendez-vous, non pas dans son ministère, comme prévu initialement, mais dans... un restaurant ! Et quand on dit restaurant, on ne parle pas de l'une de ces bonnes tables cossues et renommées que les politiques de tous bords fréquentent, et dans lesquelles ils sont reçus avec tous les égards. Mais d'un inattendu salon de thé, face au jardin du Luxembourg, à deux pas du Sénat, où elle doit ensuite se rendre. Pratique et discret. Choisi par son attachée de presse, qui la chaperonne. « C'est un resto de filles », nous a d'ailleurs prévenues cette dernière.

L'adresse, faussement chic, nous amuse autant qu'elle nous étonne. Fauteuils recouverts de velours vieux rose, miroirs en faux baroque, moulures au plafond, lustres à candélabres, tables riquiqui recouvertes d'un plateau de verre, l'endroit tient davantage de la bonbonnière cosy que du salon pour repas d'affaires. La clientèle, parisienne et exclusivement féminine, ne lèvera même pas la tête au passage de la jeune ministre, il est vrai inconnue. À la carte, légumes, crudités, poulet grillé, sauces à 0 % de matière grasse composent des menus délibérément « diététiques », très éloignés de la cuisine riche et sophistiquée des ministères. Notre hôte commandera une « assiette nordique » sans danger pour sa ligne, et ne craquera même pas pour « l'incontournable Starlette », dessert-vedette de la maison, un gâteau minceur ultra-light, à base de fromage blanc 0 % et d'aspartame...

Ancienne championne de France de karaté[1], Chantal Jouanno, toute en muscles sous des chemisiers sobres, a gardé des habitudes de sportive : elle court trois fois par semaine, confie-t-elle, et se déplace à bicyclette – lorsqu'il ne pleut pas – entre son domicile d'Issy-les-Moulineaux et son ministère, boulevard Saint-Germain. Ce qui oblige ses officiers de sécurité à s'adapter : l'un d'entre eux la suit à vélo ! « Heureusement, il est hypersportif ! » s'esclaffe-t-elle, manifestement amusée d'entraîner le service de protection des hautes personnalités dans ses habitudes peu conventionnelles.

Mère de trois jeunes enfants, issue d'un milieu qu'elle qualifie curieusement de « correct » et qui, selon elle, ne la prédestinait pas à occuper les plus hautes fonctions politiques, Chantal Jouanno insiste sur son attachement à la « simplicité » : « Quand je vais en Normandie dans ma famille, je ne veux pas qu'ils me suivent », dit-elle de ses officiers de sécurité. Le nombre de personnes qui l'entourent, pour la protéger, la conseiller, ou porter son sac, lui pèse. Fait rare au sein du gouvernement, Jouanno plaide pour le modèle scandinave : « L'autre jour, au cours d'une conférence à Syracuse, j'ai vu un ministre suédois qui portait ses valises. Eh bien, il n'avait pas l'air plus malheureux ! » Mais, observe-t-elle, en France, « les gens tiennent au cérémonial : si vous arri-

---

1. Elle a pratiqué l'art martial durant toute son adolescence, décrochant douze titres de championne de France et un titre de championne d'Europe universitaire.

vez seule quelque part avec votre valise, ça ne plaît pas »...

Aurions-nous débusqué la seule ministre à ne pas jouir, comme une Roselyne Bachelot par exemple, des attributs du pouvoir, et à continuer à vivre comme nous tous ? Ancienne conseillère de Nicolas Sarkozy, passée tout récemment de l'ombre du cabinet élyséen à la lumière du gouvernement, avec seulement pour transition une année à la tête de l'Ademe[1], notre hôtesse nous avoue se sentir « très gênée » quand sa voiture grille les feux rouges : « Je m'enfonce dans mon siège. » Elle précise, moqueuse : « Mais, pour un préfet, on n'est pas ministre si on ne grille pas les feux. » Et de conter son premier fait d'armes, sur ce terrain-là, depuis son arrivée au secrétariat d'État à l'Écologie : « L'autre jour, j'ai fait arrêter la moitié du cortège au feu rouge ! » La ministre pouffe de rire : manifestement, l'initiative a provoqué un début de panique dans le convoi.

Elle assure aussi refuser les dîners, « pour voir [ses] enfants le soir ». Et nous confie gravement être arrivée avec dix minutes de retard le matin même à son premier rendez-vous de la journée, parce que la nounou avait elle-même du retard. « Mais cette simplicité, j'y tiens, insiste-t-elle. Je ne m'estime pas dégradée en préparant les biberons tous les matins. » Une « simplicité » qu'elle décrit cependant comme un combat de chaque instant...

Jouanno a aussi découvert les médias, et ces émissions de débat où il faut arracher la parole si on veut exister : « Au début, j'étais trop polie et bien élevée, j'attendais qu'on me donne la parole », s'amuse-t-elle, suggérant qu'en quelques mois, elle a déjà beaucoup appris.

---

1. Agence de l'environnement et de la maîtrise de l'énergie.

Mais quel est au juste le parcours de cette ministre si peu soucieuse du protocole ? Pur produit de la méritocratie républicaine, elle aime se dépeindre en jeune fille élevée dans un milieu simple, tirée de l'anonymat par un chasseur de têtes nommé Sarkozy. Née dans une famille de la classe moyenne, à Vernon, dans l'Eure, elle a étudié dans un lycée de province où « Sciences-Po, personne n'en parlait ». « J'ai même eu un prof qui m'a dit que je ne réussirais jamais dans la vie », sourit-elle. Fille du patron d'une petite entreprise de cartonnerie, elle s'oriente, après le bac, vers un BTS de commerce international. Elle ne découvrira la fac que plus tard. Elle y entame un brillant cursus qui la conduira, apparemment sans douleur, jusqu'à l'ENA, qu'elle intègre en 1997. « Quand vous présentez l'ENA avec un BTS, vous rencontrez pas mal de dédain, se rappelle-t-elle. Et c'est vrai que vous n'avez pas le bagage culturel. »

Ensuite, Chantal Jouanno a eu le choix des postes. Et assure n'avoir eu, dans sa vie, « qu'un seul élément d'arbitrage : aller là où l'on s'amuse le plus ». Aussi, lorsque Nicolas Sarkozy souhaite la nommer directrice de cabinet et de la communication au conseil général des Hauts-de-Seine, en 2004, elle dit oui parce que... ça l'amuse. « C'était complètement déraisonnable : j'habitais à l'autre bout de l'Île-de-France, j'avais une petite de trois semaines... » Mais elle y va, acceptant ainsi de s'éloigner un peu du chef, qu'elle conseillait place Beauvau. Beaucoup d'autres n'auraient pas fait ce choix.

Elle ne commence à s'occuper de développement durable qu'à partir de 2003, sur les conseils de Claude Guéant, au ministère de l'Intérieur, où elle est conseillère technique au cabinet du ministre Sarkozy. « À l'époque, ça n'intéressait personne, admet-elle. Et je n'étais moi-même pas mordue d'écologie, poursuit-elle. Mais étant d'origine rurale, j'avais la connaissance de la

Déjeuners avec des ministres sous pression

nature et de la sobriété. » Elle fait de l'environnement sa spécialité. Ce qui lui vaut d'être nommée présidente de l'Ademe en février 2008.

Chantal Jouanno est la première, dans ce gouvernement, à devenir ministre après avoir été membre du cabinet du président. Sans, cela va de soi, l'avoir demandé ni même rêvé. Elle raconte volontiers, rieuse, la façon dont elle a appris sa nomination. « J'étais en réunion avec Les Amis de la terre[1]. Mon portable vibrait, j'ai reçu trois SMS signés François : Tu es d'accord pour être secrétaire d'État à l'Écologie ? » lui demandait en substance le Premier ministre, François Fillon. La discrète conseillère de l'Élysée a du mal à y croire. « Je me disais que si c'était sérieux, Claude Guéant m'aurait appelée… » Guéant, le secrétaire général de l'Élysée, qu'elle connaît et pratique depuis 2002. Et qui s'occupe, donc, des choses « sérieuses », tandis que « François », lui, s'amuse à faire des farces par SMS ! Nous sourions, mais Chantal Jouanno, elle, ne s'est pas rendu compte de la portée de ses propos. Il est vrai qu'elle n'est pas encore une ministre aguerrie.

Et d'ailleurs, quelle différence entre un poste de conseiller du président et un portefeuille ministériel ? Ne dit-on pas que l'« hyperprésidence » de Sarkozy a eu pour effet de donner un poids considérable à ses conseillers, et de réduire les ministres au rôle de simples figurants, chargés de relayer les décisions prises au Château ? Jouanno, qui a connu successivement les deux fonctions, est en situation de comparer. N'était-elle pas, finalement, plus influente auprès du chef de l'État que comme sous-ministre de Jean-Louis Borloo ? Elle dément mollement : « Dans mon domaine, je n'ai pas du tout l'impression d'avoir moins d'influence ou de

---

1. Association de défense de l'environnement.

pouvoir aujourd'hui, ni que les décisions sont prises ailleurs », assure-t-elle. Qu'est-ce qui a changé alors ? Réponse : « Tout ! Quand vous êtes conseiller, vous pouvez prendre toutes les libertés, tout proposer, car au-dessus de vous, il y a quelqu'un qui tranche, développe-t-elle. Quand vous êtes secrétaire d'État, chaque parole compte. Et il y a moins de liberté dans l'organisation de son emploi du temps, à cause de toutes les contraintes officielles. » Et puis, lâche-t-elle aussi, assez bizarrement, « quand on est ministre, il faudrait presque s'interdire d'avoir des idées, sinon, elles sont interprétées ! ». Mais alors, qu'est-ce qui fait l'attrait de la fonction ? « Pour qui aime prendre des risques, des responsabilités, c'est génial ! » tente-t-elle de convaincre. Avec la fraîcheur des convertis, elle affirme que son nouveau métier est « passionnant ».

« Fière » d'appartenir au gouvernement qui a mis en place le Grenelle de l'Environnement[1], elle dit que « si demain la gauche revenait au pouvoir, je ne vois pas comment ils pourraient revenir sur notre politique, qu'ils ont d'ailleurs votée ». On ne la sent pas plus de droite que de gauche. Elle-même se définit comme sarkozyste, mais avoue qu'elle n'a pas « une vision sectaire d'une écologie de droite ou de gauche ». Elle se réjouit même du score des listes Europe Écologie aux européennes. Plus technique que politique, elle pourrait parler pendant des heures de la taxe carbone et du « clivage riches-pauvres, qui sera le gros sujet à venir, car ce sont les plus démunis qui vivent dans les endroits les plus pollués, et qui sont obligés de prendre leur voiture

---

1. Ensemble de rencontres organisées en octobre 2007 par le ministère du Développement durable, faisant suite au Pacte écologique proposé par Nicolas Hulot pendant la campagne présidentielle, et ayant débouché sur deux lois : le Grenelle I et le Grenelle II.

pour aller travailler ». « Il faut qu'on soit cohérents avec nous-mêmes, poursuit-elle, enflammée. Aujourd'hui, un Martien qui arriverait sur Terre verrait qu'on taxe le travail, mais pas la pollution ! »

Chantal Jouanno avance en politique avec pour viatique une phrase fétiche que son père lui a « martelée » durant toute sa jeunesse : « Impossible n'est pas français. » Et découvre avec des yeux d'enfant qu'« à l'international, quand la France s'exprime, elle est vraiment écoutée ». Elle prétend aussi avoir quelques convictions chevillées au corps. Ainsi, si elle n'adopte pas le terme de « décroissance » pour définir le modèle de développement souhaitable pour préserver l'environnement, Jouanno dit croire à « une croissance différente ». « Je ne pense pas que le PIB soit un indicateur pertinent pour une économie écologique, dit-elle. Je ne crois pas du tout à l'ultra-consommation. Ça rend les gens malheureux, on n'arrête pas de créer de l'envie. Quand je pense qu'à Sciences-Po, on nous disait : le marché, c'est génial ! » s'exclame-t-elle. Depuis, Stiglitz est passé par là et a proposé une mesure alternative de la croissance[1], qu'elle a manifestement adoptée. Et de citer un exemple, sans doute inspiré par le cadre dans lequel nous nous trouvons : « On nous a appris qu'il ne fallait plus utiliser les boules de thé, mais des sachets. Mais ce n'est pas écologique ! »

Proche des idées des Verts mais pas de leurs méthodes, elle se dit ainsi en désaccord avec eux lorsqu'ils prônent des mesures d'interdiction. « Moi, je crois au

---

[1]. Dans un rapport remis en septembre 2009 à Nicolas Sarkozy, la commission, présidée par le prix Nobel d'économie Joseph Stiglitz, a proposé de compléter le PIB (produit intérieur brut, censé mesurer la croissance d'un pays) par toute une série d'indicateurs, de l'environnement à la santé en passant par les activités non marchandes.

compromis social, à l'arbitrage, aux choix de société. » L'exemple des antennes relais est pour elle significatif : « Aucun rapport scientifique n'établit que c'est dangereux pour la santé. Mais la population veut des mesures. Il faut donc les prendre. »

Néanmoins, celle qui n'a demandé à adhérer à l'UMP qu'après son entrée au gouvernement reconnaît que son discours sur la nécessité d'une croissance différente « n'est pas facile à tenir dans les réunions de l'UMP : les gens sont bouche bée ». Le hiatus culturel voire idéologique ne la gêne cependant pas plus que cela... tant qu'il y a Nicolas Sarkozy. « À chaque fois, il a été mon meilleur soutien », assure-t-elle. Intarissable sur ce président qui « sait écouter », qui « sait changer d'avis », dont les décisions sont « mûries longtemps à l'avance, jamais prises sur un coup de tête », Chantal Jouanno affirme que l'accord du chef de l'État dans son combat ne lui a manqué « que deux fois, sur deux mesures très impopulaires, notamment la réduction de la vitesse sur les routes ». Mais la groupie du président ne lui tient manifestement pas rigueur de ces deux dérobades...

Convaincue qu'elle doit sa nomination à sa « connaissance du dossier », elle a aussi compris qu'elle devait décrocher un mandat si elle voulait échapper au destin fugace de certains de ses prédécesseurs qui, comme elle, sont passés d'un poste de conseiller à celui de ministre sans avoir jamais croisé un électeur. Ainsi son profil rappelle-t-il celui de Florence Parly, ancienne conseillère de Lionel Jospin à Matignon, nommée secrétaire d'État au Budget en 2000, qui, aujourd'hui, a quitté la politique après avoir été vice-présidente du conseil régional de Bourgogne.

« D'autres ministres ont une assise politique », observe Jouanno. Elle pas, qui n'est là que par le fait du prince. Consciente de cette faiblesse, en bonne élève appliquée, elle entend y remédier. « La base de la politique, son fondement, c'est le suffrage universel », répète-t-elle. Elle va donc se présenter aux élections régionales de mars 2010. « Fière » que Valérie Pécresse, tête de liste UMP en Île-de-France, lui ait proposé d'être responsable de son projet pour la région.

Est-elle aussi fraîche qu'elle tente de le faire paraître ? Peut-être. Mais elle n'est pas novice, en tout cas, dans l'art qui consiste à décrédibiliser un éventuel concurrent politique, prêt à chasser sur son territoire à elle. Ainsi, que pense-t-elle de l'entrée de Claude Allègre dans le gouvernement, dont tout le monde parle ? Nous avons droit à un assassinat en règle de ce scientifique venu du PS dont Sarkozy s'est entiché. Elle ne partage pas les points de vue d'Allègre et voit d'un très mauvais œil sa possible entrée dans l'équipe Fillon. « On peut avoir raison seul contre tous, mais ce n'est pas parce qu'on est seul contre tous qu'on a raison », grince-t-elle, en désaccord avec le géochimiste sur le réchauffement climatique. Et puis, « Allègre n'est même pas climatologue, il est géologue, rappelle-t-elle. Ses positions sur le climat, à mon avis, n'intéressent que lui ». Quant aux intentions du président, « ceux qui se targuent de les connaître n'en savent rien, rit-elle. Quand j'étais conseillère de Nicolas Sarkozy, je ne savais rien ! ». Bel aveu, quand bien des conseillers se poussent du col et font mine de tout connaître ! « Mon défaut est d'être très transparente », avoue-t-elle, d'une franchise confondante. La jeune ministre ne maîtrise pas encore tous les codes. Elle apprendra.

Chantal Jouanno découvrira que la politique n'est pas seulement la défense de quelques idées auxquelles on croit, combinée à la gestion technique d'un ministère. Elle annoncera fin août, dans une interview au Figaro, *son intention de se porter candidate aux élections régionales de mars 2010 en Île-de-France,*

et plus particulièrement dans les Hauts-de-Seine, où elle vit. Le président n'appréciera pas qu'elle se lance si tôt dans la campagne et le fera savoir, à mots couverts, en Conseil des ministres.
Surtout, et contre toute attente, elle verra ses ambitions contrecarrées par l'ancien Premier ministre Jean-Pierre Raffarin. Ce dernier, à l'automne 2009, tentera en effet de convaincre Nicolas Sarkozy de la présenter dans la région Poitou-Charentes, face à Ségolène Royal. Ce choix aurait l'avantage, selon le sénateur de la Vienne, de « ringardiser » la candidate socialiste, et d'installer la secrétaire d'État sans mandat dans le paysage local pour les prochaines élections législatives.
Mais Chantal Jouanno, soutenue par la chef de file aux régionales en Île-de-France Valérie Pécresse, refusera de s'exiler en Poitou-Charentes, où elle n'a aucune attache. Elle ne sera pas pour autant tête de liste dans les Hauts-de-Seine, comme elle le souhaitait initialement, mais à... Paris, face à la socialiste Anne Hidalgo.
La secrétaire d'État à l'Écologie accompagnera le président de la République et son ministre de tutelle Jean-Louis Borloo au sommet de Copenhague, à la mi-décembre.

Nora Berra, secrétaire d'État chargée des Aînés

Lundi 6 juillet 2009, 13 heures
Secrétariat d'État aux Aînés,
55, rue Saint-Dominique, Paris VIIe

Le coach avait pourtant mis en garde les nouvelles recrues du gouvernement. « Ne voyez pas les journalistes trop tôt », avait lancé Nicolas Sarkozy au cours du Conseil des ministres du 24 juin 2009, au lendemain du remaniement. Nora Berra a enfreint la consigne présidentielle. Deux petites semaines après son entrée au gouvernement, je retrouve dans son ministère la toute première secrétaire d'État... aux Aînés. L'intitulé du portefeuille ministériel est l'une des dernières trouvailles de l'Élysée. Aînés, ça sonne mieux que personnes âgées. C'est plus positif. À quelques mois de la réouverture du dossier des retraites, sans doute est-il urgent de rappeler que les plus âgés d'entre nous ne sont pas qu'une charge pour la société, mais constituent aussi une richesse. Va donc pour les Aînés !

Mais Nora Berra ne maîtrise pas encore son sujet, et la voilà qui sèche sur nos questions. A-t-elle prévu de rencontrer ceux qui seront ses interlocuteurs privilégiés, ceux qu'il faudra convaincre, ceux qui se feront entendre lorsqu'ils ne seront pas satisfaits ? « Bien sûr que je vais les rencontrer », dit-elle. Rencontrer qui ? La réponse est d'une franchise confondante : « Sincèrement, je n'ai pas réussi à retenir les sigles. » L'univers médico-social est effectivement un repaire d'organismes aux sigles abscons. Nora Berra va devoir s'y faire. S'est-elle déjà plongée dans ces bibles que sont les grands rapports parlementaires et administratifs, qu'il faut avoir lus pour prendre la mesure d'un portefeuille ministériel, en maîtriser les grands enjeux, et qui permettent au passage d'assimiler les quelques chiffres clés à connaître ? « Pas encore, répond-elle étonnée. Pour le moment j'ai lu un sondage sur la perception qu'a le public des personnes âgées. » Un sondage, une série de questions auxquelles un panel représentatif de la société française a répondu. Quand son collègue de la Culture, Frédéric Mitterrand, nommé comme elle deux semaines plus tôt, a déjà avalé trois rapports ! Ce sont, m'a-t-il dit au cours d'un échange téléphonique récent, « mes livres de chevet ».

Paradoxalement, la ministre a une idée assez précise de ce qu'elle souhaite faire de son portefeuille. Il est vrai qu'elle ne prend pas grand risque. Ses positions sont consensuelles, pour ne pas dire convenues. « Il faut revaloriser la place des aînés dans notre société, montrer qu'ils ne sont pas seulement une charge mais qu'ils sont une richesse » ; « il faut développer les liens intergénérationnels », « former davantage les personnels des maisons de retraite, car c'est un gage de bientraitance ». Comment faire ? Avec quels moyens ? Et la maladie d'Alzheimer ? Et le cinquième risque, celui de la dépendance, qu'il va bien falloir financer pour accompagner nos aînés, qui vivent de plus en plus vieux ? La ministre glisse vite sur ces sujets.

Deux petites semaines après sa nomination, elle en est encore à prendre ses marques. Ce qui est somme toute assez compréhensible. D'ailleurs, Nora Berra semble, ce 6 juillet, un peu perdue dans son ministère. Mais la nouvelle recrue se veut décontractée.

Conseillère municipale de Lyon, élue députée européenne un mois plus tôt, inconnue du grand public, Nora Berra s'était tout de même préparée à rentrer au gouvernement. Avant le remaniement, elle aurait eu plusieurs entrevues avec le président et le Premier ministre. Son nom avait circulé dans la presse. Mais elle ne fait pas partie de ces impatients qui piaffent pendant des années à la porte, dont les noms reviennent avant chaque changement d'équipe ministérielle, et qui se disent que, de guerre lasse, ils parviendront bien, tôt ou tard, à décrocher un maroquin. Son sort à elle s'est noué en quelques heures. Elle-même, vêtue d'une veste et d'un pantalon de couleur beige, semble d'ailleurs tenir à cette simplicité. Elle est à l'aise dans la sobre et petite salle à manger où elle me reçoit. La fille du tirailleur algérien, qui a grandi dans une famille de onze enfants, va droit au but, sans s'embarrasser des détails et des anecdotes croustillantes sur sa nomination. « Tout est allé très vite », résume-t-elle. Le jour J, elle a reçu un coup de fil de Jean-Paul Faugère, le directeur de cabinet de François Fillon, lui annonçant que le président et le Premier ministre aimeraient lui confier les personnes âgées, fonction rebaptisée pour l'occasion. C'était « mardi [23 juin] à 12 h 30 », quelques heures seulement avant que Claude Guéant, le principal collaborateur du président de la République, n'annonce, sur le perron de l'Élysée, la liste du nouveau gouvernement. Vivant et travaillant à Lyon, elle a pris un TGV pour la capitale, laissant derrière elle sa fille de 14 ans et demi et son fils de 13 ans : « Ils ne viendront pas à Paris. Il faut qu'ils gardent leurs repères et leurs amis. » Arrivée dans la capitale, elle a dormi chez une amie qui, le lendemain matin, l'a déposée en voiture devant l'Élysée. Moins de vingt-quatre heures après avoir appris sa nomination, elle pénétrait dans le salon Murat pour assister à son tout premier Conseil des ministres.

Nora Berra semble contente d'avoir accédé à une telle fonction, mais elle ne s'extasie pas. Au contraire, elle démystifie la charge qui est désormais la sienne et le nouvel univers dans lequel il va lui falloir se couler. Docteur en médecine et cadre dans un laboratoire pharmaceutique, elle veut croire que la vie ministérielle ressemble à la vie de bureau. Qu'un secrétaire d'État, c'est un manager. « J'ai agi comme quand on prend un job, dit-elle. Venant du monde de l'entreprise, j'ai fait comme d'habitude. » Vus sous cet angle, les ors de la République et le protocole perdent un peu de leur superbe. Ses premiers Conseils des ministres ? « J'y vais comme je vais à une réunion de boulot. Tout le monde vous fait la bise. » Son ministre de tutelle en charge des Affaires sociales, Xavier Darcos ? Un patron sympa. « Il laisse beaucoup d'autonomie et de liberté. Il a envie que l'on avance bien. Il est assez protecteur. » Le recrutement des membres de son cabinet ? Pas si difficile. « J'ai commencé mercredi et lundi j'avais mon équipe. Je voulais des gens ouverts, spontanés et ayant l'esprit d'équipe. » Celle qui a été médecin dans le service d'immunologie de l'hôpital Édouard-Herriot de Lyon pense qu'être ministre c'est comme la vie de bureau. Mais la nouvelle secrétaire d'État va se rendre compte assez vite que la politique pratiquée au plus haut niveau n'a rien à voir avec l'entreprise. Les charges peuvent être d'une violence inouïe, et la spontanéité n'est souvent qu'un leurre. Comme ces effusions entre les membres du gouvernement avant le Conseil des ministres.

Du reste, elle a déjà eu un avant-goût de ce qui l'attend. Dès sa nomination, une vidéo réalisée avant les élections européennes s'est propagée à la vitesse de l'éclair sur le Net. Interrogée sur l'Europe, la candidate qu'elle est alors bafouille, répond vaguement, enchaîne les lieux communs, bref ne maîtrise pas du tout son sujet. Sait-elle que la vidéo, visionnée par des dizaines de milliers d'internautes, a aussi été moquée au sein du gouvernement ? Peut-être pas. La secrétaire d'État semble en tout cas en vouloir au journaliste qui a monté et diffusé cette courte séquence, pas à ses collègues et à leurs conseillers qui gloussent en coulisse. Mais elle donne le change : « J'en ris et ça glisse sur moi. C'est un peu pitoyable pour un journaliste de se livrer à ce genre de chose. Mais on est dans un pays de liberté d'expression et il faut respecter cela. » Sans doute conseillée par l'Élysée, Berra ne veut pas faire de vagues. Elle est là pour remplacer Rachida Dati. Mais elle ne lui ressemble guère.

Contrairement à l'ex-garde des Sceaux, qui a toujours joué à cache-cache avec les magazines people, la secrétaire d'État n'a pas envie de se brûler les ailes sous les lumières des flashes et des caméras. Elle prend ses distances. « Je ne remplace pas Rachida Dati, parce que je n'ai pas été nommée à la Justice », souligne-t-elle dans une pirouette. Nora Berra ajoute aussi, à propos de la diversité qu'elle est censée représenter : « La diversité, c'est aujourd'hui une réalité dans notre pays. Mais attention, je ne vais pas vous la vendre, car ce n'est pas pour cela que je suis entrée au gouvernement. Je dois vendre mes compétences, et je mets mes compétences au service de notre pays. » Elle refuse d'être réduite à ses origines, comme Rama Yade. Elle veut les gommer, en mettant au premier plan ses qualités professionnelles. Nicolas Sarkozy souhaitait adresser un message aux millions de Français d'origine étrangère. Mais les ministres blacks et beurs du gouvernement ne veulent pas le porter : c'est tout le paradoxe de cette stratégie politique.

Nora Berra sera, durant quelques semaines, encore traquée par les médias. Mi-juillet, Le Canard enchaîné *s'intéressera de très près à ses longs congés maladie. Et* Le Progrès *affirmera une semaine plus tard que la ministre, diplômée de l'université de médecine d'Oran, n'a pas obtenu d'équivalence pour exercer la médecine en France. « C'est quoi cet acharnement ? Je n'ai* pas volé, je n'ai pas tué », se défendra-t-elle. Cette affaire de diplôme ne sera pas sans rappeler la polémique qu'avait eue à gérer une certaine Rachida Dati. L'ex-garde des Sceaux avait dû s'expliquer, fin 2007, sur un MBA européen du groupe HEC-ISA qu'elle n'aurait en fait jamais obtenu. Mais ces polémiques retomberont assez vite. Il est vrai que Nora (Berra) n'a pas le tempérament de Rachida (Dati). Elle cultivera la discrétion.

Comme Valérie Létard, qu'elle a remplacée, elle peinera ensuite à médiatiser son portefeuille des aînés. En outre, elle sera loin de Paris quand les affaires qui auraient pu lui permettre d'exister davantage éclateront. En octobre 2009, elle est au siège de l'ONU, à New York, lorsque l'horreur absolue est découverte dans une maison de retraite de Bayonne. Les personnes âgées y étaient attachées dans leur lit, sous-alimentées, absorbaient des médicaments périmés... En novembre, une nouvelle affaire de maltraitance sera révélée au grand public. Mais Nora Berra est, cette fois, en Algérie pour un déplacement consacré à la prise en charge des personnes âgées dans ce pays. À chaque fois, ses réactions viendront de loin. Et elle ne sera pas sur les plateaux des télévisions.

Mais Nora Berra connaîtra son heure de gloire dans les médias. En décembre 2009, elle claquera bruyamment la porte de la réunion du groupe UMP à l'Assemblée nationale. Réagissant aux propos de l'ancien garde des Sceaux Pascal Clément selon lesquels « le jour où il y aura autant de minarets que de cathédrales en France, ce ne sera plus la France », la secrétaire d'État aux Aînés dira que ces propos « vont à l'encontre de la règle et du fondement de la laïcité ». Concernant le voile intégral, l'élue de Lyon se prononcera « contre » une loi l'interdisant.

Nathalie Kosciusko-Morizet, secrétaire d'État chargée de la Prospective et du développement de l'Économie numérique

Mercredi 2 septembre 2009, 13 heures
Hôtel de Broglie, 35, rue Saint-Dominique, Paris VIIe

Elle n'a ni le temps ni l'envie de soigner son entrée. Enceinte de plus de huit mois, elle a mieux à faire : manger, avaler, engloutir ce que son corps très arrondi lui réclame. « Alors, on va grailler, non ? Moi, j'ai faim », nous lance, dans un style inattendu, la secrétaire d'État à la Prospective et à l'Économie numérique, en poussant la lourde porte de la salle à manger où nous l'attendons, en compagnie de son attachée de presse.

À peine assise, elle se jette sur la verrine de mini-ratatouille en salade qu'a déjà disposée sur nos assiettes le maître d'hôtel. La matinée de Nathalie Kosciusko-Morizet a été dense : interview sur RTL le matin, suivie d'un petit déjeuner, puis d'une conférence de presse en fin de matinée. À la vitesse de l'éclair, elle absorbera ensuite le plat – une noix de veau aux pruneaux accompagnée de semoule et de carottes –, puis le dessert – tarte aux reines-claudes –, nous obligeant à tenir son rythme endiablé de ministre affamée et pressée.

À 36 ans, cette blonde vénitienne a pourtant l'allure des filles de bonne famille. Ce qu'elle est d'ailleurs[1].

---

1. La ministre est l'héritière d'une longue lignée de politiques et de hauts fonctionnaires : son père était maire de Sèvres, son grand-

Mais elle manie l'argot comme les enfants des cités le verlan. C'est sa manière à elle de se dévergonder. De se différencier de ses collègues. D'en remontrer au petit monde d'Internet sur lequel elle veille désormais. De se sentir plus proche aussi des habitants de Longjumeau, la cité populaire de la grande couronne parisienne dont elle est maire.

« NKM », son surnom, veut s'extraire de son image d'intello bon chic bon genre. Quitte à en faire des tonnes. « J'ai un nom étranger, je suis née dans le XVe arrondissement de Paris, et j'ai fait mes études à Palaiseau », se défend-elle ainsi, omettant quelques détails. Ce qu'elle appelle ses études à Palaiseau, c'est Polytechnique, dont elle est diplômée. Quant à ses origines polonaises et glorieuses, elles sont évidemment moins lourdes à porter que ne le sont celles des Français d'origine maghrébine ou africaine.

Peu importe. La secrétaire d'État voudrait ressembler à Mme Tout-le-Monde, se fondre dans le moule. Être plus proche aussi des autres ministres. Cela n'a pas toujours été le cas. Car cette belle femme à l'énergie manifeste a la réputation d'être exubérante, et pas toujours tendre avec ses collègues. Au printemps 2008, lorsqu'elle était secrétaire d'État à l'Écologie et défendait à l'Assemblée le projet de loi sur les OGM, elle s'était lâchée : « Il y a un concours de lâcheté et d'inélégance entre Jean-François Copé, qui essaie de détourner l'attention pour masquer ses propres difficultés au sein du groupe [UMP à l'Assemblée nationale], et Jean-Louis Borloo, qui se contente d'assurer le service minimum[1]. » Jean-François Copé et François Fillon avaient reproché à la secrétaire

---

père résistant, ambassadeur de France, son arrière-grand-père sénateur-maire communiste de Boulogne-Billancourt.

1. Ces propos de la ministre ont été tenus dans *Le Monde* du 9 avril 2008.

d'État d'avoir laissé voter en séance un amendement d'un député communiste limitant la culture des OGM. Or, selon celle-ci, l'adoption de cette disposition s'expliquait avant tout par le manque d'assiduité des députés UMP, très peu nombreux dans l'hémicycle au moment du vote. Mais aussi par l'absence de son ministre de tutelle, Jean-Louis Borloo, auquel elle suggérait d'ailleurs de venir s'exprimer à l'Assemblée pour imposer la position du gouvernement sur le sujet. « Quand il veut, il vient », avait-elle lancé un brin insolente, à son adresse.

Borloo n'a eu de cesse ensuite de se plaindre de la « garce » – le petit nom qu'il lui avait trouvé – à l'Élysée. Et il réussira à l'éloigner. En janvier 2009, elle perd l'Écologie et se retrouve à la Prospective et à l'Économie numérique... Elle est, cette fois, directement chapeautée par le Premier ministre, François Fillon, qui a pris l'habitude de récupérer les fortes têtes du gouvernement. À elle, donc, le décryptage des évolutions à venir de la société française et les réponses à y apporter. À elle aussi, le développement des réseaux, des équipements, des usages et des contenus d'Internet. Kosciusko-Morizet va devoir faire vivre ce portefeuille aux frontières incertaines et sans services rattachés qu'Éric Besson, son prédécesseur, n'a jamais vraiment réussi à faire exister.

Mais ce 2 septembre, c'est une ministre réconciliée avec les autres, adoucie par ses huit mois de grossesse, qui nous fait face. À quelques jours de l'arrivée de son deuxième enfant, elle semble bien éloignée des contingences politiques, des petites phrases et des mesquineries. Vêtue d'une large robe de lin noire, chaussée de confortables ballerines, elle compte les jours qui la séparent de l'accouchement. Le terme de sa grossesse est « le 20 septembre ». C'est précisément des femmes, des ministres femmes et de sa grossesse dont elle va nous parler.

L'arrivée d'un enfant pour une ministre en exercice est un événement suffisamment rare pour qu'elle ait mûrement réfléchi à la manière dont elle va s'organiser. Seulement quatre femmes l'ont précédée dans cette expérience : Ségolène Royal et Frédérique Bredin[1] en 1992, Florence Parly en 2000, et Rachida Dati en janvier 2009.

La secrétaire d'État a annoncé sa grossesse sur Facebook. Cet été, elle a posé, enceinte, dans plusieurs magazines. Comme Royal et Dati avant elle, la secrétaire d'État assume. Elle n'a pas l'intention de décrocher avant l'accouchement. « J'espère continuer jusqu'à la fin. Il n'y a pas de problème parce qu'avant l'accouchement, le bébé est nourri, logé, blanchi. » Et puis, dans son bureau, elle a tout prévu. Elle lit ses dossiers allongée sur une banquette... « les pieds en l'air ». Tout au plus a-t-elle décidé de ne pas trop s'éloigner de la capitale.

Celle qui est aussi secrétaire générale adjointe de l'UMP n'ira donc pas, cette année, à Seignosse, dans les Landes, pour participer au campus des jeunes UMP, qui débute le lendemain, et où une trentaine de ministres sont attendus. « Le campus, c'est un truc à accoucher dans le pré d'à côté ! s'exclame-t-elle. Les avions ne prennent pas les femmes enceintes de plus de sept mois. J'ai le droit de prendre le train, mais il y a quatre heures de voyage. Et si j'allais quand même à Seignosse, j'aurais un autre souci sur place. La maternité la plus proche est à cinquante minutes. » La secrétaire d'État a donc déclaré forfait. Avec quelques regrets, semble-t-il : « On

---

[1]. Ministre de la Jeunesse et des Sports, de 1991 à 1993, dans les gouvernements Cresson et Bérégovoy.

Déjeuners avec des ministres sous pression

dit toujours que ces campus, c'est la rentrée. Mais on oublie que la rentrée a déjà eu lieu pour nous autres ministres. Alors c'est bien d'y aller, parce qu'on a l'impression de repartir en vacances. »

Cet après-midi-là, elle se rend à Jouy-en-Josas, dans les Yvelines, pour assister à l'université d'été du Medef. Elle a aussi prévu de participer, en compagnie de Valérie Pécresse, sa collègue de l'Enseignement supérieur, qui est tête de liste UMP en Île-de-France pour les régionales de 2010, à la fête de la tomate de Monthléry le 12 septembre. Entre-temps, le 10, elle animera un séminaire intergouvernemental sur le volet numérique du grand emprunt, que lui a confié le Premier ministre François Fillon. Pas question de flancher avant l'accouchement !

Pour elle, « le problème, c'est l'après », et « surtout les nuits », lorsque le bébé « braille » et réclame son biberon ou la tétée à point d'heure. « Mais les pères peuvent donner le biberon », lui fait remarquer son attachée de presse. « Jamais. Ils ne se lèvent pas ! Et si vous en connaissez un qui le fait, vous me le présentez », s'amuse la ministre, un brin féministe tout à coup.

Rachida Dati, l'ancienne garde des Sceaux, l'enfant des cités, avec laquelle elle a formé un temps un duo improbable de missionnaires sillonnant les quartiers difficiles[1], avait repris le travail cinq jours seulement après son accouchement, déclenchant dans la foulée une vive polémique. Notre hôtesse a prévu une coupure plus lon-

---

1. Se sentant isolées au sein du gouvernement parce que ne faisant pas partie du G7 – le groupe des sept ministres que Nicolas Sarkozy réunissait régulièrement –, les deux ministres s'étaient rapprochées à l'automne 2008. Objectif de ce duo peu apprécié à l'Élysée ? Aller dans les cités pour dialoguer avec les habitants et expliquer la politique gouvernementale.

gue pour profiter de son enfant : « Je ne ferai pas ce qu'a fait Rachida. C'est le choix de chacun, mais ce n'est pas le mien. Après l'accouchement, c'est psychologiquement et physiquement dur. En plus, j'ai besoin de passer du temps avec mon bébé. » La secrétaire d'État, qui ne manque pas d'ambition, ne veut pas apparaître comme une « wonder woman » plus soucieuse de sa carrière que de sa famille. L'expérience de Dati a dû la faire réfléchir. Et puis, elle peut se permettre cette coupure : sa charge de travail est moins lourde que celle de l'ex-garde des Sceaux. Alors, elle a tout prévu : le « travail à domicile », à quelques kilomètres de sa mairie de Longjumeau, les « parapheurs » qu'on lui apportera du ministère, les coups de fil, et Internet bien sûr. Voilà une femme bien organisée.

Et ses collègues ? Comment vivent-ils sa grossesse et l'arrivée du deuxième bébé du gouvernement Fillon ? La future maman a le sentiment que le regard qu'on porte sur elle a changé. « La grossesse des autres révèle quelque chose de la personnalité des gens. Il y a ceux qui sont cools, et qui le restent. Il y en a d'autres qui deviennent bienveillants. Et il y a des gens que cette grossesse a l'air de stresser, et ceux qui sont indifférents à cela comme au reste. » Elle a visiblement des noms en tête. Peut-elle nous en donner ? La réponse est « non ». Pense-t-elle au Premier ministre François Fillon qui, dit-on, lui aurait refusé une promotion en raison de cette grossesse ? « Les gens ont dit ça. Mais c'est faux. Fillon est assez normal sur tous ces sujets. Lui et Sarkozy ont une vision contemporaine des choses. »

Jacques Chirac, qui la connaît bien, l'a fait grandir dans son ombre – il l'appelait « l'emmerdeuse » –, n'a semble-t-il pas fait preuve d'autant d'ouverture d'esprit il y a quatre ans, lorsqu'elle attendait son premier enfant et rêvait déjà d'un maroquin. « En 2005, Chirac m'avait appelée et m'avait dit : "Dans votre état, je ne

Déjeuners avec des ministres sous pression

vais pas vous proposer un poste au gouvernement." » Le prédécesseur de Nicolas Sarkozy ne serait pas un cas isolé. « En politique, dit-elle, on est parfois confronté à des hommes qui pensent que la femme est contingente, que c'est une invitée. Mais pour Nicolas Sarkozy, la féminité n'ampute pas la capacité de réflexion. L'important, pour lui, c'est ce que le ministre dit et propose. Il se moque que l'idée vienne d'une femme ou d'un homme, à partir du moment où elle est bonne. »

Certes. Mais depuis le dernier remaniement, la parité hommes-femmes promise par le candidat Sarkozy, et qu'il avait jusque-là respectée[1], a pourtant volé en éclats. Trois femmes, ministres de plein exercice, ont été remerciées fin juin 2009 : Christine Boutin, Rachida Dati et Christine Albanel. « C'est vrai. Il y a maintenant quatre femmes ministres de plein exercice sur dix-huit au total », répond-elle du tac au tac. Mais elle n'égratigne pas le chef de l'État. Fine mouche, sentant le piège, elle retourne la problématique : « Sarkozy, nous dit-elle, n'envisage pas les femmes que sous l'angle des quotas. » Traduction : le sexe dit faible mérite mieux que cela ! Voilà une réponse bien pratique.

À l'instar de sa collègue Nadine Morano, Nathalie Kosciusko-Morizet a pourtant dû croire à un moment que la parité promise lui permettrait de progresser et de décrocher un ministère plein. Elle aurait aimé, dit-on, l'Éducation ou l'Agriculture. Hélas, fin juin, ce sont deux hommes qui ont raflé la mise : le secrétaire d'État aux Affaires européennes, Bruno Le Maire,

---

1. « Je constituerai un gouvernement de 15 ministres et pas un de plus... Bien sûr, avec la parité hommes-femmes », avait promis le candidat Nicolas Sarkozy le 25 avril 2007, dans l'émission *Face à la une* de TF1. Élu en mai 2007, il nommera dans son premier gouvernement 15 ministres de plein exercice : 8 hommes et 7 femmes.

promu à l'Agriculture, et son collègue de l'Industrie, Luc Chatel, à l'Éducation.

L'été est passé et elle semble s'être résignée à ce – petit – affront. Les femmes ne sont pas revanchardes. Elles ont appris à composer avec le sexe dit fort et ont pour ainsi dire intériorisé les règles du jeu. Elles acceptent leur sort en silence. La secrétaire d'État en sait quelque chose, elle qui s'est fait remettre, au début de l'été, un rapport sur le déclassement social[1]. À l'époque, elle s'était dite choquée par le fait qu'« aujourd'hui, dans une famille, la fille a plus de risque de se retrouver dans une situation sociale inférieure à ses parents que son frère ». Fallait-il y voir une critique larvée du traitement des femmes dans le gouvernement et de son propre sort ? Peut-être, peut-être pas. Toujours est-il qu'elle profite de ce déjeuner avec deux femmes journalistes pour revenir sur le sujet. « Les femmes, répète-t-elle, sont plus frappées que les hommes par le déclassement social. Mais les femmes l'expriment moins et y font moins référence. »

Et la situation entre les deux sexes ne va pas en s'améliorant, pense-t-elle. « Les maîtresses d'école de Longjumeau me disent qu'elles sont horrifiées par ce qui se passe dans les cours de récréation. Les jeux sont très sexués, et il y a de plus en plus de difficulté à faire jouer ensemble les garçons et les filles. C'est un mouvement régressif, qui commence dès la maternelle. »

Rien de ce qui se passe dans sa ville ne semble lui échapper. Longjumeau, c'est sa fenêtre sur la société, sa tour d'observation, son échantillon statistique. Certes, c'est une ville « très composite », dit la ministre dans son langage policé. Il y a, énumère-t-elle, « 40 % de loge-

---

[1]. Le rapport du Centre d'analyse stratégique consacré à « la mesure du déclassement social » a été remis le 9 juillet 2009 à la secrétaire d'État.

ments sociaux », « des boucheries hallal », « une salle de prière salafiste », « une mosquée », « une synagogue », « des témoins de Jéhovah », « des blacks, des beurs, des rapatriés », etc. Mais pour elle, « ce mouvement régressif » entre filles et garçons touche, au-delà de sa ville, toute la France. Et surtout, le mur qui est en train de se construire n'a rien à voir avec la religion ou l'islam. Ni avec la burqa, dont Nicolas Sarkozy a martelé, fin juin, devant les parlementaires réunis en Congrès, qu'elle « n'est pas la bienvenue ». Pour sa part, la secrétaire d'État est un peu plus nuancée sur le sujet : « Des burqas, j'en vois à la sortie des écoles. Il y en a, mais il ne faut pas exagérer non plus, il n'y en a pas tant que ça. Celles qui la portent sont des converties », analyse la ministre.

À sa manière, la maire tente de faire cohabiter toutes les communautés ensemble, pour que « les gens soient bien dans leur ville ». Alors, elle cherche, invente, décline. Elle n'est pas peu fière de nous parler de ce qu'elle appelle son « verger pédagogique » : « On a réussi à créer des liens autour de ce lieu. On a installé des ruches, et on va bientôt récolter le miel. Et le miel, c'est bien, parce qu'il y en a beaucoup dans la cuisine du Maghreb. » De même, sa ville est devenue un champ d'expérimentation du Grenelle de l'environnement, la loi qu'elle a défendue au côté de son ancien ministre de tutelle, Jean-Louis Borloo. Dans les cantines, on sert 20 % de produits bio. Il y a aussi un marché biologique et paysan. Et puis, la mairie a aidé les habitants à réduire leur consommation d'énergie en leur présentant des photographies aériennes de leurs habitations montrant les déperditions de chaleur.

Bien sûr, la ministre admet volontiers que tout n'est pas rose à Longjumeau, où « la brigade des stupéfiants a passé l'été à démanteler les trafics de drogue » et où la crise frappe des populations déjà très fragiles. Mais elle se félicite de voir ses administrés s'accrocher. « J'ai reçu beaucoup de CV à la mairie. De plus en plus de gens de la cité veulent aussi quitter le salariat pour créer leur boîte », explique-t-elle, ajoutant qu'elle s'apprête à lancer une maison de la création d'entreprise dans sa commune grâce à des fonds européens. L'ancienne députée tient à ce contact avec les Français. « Un mandat national, dit-elle, doit être complété par un mandat local. » Est-ce pour cette raison qu'elle cumule celui de maire de Longjumeau et de conseillère régionale d'Île-de-France ? Peut-être. Elle semble en tout cas vouloir lever le pied. Valérie Pécresse vient de lui demander d'être tête de liste dans l'Essonne pour les régionales 2010. Mais Kosciusko ne souhaite pas se lancer dans la bagarre. « J'ai vocation à être député-maire, explique-t-elle. J'ai dit à Valérie que je n'avais pas envie de retourner à la région. Moi, j'ai ma mairie, et ma mairie c'est ma préférence. »

La jeune femme de bonne famille s'est donc attachée à cette ville qu'elle a conquise de peu en mars 2008. Elle s'y sent bien. Y compris lorsqu'elle va dans les cités, à la rencontre des jeunes. « Les gens, dit-elle, n'attendent pas que vous leur ressembliez. Ils attendent que vous les entendiez, et que vous fassiez des choses. L'attachement se fait par rapport à ce que vous donnez. » À l'entendre, les habitants des quartiers difficiles seraient même plus constructifs que les autres : « Les gens des cités, ils viennent pour écouter. Pas forcément pour demander. Alors qu'avec les autres, c'est une autre histoire... » L'heure tourne. Un conseiller penche la tête dans la salle à manger : « Il faudrait partir. Nous sommes attendus. » « Déjà ! » s'exclame notre hôtesse en se levant. Direction Jouy-en-Josas, l'université d'été du Medef et les grands patrons du Cac 40. Cet après-midi, la maire de Longjumeau a rendez-vous avec l'establishment.

Déjeuners avec des ministres sous pression

Nathalie Kosciusko-Morizet accouchera de son deuxième enfant, Louis-Abel, avec un peu de retard : le 23 septembre au lieu du 20. Elle s'accordera un mois de répit et reprendra le chemin de son ministère le 19 octobre. Contrairement à Rachida Dati, la secrétaire d'État ne médiatisera pas sa sortie de l'hôpital. Mais s'offrira tout de même un bain médiatique.

Elle publiera ainsi, fin octobre 2009, un livre chez Gallimard sous le titre volontairement racoleur Tu viens ?, dans lequel sera évoqué le monde de demain. Il y sera question des femmes mais aussi des « crapauds fous », ces inventeurs que la société cherche à écraser parce qu'ils ne suivent pas le chemin qu'elle a tracé pour eux. Un clin d'œil amical à Jean-François Copé et à Jean-Louis Borloo, ou une main tendue aux internautes qui s'écartent souvent des sentiers battus ? Les deux à la fois sans doute. NKM souhaitera tourner la page OGM. Pour se réconcilier avec les parlementaires, elle leur proposera de se former à Internet. Une centaine accepteront. À la demande de Nicolas Sarkozy, elle prendra finalement la tête de liste dans l'Essonne pour les régionales de 2010.

L'UMP chargera la ministre de réfléchir, avec le député du Nord Marc-Philippe Daubresse, à la position du parti sur le port de la burqa. Les deux secrétaires généraux de l'UMP proposeront que le Parlement vote une résolution condamnant le port du voile et non une loi d'interdiction générale, comme le réclamera le patron des députés UMP Jean-François Copé.

Martin Hirsch, haut-commissaire aux Solidarités actives contre la pauvreté et à la Jeunesse

Jeudi 3 septembre 2009, 13 heures
Restaurant Les Olivades, 41, avenue de Ségur, Paris VIIe

Le voilà donc, le ministre le plus critiqué par ses collègues ! Martin Hirsch, l'homme à la « peau de hareng », selon la charmante formule de son ex-collègue Christine Boutin, plus attiré par « les puissants que par les petits » pour Hubert Falco, vient de faire son entrée dans le restaurant Les Olivades, où il nous a donné rendez-vous. Il est en retard : « Désolé », dit-il en nous serrant la main.

Quand Martin Hirsch reçoit, c'est souvent ici, dans l'arrière-salle de ce petit bistrot de quartier à la décoration encombrée et provinciale. Rien n'a dû bouger depuis une bonne vingtaine d'années. Celui qui a refusé d'être élevé au rang de ministre, celui qui tient à gagner 3 000 euros de moins par mois que ses collègues secrétaires d'État et qui reverse tous ses droits d'auteur à des associations caritatives, cultive sa différence jusque dans le choix des restaurants qu'il fréquente.

Quelques instants après s'être installé, un serveur se précipite pour lui présenter les plats et les desserts du jour. Va pour un tartare de bœuf et une symphonie de rhubarbe ! « J'aime beaucoup la rhubarbe », glisse le ministre gourmand. Même s'il est « pressé », le haut-commissaire n'est pas prêt à renoncer aux douceurs de fin de repas. « Vous ne serez pas déçu », lui assure le serveur en tournant les talons pour lancer au plus vite la commande.

Martin Hirsch a, comme toujours, le sourire aux lèvres. Un sourire qui agace ses collègues, et qui a valu à ce diplômé de biochimie – titre auquel il a ajouté l'ENA – de renoncer à se lancer dans une carrière de médecin. « À l'hôpital, les malades me disaient : "Ça vous amuse de me voir dans cet état ?" » nous confie-t-il. Aujourd'hui, son sourire a quelque chose de différent. Il est moins pincé et moins ironique que d'habitude. Le haut-commissaire est vraiment d'excellente humeur.

Ce ministre d'ouverture – il vient de la gauche –, numéro trente-neuf dans l'ordre protocolaire, a toutes les raisons d'être satisfait. Après avoir gagné de haute lutte la bataille du RSA[1], le voilà en passe de remporter celle de l'indemnisation des 18-25 ans : le RSA jeunes. Que de chemin parcouru depuis que l'ancien président d'Emmaüs France a consenti à entrer dans le premier gouvernement Fillon, en mai 2007 !

Il y a un peu plus d'un an, Hirsch a donc obtenu la généralisation du revenu de solidarité active après une expérimentation jugée concluante dans 34 départements. Et depuis juin 2009, ce revenu est proposé à tous les Français modestes. Philosophie du dispositif ? L'emploi doit payer plus que l'inactivité. Grâce à cette allocation, toute personne qui reprend un travail salarié est désormais assurée de toucher plus d'argent que si elle reste chez elle : 110 euros de plus en moyenne par mois. Grâce à ce dispositif, tout travailleur pauvre peut aussi prétendre à une allocation supplémentaire. Le RSA, c'est la déclinaison sociale du « travailler plus pour

---

1. Le revenu de solidarité active (RSA), qui s'est substitué au revenu minimum d'insertion (RMI), a pour objectif de faciliter le retour des chômeurs au travail.

gagner plus » martelé par le candidat Sarkozy durant sa campagne.

Cette réforme coûte 10 milliards d'euros, ce qui semble beaucoup. Mais en réalité, la facture n'est que de 1,5 milliard. En effet, le revenu minimum d'insertion et l'allocation parent isolé (API) ont été supprimés et fondus dans le nouveau dispositif. Quant à la somme de 1,5 milliard, elle est financée par une taxe de 1,1 % sur les revenus du capital. Une taxe qui, il y a un an, avait fait hurler la majorité !

Certes, la mise en œuvre du RSA ne va pas sans créer quelques difficultés. Pas de problème du côté des anciens bénéficiaires du RMI et de l'API, qui le touchent automatiquement. En revanche, il y a encombrement dans les caisses d'allocations familiales, les Caf, où sont examinées les demandes des travailleurs pauvres. Fin août, 900 000 dossiers avaient été déposés. Mais seulement 330 000 des demandeurs ont reçu satisfaction. Les allocations familiales ne sont pas au bout de leur peine : la France compte quelque 2 millions de travailleurs pauvres ! Pour l'heure – et c'est plutôt une chance pour les Caf –, nombre d'entre eux n'ont pas compris qu'ils ont droit au RSA. Martin Hirsch minimise : « Ce genre de dispositif prend toujours un peu de temps pour se mettre en place. Quatre ans après la création de l'aide à la complémentaire santé pour les plus démunis, seulement 70 % des bénéficiaires potentiels l'ont. Je peux vous garantir que, fin 2009, la moitié des travailleurs pauvres toucheront le RSA. Et je me suis engagé à ce qu'ils soient 90 % en juin 2010. » Au passage, le haut-commissaire égratigne le président de la Caisse nationale d'allocations familiales, qui a vendu la mèche à *La Tribune*[1] quelques jours plus tôt, livrant des

---

1. « Le RSA démarre mal », *La Tribune*, 31 août 2009.

chiffres qui démontrent que les travailleurs pauvres ne savent pas qu'ils ont droit au RSA. « Il m'a appelé pour me dire : "J'ai fait un beau coup de pub." C'est effectivement un coup de pub et je déteste ça ! » s'agace le haut-commissaire.

En dépit de ces retards à l'allumage, il est aujourd'hui sur le point de récidiver. Le président va bientôt annoncer des mesures en faveur de la jeunesse. Il y a urgence : en France, près d'un jeune sur quatre est au chômage. La mesure la plus attendue, la plus critiquée aussi, c'est l'extension du RSA aux 18-25 ans qui jusque-là en étaient exclus. Les arbitrages sont encore secrets. Mais le haut-commissaire nous laisse entendre qu'il a encore une fois su convaincre l'Élysée. Il n'en dira pas plus qu'à Europe 1, où il était invité le matin même : « J'ai résisté à Jean-Pierre Elkabbach, soupire-t-il. Il a essayé de savoir. Je peux vous confirmer que contrairement à ce que disaient les moqueurs, on ne met pas le Livre vert sur la jeunesse au rebut. » Le Livre vert[1] ne sera donc pas enterré. « Le président va reprendre 75 % des propositions », poursuit-il. Il ajoute, plus mystérieux encore, mais manifestement content de lui : « On a basculé du côté de quelque chose qui a de la gueule. »

Martin Hirsch a beaucoup utilisé les médias pour obtenir les arbitrages qu'il attendait. En juillet, dans le *Journal du dimanche*[2], il s'était inquiété publiquement que le gouvernement ne se préoccupe pas davantage du

---

1. Au terme de quatre mois d'une concertation musclée, une commission présidée par Martin Hirsch et composée, entre autres, de représentants des étudiants et du monde universitaire, de partenaires sociaux, de parlementaires, a élaboré un livre vert sur la jeunesse. Ce rapport comporte 57 propositions allant de la création entre autres d'un service public de l'orientation à un meilleur accès au logement et au permis de conduire jeunes.
2. Martin Hirsch : « Pas là pour regarder les choses ne pas se faire », *Journal du dimanche*, 18 juillet 2009.

sort des 16-25 ans : « Ce sont les jeunes qui sont pressés, et ils ont des raisons de l'être. Ils sont les plus vulnérables face à la crise. » Sur un ton ferme, il avait aussi laissé entendre qu'il pourrait claquer la porte si les propositions du Livre vert n'étaient pas suffisamment prises au sérieux. « Je ne fais jamais de chantage à la démission, ni par voie de presse, ni en privé, avait-il averti. Ce n'est pas mon style, mais je ne suis pas là pour regarder les choses ne pas se faire. »

Ce 3 septembre, Hirsch n'en finit pas de se féliciter d'avoir montré les griffes publiquement un mois et demi plus tôt. « Tout cela, c'est grâce à l'interview dans le *JDD* », se félicite-t-il.

Les passages en force, les coups de gueule, mais aussi l'obstination, voilà donc ses recettes pour faire avancer ses dossiers. L'intéressé a beau souligner qu'il ne fait pas cela « tous les jours », il n'en est pas à son coup d'essai. Qui donc a déjà coupé la parole du président en public pour s'imposer dans un dossier auquel il n'avait pas été associé ? C'était le 3 décembre 2008, à Compiègne, au cours d'une table ronde consacrée à la lutte contre la grande pauvreté. Nicolas Sarkozy annonce alors le lancement d'une réflexion sur le surendettement et les crédits à la consommation, confiée à la ministre de l'Économie, Christine Lagarde. Hirsch interrompt le président de la République : « Compte tenu de ce que tu viens de dire, et compte tenu de l'importance du sujet, on laisse Christine Lagarde toute seule, ou tu es d'accord pour que j'intervienne sur ce sujet ? » Difficile de faire plus direct ! Qui s'est invité, en décembre 2008 toujours, dans le débat sur les sans-abris ? Encore lui. Il s'était alors attiré les foudres de la ministre du Logement Christine Boutin, qui défendait son pré carré.

Martin Hirsch revendique sa méthode : « On travaille et puis, à un moment, il y a quelque chose à faire passer.

Déjeuners avec des ministres sous pression

Les coups de gueule, c'est 3 % du boulot pour faire avancer les dossiers. » Et d'ajouter, sarcastique, à l'intention des collègues qu'il a malmenés à un moment ou à un autre : « Y a-t-il un arbitre des élégances dans ce gouvernement ? Il n'existe pas de portefeuille des élégances ! » Christine Lagarde et Christine Boutin, entre autres, apprécieront.

Pourquoi diable changerait-il de méthode ? Jamais il ne s'est attiré les foudres de l'Élysée. Mieux, ses coups de gueule paient. Après avoir été nommé haut-commissaire aux Solidarités actives en mai 2007, il a obtenu, début 2009, le titre supplémentaire qu'il souhaitait, celui de haut-commissaire à la Jeunesse. Selon ses dires, ce ne serait d'ailleurs pas si compliqué de s'entendre avec le président. « On a le droit d'avoir des relations normales avec Nicolas Sarkozy, explique-t-il. Je ne vois pas pourquoi je ne lui parlerais pas normalement. Et puis, après la table ronde, dans l'hélicoptère qui nous a ramenés de Compiègne, il ne m'a fait aucun commentaire, aucune remarque. » Hirsch en rajoute même sur le traitement particulier dont il bénéficie : « Nous avons des relations de qualité. Le président est quelqu'un avec qui il est possible d'avoir une relation contractuelle. Nous sommes l'un et l'autre dans une relation utilitaire. »

Il y a effectivement une entente tacite, un jeu de rôle bien rodé entre ces deux-là. Ancien président d'Emmaüs France, énarque et ancien directeur de cabinet du secrétaire d'État à la Santé Bernard Kouchner, du temps de la gauche, Martin Hirsch a besoin de Nicolas Sarkozy pour donner corps à ce pour quoi il est entré au gouvernement : la lutte contre la pauvreté. Il ne veut pas être un pantin (de gauche) dans un gouvernement (de droite). Nicolas Sarkozy, en retour, a besoin de lui pour prouver aux Français que l'ouverture n'est pas un vain mot. À chaque fois que le président plie et que la majorité hurle, c'est un message de plus que l'Élysée adresse à l'électorat de gauche.

Lucide sur les agacements qu'il suscite, le haut-commissaire sait que les nouvelles mesures en faveur des jeunes auront du mal à passer dans la majorité, où beaucoup les assimilent à de l'assistanat. Alors, il devance les critiques à venir. « Personne, dit-il, ne veut d'un système dans lequel un jeune de 16 ou 17 ans ayant quitté l'école rentrerait dans l'aide sociale. Le bon système, c'est celui qui facilitera son accès à l'emploi, soit parce que le jeune reprend une formation, soit parce qu'il reprend un travail. » Bref, les coups de pouce ne seront pas distribués à tous, les yeux fermés. L'État demandera des contreparties. L'heure tourne. Martin Hirsch a dégusté avec plaisir sa « symphonie de rhubarbe ». Il doit maintenant partir pour Elbeuf, en Normandie, où il est attendu dans l'après-midi. « J'y vais pour vérifier que le RSA ne marche pas », lance-t-il avec ironie. Le haut-commissaire ne croit pas si bien dire. Cet après-midi-là, à la Caf d'Elbeuf, des fonctionnaires lui expliqueront encore que la généralisation du RSA patine. Il en repartira avec un long cahier de doléances.

Martin Hirsch aura gain de cause. Le 29 septembre 2009, quelques semaines après ce déjeuner, le président de la République annoncera une série de mesures en faveur de la jeunesse, reprenant à son compte nombre de propositions figurant dans le Livre vert pour la jeunesse. Parmi elles, la création d'un service public de l'orientation, l'obligation pour l'État de proposer un emploi ou une formation aux 100 000 jeunes âgés de 16 à 18 ans qui décrochent chaque année du système scolaire, le versement d'un dixième mois de bourse pour les jeunes dont les cursus durent six mois, le doublement à 200 euros de l'aide versée aux jeunes pour avoir accès à une complémentaire santé... Et puis, le RSA sera bien étendu aux 18-25 ans. Mais avec beau-

Déjeuners avec des ministres sous pression

coup de verrous. Seuls 160 000 jeunes pourront y prétendre. « Mon projet pour la jeunesse, c'est l'autonomie », lancera Nicolas Sarkozy.
Martin Hirsch conservera la sienne. Interpellé en octobre par une députée socialiste sur la nomination prochaine du jeune Jean Sarkozy à la tête de l'Établissement public d'aménagement de la Défense (Epad), le haut-commissaire à la Jeunesse répondra... par un sourire. C'est son collègue en charge du Logement et de l'Urbanisme, Benoist Apparu, qui montera au front. Sous les huées de l'opposition et le silence pesant des députés UMP. Le ministre d'ouverture contournera donc l'obstacle. Car voler au secours du fils du président ne fait pas partie du contrat qu'il a passé avec Nicolas Sarkozy. Il fera aussi entendre sa différence sur certains projets de ses collègues. Ainsi se montrera-t-il très réticent vis-à-vis du débat sur l'identité nationale lancé par le ministre de l'Immigration, Éric Besson, et critiquera-t-il le renvoi à Kaboul de clandestins d'origine afghane décidé par ce même collègue.

Hervé Novelli, secrétaire d'État chargé du Commerce, de l'Artisanat, des PME, du Tourisme, des Services et de la Consommation

Lundi 7 septembre 2009, 13 heures
39, rue de Bercy, Paris XIIe

Beaucoup de ministres s'accrochent à leur maroquin. Ils ont tellement peur du vide ! Ce n'est pas le cas d'Hervé Novelli. Installé à la table d'une des salles à manger du ministère de l'Économie, le secrétaire d'État piaffe d'impatience à l'idée... de ne plus être ministre ! Les maîtres d'hôtel aux petits soins, les égards des huissiers et son titre ministériel imposant[1] n'y changeront rien. Pas plus que le cabillaud vapeur qu'il savoure devant nous – enfin un poisson bien cuisiné dans un ministère ! –, la tête légèrement penchée sur son assiette.

Le secrétaire d'État aux PME se voit loin de Paris, loin du gouvernement et loin de l'hyperprésident. Les élections régionales de mars 2010 vont peut-être enfin lui permettre de devenir son propre patron. Ou plutôt de le redevenir. Car, chez les Novelli, on a l'entreprise dans le sang. À la mort de son père, en 1982, il reprend les

---

1. Hervé Novelli a été nommé en juin 2007 secrétaire d'État aux Entreprises et au Commerce extérieur. Mais perd, lors du remaniement de mars 2008, le Commerce extérieur au profit d'Anne-Marie Idrac. Le voilà donc bombardé secrétaire d'État au Commerce, à l'Artisanat, aux PME, au Tourisme et aux Services. Lors du dernier remaniement, celui de juin 2009, il ajoute la Consommation à son portefeuille.

deux affaires familiales. Il vend assez vite la première, mais dirige la seconde jusqu'en 2006. Il s'agit des établissements Janton, une petite société d'une vingtaine de salariés spécialisée dans la fabrication de prothèses, basée à Richelieu, dans son fief d'Indre-et-Loire.

Cette fois, l'affaire à reprendre est autrement plus importante. « Je veux être président de la République du Centre », lance-t-il, sourire aux lèvres, visiblement très fier de sa trouvaille sémantique. Nous pouffons de rire. Novelli veut la région Centre. Un petit bout de France de deux millions et demi d'habitants qu'il pourrait diriger à sa guise. Fini les réunions interministérielles, les arbitrages à l'Élysée, les dossiers que l'on se fait chiper par les poids lourds dès lors qu'ils deviennent médiatiques, les Conseils des ministres auxquels on n'est pas convié parce que l'on est un sous-ministre !

Le secrétaire d'État est las de jouer les seconds rôles. Lucide sans être amer, il semble fatigué de faire toujours office de bras droit. « Brice[1], explique-t-il, était l'homme à tout faire de Nicolas Sarkozy. Moi, j'étais l'homme à tout faire d'Alain Madelin[2]. C'est comme ça que nous nous sommes connus. Quand on a été un collaborateur, on le reste toute sa vie, même lorsque l'on devient ministre. Il arrive encore à Madelin de m'appeler pour me demander un truc. À sa façon de se comporter, de me parler, je sais que, dans son esprit, je suis toujours son second. » D'ailleurs, poursuit-il, « nous en parlons de temps en temps avec Brice. Un jour, il m'a dit : "Dans le fond, j'ai eu plus de chance que toi." Et c'est vrai. À une époque, Sarkozy était moins comblé

---

1. Brice Hortefeux.
2. Hervé Novelli a fait une grande partie de sa carrière politique aux côtés d'Alain Madelin qui fut, tour à tour, ministre de l'Industrie de 1986 à 1988, puis ministre de l'Économie en 1995, pour quelques mois seulement, dans le gouvernement Juppé.

que Madelin en termes de responsabilités. Ensuite, les choses ont changé. Mon avenir s'est inversé, comparé à celui de Brice ». L'émancipation de Novelli passe donc par le Centre. L'UMP croit aux chances de son poulain dans cette région, que la gauche tient pourtant depuis 1998. « Il peut la gagner », nous ont assuré d'autres ministres. Mais le candidat a dû s'accrocher pour avoir la tête de liste. Au terme d'un combat homérique, au cours duquel sont ressorties ses jeunes années de flirt avec l'extrême droite[1], Novelli a remporté haut la main les primaires de mars 2009, face au maire de Bourges, l'ancien ministre Serge Lepeltier.

Il a ensuite repris des forces pendant l'été, à Biarritz, dans le centre de thalassothérapie de l'hôtel Miramar. Et là-bas, c'est sur sa collègue de la Santé qu'il est tombé ! « J'étais en peignoir dans les couloirs de l'hôtel et tout à coup, j'ai entendu : "Hervé, Hervé !" Je me suis retourné. C'était Roselyne en peignoir. » La ministre de la Santé, également en cure, n'avait, semble-t-il, pas l'intention de suivre le régime minceur proposé dans l'établissement. « Le premier soir, raconte Novelli, elle m'a invité à un méchoui, et j'y suis allé. Le deuxième, elle a voulu m'entraîner chez Michel Guérard[2]. Et là j'ai décliné l'invitation en lui expliquant que j'étais là pour maigrir. Elle m'a répondu : "Moi, c'est un combat que j'ai perdu." »

Requinqué, Novelli s'apprête maintenant à mener de front ses obligations ministérielles et sa campagne régionale. À défaut d'être décoiffant, le site Internet du can-

---

1. Anticommuniste et libéral convaincu, Hervé Novelli a commencé sa carrière de militant dans les mouvements d'extrême droite. Comme son collègue Patrick Devedjian (ministre de la Relance), il est un ancien du mouvement Occident.
2. Grand chef français qui officie dans le restaurant Les Prés d'Eugénie, à Eugénie-les-Bains, dans les Landes.

didat est désormais actif. Son slogan ? « Le Centre des idées, vos idées au centre de notre action. »

Comme lui, une petite dizaine de ministres briguent la présidence d'une région. Au printemps, tous étaient prêts à retrousser leurs manches pour faire oublier le tsunami rose des régionales de 2004[1]. Jusqu'à ce que Nicolas Sarkozy fasse savoir que les ministres devront quitter le gouvernement s'ils sont élus présidents de région. Pas de prime au succès, donc ! Comme l'a si joliment dit le président du groupe UMP au Sénat, Gérard Longuet, « avec le président, c'est face je gagne, pile tu perds ».

Depuis qu'ils ont appris la règle présidentielle, beaucoup ont du vague à l'âme. Le cœur n'y est plus. On va leur prendre leur maroquin !

À bien y regarder, Hervé Novelli est, avec Valérie Pécresse, l'un des rares à accepter cette règle. « Cela ne me pose aucun problème de partir », dit-il d'ailleurs, sans l'ombre d'un regret dans la voix. Ce départ programmé du gouvernement, il compte même en faire un argument de campagne. D'invalidation en démission, d'intérim en nouvelles élections, huit présidents de région se sont succédé dans le Centre depuis 1998 ! Et par deux fois, c'est un ancien baron du PS qui a fait faux bond aux électeurs : l'ex-ministre de l'Économie Michel Sapin. Novelli l'affirme : lui ne sera pas un élu volage. « Il y a beaucoup de choses à faire dans le Centre. J'ai envie de faire de l'expérimentation », dit-il.

Et puis, à quoi bon rester ministre, si c'est pour se retrouver dans la position de ses collègues plus galonnés ? Le secrétaire d'État n'a pas l'air de les envier. Surtout pas le ministre du Budget et des Comptes publics, désormais à la tête d'un déficit public abyssal de quel-

---

[1]. En 2004, 24 régions sur 26 (et 20 sur 22 en métropole) furent remportées par la gauche.

que 160 milliards d'euros : « Éric Woerth doit dire non, mais il dit oui, explique Novelli. Il est dans la situation du président de la ligue contre l'alcoolisme à qui l'on demanderait de participer à des soirées arrosées. » Très peu pour le libéral ministre, qui a visiblement bien du mal à digérer la dégringolade des finances publiques.

S'il s'en va, ce sera le cœur léger, avec le sentiment d'avoir rempli sa mission au gouvernement. « Je comprends le regret des ministres qui vont partir sans que les gens se souviennent de ce qu'ils ont fait », confie-t-il. Visiblement, lui ne se classe pas dans cette catégorie. Avec le sentiment du devoir accompli, il énumère les réformes qu'il a conduites depuis 2007. La TVA à 5,5 % dans la restauration, cette promesse de campagne que Jacques Chirac n'a jamais réussi à concrétiser ? Sur fond de crise, son successeur l'a finalement arrachée aux partenaires européens, mais c'est Novelli qui l'a mise en œuvre, et qui essaye de faire respecter par les patrons de cafés, d'hôtels et de restaurants leurs engagements de baisser les prix, d'augmenter les salaires et de recruter. Bref, c'est lui qui s'assure que les 2,5 milliards d'euros n'ont pas été dépensés en pure perte. La jungle des étoiles hôtelières ? C'est encore lui qui a tenté d'y remettre bon ordre. « L'entreprise à patrimoine affecté » qu'il est en train de négocier d'arrache-pied avec le ministre du Budget ? Toujours lui. « À terme, s'enflamme le secrétaire d'État, tout artisan qui aura créé sa boîte en nom propre sera sauvé de la ruine s'il met la clé sous la porte. » On ne pourra plus saisir sa maison et ses biens personnels.

Mais ce dont il est le plus fier, c'est autre chose. Ah, l'auto-entrepreneur ! L'entreprise pour tous ! La liberté en deux clics de souris ! Le ministre n'a pas de mot assez fort pour nous convaincre de l'importance de ce nouveau statut. « C'est une vraie réforme de société. Sans avoir la grosse tête, je peux dire que c'est une révolution copernicienne. C'est la fin de la lutte des classes. » Voilà Marx enterré une bonne fois pour toutes par le plus anticommuniste des ministres du gouvernement Fillon ! L'auto-entrepreneur, ce sont des formalités simplifiées à l'extrême, la possibilité de se lancer tout en restant salarié, fonctionnaire ou retraité, l'espoir de ne pas être englouti sous la paperasse, puisque les prélèvements fiscaux et sociaux sont forfaitaires et calculés sur le chiffre d'affaires. Rien à verser à l'Urssaf et au fisc quand rien ne rentre dans les caisses.

Lancé début 2009, ce statut fait un carton. Fin mars, 100 000 personnes s'étaient déjà lancées dans l'aventure. Fin juillet, il y en avait 80 000 de plus. Et Novelli pense arriver à 300 000 auto-entrepreneurs en fin d'année. Mais combien sont-ils vraiment à avoir une activité ? Pas tant que cela, disent certains observateurs.

Peu importe. Malgré la crise, cette réforme a fait bondir, en 2009, le nombre de créations d'entreprises. Hervé Novelli a d'ailleurs eu droit aux félicitations appuyées du président en Conseil des ministres, au printemps. Et le complimenté ne trouve rien à redire aux tableaux d'honneur et aux bonnets d'âne que Nicolas Sarkozy distribue à ses ministres. À ses yeux, ce fonctionnement serait même on ne peut plus normal. « Comme, dans ce pays, tout est hyperprésidentialisé, ce n'est pas incongru de guetter les satisfecit et les critiques », dit-il, ajoutant que « Nicolas Sarkozy a toujours dit qu'un bon ministre, c'est celui qui attache son nom à une réforme ».

Selon lui, son statut lui aurait été très utile pour faire avancer le dossier. « Vous comprenez, dit-il, ce statut d'auto-entrepreneur, personne ne l'a vu venir. Si Christine Lagarde l'avait porté, il y aurait eu beaucoup plus d'oppositions, compte tenu de son poids politique. Moi, j'ai travaillé dans mon coin, sans faire de bruit. » Novelli guette maintenant le moment où le statut de l'auto-entrepreneur deviendra « le » statut Novelli. À ce jeu-là, il n'est pas mal placé : « Quand il me parle de l'auto-entrepreneur, le président me dit toujours "ta réforme". J'ai de la chance, il ne la reprend pas à son compte ! »

De la chance et de la niaque, l'homme va en avoir besoin pour gagner la bataille du Centre. Qu'en fera-t-il ? Il est trop tôt pour le dire. Mais ce qui est sûr, c'est qu'il s'inquiète vraiment de l'ampleur des déficits publics. Alors que l'augmentation du forfait hospitalier est dans l'air depuis quelques jours, le ministre marque sa différence. Ce n'est pas avec ce type de solution que l'on viendra à bout d'un déficit de 160 milliards d'euros, nous dit-il en substance. « Ce qui est important maintenant, c'est de trouver des perspectives. Les recettes de poche et les économies, il faut en faire, mais cela laisse de côté les vraies réformes. Jusqu'à maintenant, on a tenté de faire baisser les dépenses de quelques pour cent par an. Mais il y a une autre façon de s'y prendre. Il faut se demander ce que l'on continue de faire financer par l'État, et ce que l'on accepte de déléguer et d'externaliser. » Cette réflexion, Novelli souhaiterait qu'elle soit lancée le plus vite possible. « La question stratégique, poursuit-il, c'est de savoir si on y réfléchit maintenant, ou si c'est un thème de la campagne de 2012. À mon avis, il faut se lancer. » Le patron des députés UMP, Jean-François Copé, a bien tenté, il y a quelques mois, de mettre le sujet sur la table avec ses états généraux de la dépense publique. Mais sans grand succès. En réalité, dans ce domaine comme dans bien d'autres, tout est suspendu à la volonté de Nicolas Sarkozy. « Notre réflexion est handicapée par la stratégie de notre candidat à l'élection présidentielle », admet Novelli. Le président dicte son calendrier. Après tout, c'est un chef. Novelli fera-t-il différemment s'il est élu « président de la République du Centre », ce petit bout de France de 2,5 millions d'habitants ?

Déjeuners avec des ministres sous pression

Les réformes d'Hervé Novelli tarderont un peu à démontrer leur efficacité. Les patrons d'hôtels, de restaurants et de cafés ne tiendront pas tous leurs engagements après avoir obtenu la TVA à 5,5 %. Les étiquettes baisseront peu, les salaires ne grimperont pas vraiment et, selon la Cour des comptes, seulement 6 000 recrutements sur les 40 000 promis seront réalisés à long terme dans ce secteur d'activité. Novelli piquera une grosse colère à l'automne. Si les promesses ne sont pas tenues, « le gouvernement en tirera les conséquences », expliquera-t-il aux représentants des patrons de cafés et de restaurants. Quant à l'auto-entrepreneur, le succès quantitatif sera confirmé. En 2009, près de 320 000 personnes auront adopté ce statut. Mais, parmi eux, seulement 40 % déclareront une activité.

Christian Estrosi, ministre chargé de l'Industrie
Mardi 8 septembre 2009, 13 heures
Hôtel de Seignelay, 80, rue de Lille, Paris VIIe

La République a des palais partout. Ainsi dispose-t-elle d'un petit hôtel particulier discret, à deux pas de l'Assemblée nationale, entre le boulevard Saint-Germain et la rue de Solferino. Chacun des ministres de Bercy dispose d'un bureau dans l'immeuble, où était installé jadis le ministère du Commerce et des PME. C'est donc là qu'Estrosi nous donne rendez-vous pour déjeuner. La bâtisse du XVIIIe siècle jouit, il est vrai, d'un charmant jardin, dans lequel la table a été dressée. Sous nos yeux coule la Seine, au-delà scintillent les cimes du jardin des Tuileries. Seul le grondement régulier du quai Anatole-France, en contrebas, ramène à la réalité parisienne. Dans ce parc, apprendrons-nous au passage, est enterré Coco, le dernier chien de la reine Marie-Antoinette. Une copie de la stèle est posée sur une commode, dans l'un des salons. L'hôtel particulier est gardé par quelques huissiers pétrifiés d'ennui et apparemment ravis de nous voir.

C'est la rentrée politique. Elle s'annonce difficile. Le président baisse dans les sondages. Christian Estrosi, légèrement en retard, déboulera quasiment au pas de course dans le jardin, son « conseiller politique » sur les talons. Grand, bronzé, carrure de sportif, cheveux teints coiffés en arrière, costume bleu marine impeccable, le ministre porte beau à 54 ans, rappelant vaguement ces acteurs hollywoodiens des années 50. Le flegme en moins. Il parle haut et fort, et dévore son repas avec un bel appétit. Sur la table trône une bouteille d'huile d'olive produite près de Nice, ville dont il est maire : le conseiller nous signifie que nous ferions extrêmement plaisir au ministre en y goûtant...

Estrosi vient de faire son retour au gouvernement après une coupure d'un an. Comment s'est donc passée sa nomination deux mois plus tôt ? Sa carrière de pilote de moto avant d'entrer en politique ainsi que son absence de diplômes lui valent un surnom facile (le « motodidacte » !) qui fait sourire le petit milieu politique. Mais sa qualité d'ami de Nicolas Sarkozy lui a permis d'accéder aux plus hautes fonctions... et d'y revenir. L'élu des Alpes-Maritimes confie avoir connu son sort « six heures avant d'être nommé ». Puis rectifie : « En réalité, jusqu'au moment où c'est annoncé, vous ne le savez pas. » Bref, on n'est sûr de rien tant que l'Élysée n'a pas confirmé. Comme l'attente a dû être pénible ce 23 juin ! « J'avais le bol ce jour-là de présenter ma loi sur les bandes organisées », se souvient l'ancien député. Du coup, son rendez-vous avec le Premier ministre, François Fillon, le jour où tout s'est décidé, pouvait être présenté à la presse comme un simple entretien sur la loi en question. Estrosi sourit encore de la feinte dont il a usé à l'égard des journalistes pas dupes, qui, évidemment, le pressaient de questions à la sortie de Matignon.

Un peu après, lorsqu'il sera plus détendu, il relatera spontanément, comme un bon souvenir que l'on ne se lasse pas d'évoquer, le dialogue qu'il a eu ce jour-là avec Fillon. Ce dernier vient de lui annoncer en tête à tête qu'il est nommé « ministre plein de l'Industrie ». « Tu peux me le redire une deuxième fois, s'il te plaît ? » réagit Estrosi. « Tu es ministre plein de l'Industrie », redit Fillon le flegmatique. « Au fond de moi, je me suis dit : Putain, c'est génial ce qui t'arrive ! » « Génial, parce que, explique-t-il, c'est formidable d'être ministre de l'Industrie au moment où je m'y trouve, au moment où on va passer des énergies fossiles aux énergies propres », « dans un grand pays industriel », dans une période où « il faut renforcer l'investissement sur l'innovation pour ne pas rater la sortie de crise », etc. Estrosi n'avouera pas que ce qui est génial, c'est avant tout de redevenir ministre.

Notre hôte présente son retour au sein du gouvernement, quinze mois après en être sorti[1], comme une évidence, malgré la promesse faite aux Niçois de quitter le gouvernement pour s'occuper de sa ville : « Quand vous êtes le seul à avoir gagné une grande ville aux municipales, que vous êtes à la tête de la troisième fédération UMP de France, ça fait partie de l'ordre des choses » que d'être nommé ministre, estime-t-il tranquillement. « Je savais aussi que le Parlement a été une petite hésitation chez le président de la République. » En clair, que son ami a un temps songé à le nommer ministre chargé des Relations avec le Parlement. « Sinon, tout ce qui a été écrit dans la presse était erroné », jubile-t-il, faisant allusion aux pronostics l'ayant annoncé notamment au ministère de l'Intérieur[2]. « Ce n'est pas vrai, je ne rêvais pas d'être à l'Intérieur », se défend-il dans un

---

1. Nommé secrétaire d'État à l'Outre-mer en juin 2007, Estrosi a quitté volontairement le gouvernement le 17 mars 2008, afin de tenir la promesse qu'il avait faite aux Niçois entre les deux tours de l'élection municipale, de quitter le gouvernement en cas de victoire. Il a réintégré le gouvernement le 23 juin 2009... tout en restant maire de Nice.
2. La rumeur a donné un temps Christian Estrosi secrétaire d'État chargé de la Sécurité, sous les ordres de Michèle Alliot-Marie, ministre de l'Intérieur. Mais celle-ci, inquiète d'un sarkozyste pur jus place Beauvau, aurait fait savoir au chef de l'État qu'il ne pouvait en être question.

premier temps. Puis, ce qui est très différent : « Je savais que je n'y serais pas. » Avant de conclure, fanfaron : « Vous savez, quand un journaliste dit : "Je tiens de source sûre de quelqu'un de très proche du président que..." vous avez intérêt à laisser dire et à laisser tout le monde partir sur une fausse piste. »

Le ministre confie, toutefois, que lui aussi s'est fourvoyé quant aux intentions du chef de l'État à son égard. « Je m'attendais un peu à ce qu'il y ait un truc dans mon portefeuille avec l'aménagement du territoire et la ruralité, parce que je connais un peu ces sujets, qu'on a laissé tomber depuis deux ans », juge-t-il, ignorant superbement l'action de son collègue Hubert Falco, qui s'est occupé de ce dossier. Mais le portefeuille de l'Industrie, il ne l'avait pas envisagé. Une fois arrivé à Bercy, « j'étais un peu effrayé au début, nous raconte-t-il. Mon avantage, c'est que j'avais une petite expérience. Quand on a déjà été ministre, on est moins hésitant, on essaie de ne pas commettre les mêmes erreurs. Ministre, c'est un métier, ça s'apprend ».

En charge de l'Aménagement du territoire de 2005 à 2007, Estrosi a ensuite été secrétaire d'État à l'Outremer, de 2007 à 2008. Sa première décision après sa nomination a été, raconte-t-il, de « prendre vite les décrets dans lesquels je demandais à récupérer les pôles de compétitivité ». C'est en réalité le président qui signe les décrets d'attribution, mais il feint d'oublier ce détail. Son smartphone vibre dans la poche intérieure de sa veste, Estrosi y jette un coup d'œil, puis le remet à sa place et poursuit : « Vous avez beau avoir été parlementaire avant, le fonctionnement de la machine de l'État, ce n'est pas du tout pareil. Un ministre est un employé, il doit mettre en œuvre la politique qu'on lui commande. Alors que, quand vous êtes maire ou député, vous êtes libre de gérer votre vie comme vous le voulez. » Drôle de parallèle entre le maire et le député, sortes de « petits patrons » de la politique, et le ministre, « salarié » au service du chef... de l'État.

À entendre Estrosi, Bercy est « une belle maison, parce que ce n'est pas cloisonné ». Et « Christine » (Lagarde), la ministre de l'Économie, de l'Industrie et de l'Emploi, à laquelle il est rattaché, est une « fille formidable » ! Alors que les mauvaises langues prédisaient des difficultés entre elle et son bouillonnant ministre, et que les débuts n'ont pas été fameux, il assure que tout se passe bien désormais. « On a mis au carré nos collaborateurs », explique-t-il, signifiant que ces derniers et eux seuls seraient à l'origine des quelques difficultés qui sont apparues les premières semaines. À ses côtés, le conseiller ne bronche pas.

Mais la grande affaire de « Christian », c'est de se faire passer pour une sorte de petit frère de « Nicolas », son maître en tout. Allure décidée, pragmatisme, réactivité, il fait du Sarkozy en toute circonstance. Ainsi, durant l'été 2009, lorsqu'il a rencontré les salariés de New Fabris ou de Molex. « J'ai accompagné Sarkozy pendant des années, j'ai vu comment il a sauvé Alstom ou Sanofi, rappelle-t-il. Il y a une école. » Dont il aimerait être le meilleur élève. Certains de ses collègues du gouvernement se sont agacés, sous cape, de son activisme estival, qui l'a vu intervenir sur tous les dossiers : tensions sociales dans les entreprises, réforme de La Poste, crise de l'industrie automobile, bonus des banquiers, etc.

« On lui fait exactement les mêmes critiques qu'on faisait à Sarko », souligne son conseiller politique, qui intervient dans la conversation. Et puis, ajoute le ministre, « qu'est-ce qu'on n'aurait pas dit si on ne m'avait pas vu ! ». Il nous expose sa théorie : « Je suis convaincu que le président a amené une nouvelle culture politique dans notre pays, dit-il gravement. Vous verrez que dans les années qui viennent, on ne reviendra plus sur l'ouverture des gouvernements aux uns et aux autres. »

Déjeuners avec des ministres sous pression

Pour le maire de Nice, « les électeurs n'en peuvent plus de voir que tout se cristallise autour de la politique politicienne ». Car Estrosi ne croit qu'en « une seule chose : les élections et les électeurs ». Or, poursuit-il, « je n'ai pas le sentiment, au vu des dernières échéances[1], qu'ils ne sont pas satisfaits de notre capacité à nous ouvrir », à savoir aussi bien à Jean-Marie Bockel, membre du gouvernement venu du PS, qu'à Philippe de Villiers, qui incarne la vieille droite catholique et vient de rejoindre la majorité. Au passage, dans le feu de la discussion, il fait un lapsus cocasse, parlant des « députés du Nouveau Centre qui étaient autrefois très proches... d'Alain Bayrou », au lieu de François. Le ministre poursuivra, sans s'apercevoir de son erreur.

Obligé d'abandonner son mandat de conseiller général des Alpes-Maritimes le 11 juin 2009, car frappé par la loi sur le cumul – il était déjà maire de Nice et député des Alpes-Maritimes –, Estrosi n'est guère favorable à une législation encore plus restrictive, pourtant dans l'air du temps : « J'en parlais hier soir au dîner avec Jean-Paul Bailly[2] et Michel Mercier, je trouve que c'est très suffisant de limiter à un mandat local et un mandat national. » En cas de restrictions supplémentaires, Estrosi promet le pire. « Imaginez un seul instant que nous soyons dans une organisation politique où les parlementaires n'aient pas de responsabilités locales », lance-t-il, oubliant manifestement que 13 % des députés sont déjà dans cette situation. « ... Eh bien, dans ce cas, votre texte n'aurait aucune chance d'être adopté ! promet-il. Si vous n'avez pas de connexion entre le local

---

1. Christian Estrosi fait ici référence au premier tour de la cantonale partielle qui s'est déroulé à Nice deux jours plus tôt, et qui a vu l'un de ses adjoints, Lauriano Azinheirinha, virer en tête avec plus de 40 % des voix, contre 15 % au suivant, le candidat PS.
2. Président de La Poste.

et le législatif, vous bloquez le système, vous avez une révolution ! » Pourtant, l'interdiction de cumuler mandat local et mandat national existe déjà dans certains pays, sans qu'on ait pu y observer la moindre révolution. « C'est peut-être des pays où ça ne fonctionne pas aussi bien qu'en France ! » balaie le ministre, d'un revers de main.

Mais une chose agace encore plus Estrosi : l'idée qu'il ne peut être un bon maire parce qu'il est ministre. « Est-ce que vous êtes en train de m'expliquer que ma ville ne marche pas bien ? » interroge-t-il, bombant le torse et prenant l'air offusqué. Et de nous assener les chiffres tendant à prouver le contraire : « Chiffre d'affaires des commerces en hausse de 10 % » à l'été 2009, « insécurité en baisse de 13 % », « fréquentation des transports urbains en augmentation de 50 % » grâce au ticket à un euro qu'il a instauré, etc. « Je suis à plus six points de bonnes opinions dans ma ville, souligne-t-il fièrement. Brice Teinturier[1] me dit qu'il n'y a pas un maire à ce niveau-là de popularité. » Conclusion : « Ça veut dire que les gens sont contents, donc le cumul des mandats n'est pas gênant. »

Ce magicien de la politique fait également la démonstration qu'on peut être ancien pilote de moto, ministre de l'Industrie se battant contre la fermeture des usines et... écologiste. « Vous qui êtes des journalistes bien connues pour rejeter la langue de bois, nous interpelle-t-il bizarrement, sachez que je suis dans ma famille politique quelqu'un qui pousse depuis des années dans cette direction au conseil général. » Et de nous présenter son brevet d'écologie : il a « négocié la suppression des sacs plastiques dans les commerces », instauré « 35 euros d'amende pour les mégots dans les rues », mis en

---

1. Directeur général de l'institut de sondages TNS Sofres.

place « 100 000 cendriers de poche » dans sa ville, est passé de « 25 à 49 kilomètres de pistes cyclables en un an », a installé des Vélib', et décrété Nice « ville verte de la Méditerranée ». Moyennant quoi, « cet été, j'ai eu jusqu'à 100 000 personnes sur la prom' ». Qu'est-ce que la « prom' » ? La promenade des Anglais, en langage Estrosi, qu'il se vante d'avoir équipée de « chaises bleues » et de « poubelles bleues »...

Certes. Mais Nice a la réputation d'être surtout un repaire de retraités. Estrosi se récrie ! « À Nice, on vit plus longtemps qu'ailleurs. » C'est donc pour cela qu'on y croise beaucoup de personnes âgées ! Mais il y a aussi beaucoup d'enfants : « C'est la ville de France où on a le plus fort taux de natalité, assure le maire. Donc c'est tout bon », conclut-il, pas peu fier. Sentant les limites de sa démonstration, il relance son argumentaire avec passion : « Il y a des événements qui reviennent à Nice : en décembre, on élit Miss France, la coupe Louis Vuitton Trophy[1] revient, Elton John et Bono se sont installés à Nice, Angelina Jolie et Brad Pitt voulaient que leurs enfants naissent sur la promenade des Anglais et ont acheté une maison dans l'arrière-pays... En un an et demi, Nice est redevenue attractive. » Et c'est justement il y a un an et demi qu'il a été élu maire de la ville.

Estrosi glisse au passage qu'il est trop « amoureux fou » de sa ville pour la quitter et défendre les couleurs de l'UMP aux régionales en Provence. « Et puis, si on me disait, au bout d'un an et demi : tu laisses ta ville pour la région, ça ne donnerait pas une bonne image », plaide-t-il. Par chance, ce n'est pas à lui que Nicolas Sarkozy a demandé d'abandonner sa ville pour se lancer

---

[1]. Les régates Louis Vuitton Trophy ont été organisées en novembre 2009 au large de la promenade des Anglais.

à la conquête de la région. Mais au maire de Toulon, Hubert Falco, avec lequel Estrosi a des relations tendues.

Quelques jours avant ce déjeuner, fait inhabituel pour lui, Estrosi a « taclé » son collègue du gouvernement Brice Hortefeux, autre sarkozyste historique, au détour d'une interview au *Figaro*, lui reprochant à mots couverts d'avoir choisi le « confort » du gouvernement de préférence à la direction de l'UMP. Le ministre de l'Industrie nie la moindre humeur belliqueuse à l'endroit du ministre de l'Intérieur. « Brice et moi, jure-t-il, on est à la même école, on a grandi ensemble avec notre ami (Sarkozy), et donc on sait qu'il nous est interdit d'avoir un différend. » Trop visible tout au moins.

Avant de filer aux questions d'actualité comme il est arrivé, c'est-à-dire au pas de course, Estrosi revient sur son maroquin pour en faire à nouveau la réclame. Son « ami » l'aurait mis à un poste où il doit « à la fois gérer une crise, ce qui me met en valeur, et préparer l'avenir ». « C'est à risque, mais, quand on aime la politique comme je peux l'aimer, il vaut mieux qu'on vous donne une place à risque », dit-il, sarkozyste en diable. Avant de laisser poindre, l'espace d'une seconde, un soupçon d'angoisse : « J'essaie de ne pas commettre d'erreur. Mais je ne suis à l'abri de rien. »

Le ministre de l'Industrie poursuivra avec assiduité sa tournée des usines, et pas seulement dans l'Hexagone. On le verra ainsi, le 28 octobre, inaugurer à Montréal, avec Vincent Bolloré, la nouvelle usine du groupe Bolloré, dans laquelle seront assemblées les batteries de la future voiture électrique Blue Car.

Moins flamboyant, il organisera une rencontre à Bercy, mi-septembre, entre les représentants syndicaux de l'entreprise Molex et un éventuel repreneur du site de Villemur-sur-Tarn. Les représentants en ressortiront dépités, le repreneur ne proposant de garder que 15 salariés sur 283 !

Déjeuners avec des ministres sous pression

Il accompagnera au pied levé le président, le 15 octobre lors de sa visite surprise à Gandrange, où Arcelor-Mittal a fermé une aciérie malgré les promesses du chef de l'État.

On l'entendra encore, en janvier 2010, tonner contre la décision de Renault de produire la future Clio en Turquie.

Plus léger, il aura l'honneur de se voir adresser, le 20 octobre, dans l'hémicycle de l'Assemblée nationale, la première question d'actualité de David Douillet, élu député des Yvelines deux jours plus tôt. Clin d'œil de l'ancien champion de judo à l'ancien champion de moto.

**Jean-Marie Bockel, secrétaire d'État
auprès de la ministre de la Justice et des Libertés**
Mercredi 16 septembre 2009, 13 heures
13, place Vendôme, Paris Ier

Ce jour-là, Jean-Marie Bockel, qui visite le centre de détention de Melun, est en retard. Et ce qu'il y a de bien avec les retards de ministres, c'est qu'on ne les voit pas passer ! D'abord, parce que les lieux dans lesquels on est invité à patienter sont un spectacle. Une enfilade de salons majestueux, un bureau richement meublé et décoré donnant sur un jardin plongent le visiteur dans un état sinon d'émerveillement, du moins de contemplation. Ensuite, parce qu'il se trouve toujours un aimable conseiller pour vous faire la conversation autour d'un verre. Nous sommes donc reçues ce mercredi par Michel Suchod, le directeur de cabinet, et Gilles Casanova, au titre ronflant de « conseiller chargé de la prospective et de la réflexion stratégiques ». En réalité, deux vieux briscards de la politique !
Le premier, diplomate raffiné et bon vivant de 62 ans, fut député PS puis chevènementiste de Dordogne, également secrétaire général du Mouvement des Citoyens. Après quelques années de traversée du désert, il ne doit d'être revenu à la politique qu'à la faveur de l'ouverture, recruté au cabinet de son ami dès juin 2007.
Le second, redoutable dialecticien quinquagénaire, a fait ses classes à l'extrême gauche au début des années 80, puis au PS aux côtés de Jean-Christophe Cambadé-

lis. Il rejoint ensuite Chevènement. Suchod et Casanova furent très proches du « troisième homme » durant la campagne présidentielle de 2002.

Leur chemin sinueux a croisé celui de Bockel durant leur période Chevènement. Car leur patron actuel a fréquenté le Ceres[1], l'aile gauche du PS dans les années 70, puis a été porte-parole de l'ancien ministre de Mitterrand dans les années 80. Bockel ne rompra avec l'ancien ministre de l'Intérieur qu'en 1991, parce qu'il est partisan de l'engagement de la France aux côtés des États-Unis dans la guerre du Golfe.

Retrouver ces deux bourlingueurs de gauche sous les ors de la République UMP a quelque chose de cocasse. Nous retiendrons de la conversation l'amusante comparaison que Suchod et Casanova établiront : Bockel, nous disent-ils, est dans ce poste de secrétaire d'État « un peu comme un vice-président ». Toujours un pas derrière Michèle Alliot-Marie dans les manifestations officielles, sans réel pouvoir au sein du ministère. Même en termes d'« unités de bruit médiatique[2] », il est fortement désavantagé, regrettent-ils, puisque le moindre article de presse sur l'action du ministère de la Justice est comptabilisé au profit de la ministre et non de son secrétaire d'État.

Pour autant, nos deux compères ne semblent pas malheureux dans leurs nouvelles fonctions. Ils regrettent simplement d'avoir dû écourter leurs vacances pour rien. « MAM » voulait absolument qu'il y ait quelqu'un au ministère à partir du 20 août. Ils ont donc joué les vigies place Vendôme : « On regardait les jardins par les fenêtres »...

---

1. Centre d'études, de recherche et d'éducation socialiste.
2. Indice développé par TNS Média Intelligence qui mesure l'exposition médiatique d'un sujet d'actualité, d'une personnalité, d'une entreprise et la tonalité de cette exposition.

Jean-Marie Bockel

Lorsque Jean-Marie Bockel surgit, au pas de course, dans son bureau, où la table a été dressée, ses premiers mots sont pour s'excuser du retard, que nous avions à peine remarqué. Mais aussi pour nous faire comprendre qu'il nous quittera tôt ! « J'ai besoin de faire une sieste d'un quart d'heure avant les questions d'actualité[1], nous annonce-t-il. Sinon, je ne tiendrai pas jusqu'à une heure du matin. » Le maire de Mulhouse nous confirme que la sieste est chez lui une habitude, une sorte de soupape de sécurité dans des journées trop chargées. Un aveu peu courant dans ce milieu, où rares sont les ministres avouant se ménager.

Il a alors la tâche ingrate de représenter sa ministre de tutelle au Parlement, où est débattue la loi pénitentiaire. Ce qui lui fait de très longues journées. Et renvoie inévitablement au rôle indéfini qui lui a été assigné par Nicolas Sarkozy le 23 juin 2009. Quelle est son affectation exacte auprès de la ministre de la Justice ? Quel est son périmètre d'intervention ? Manifestement, lui-même ne le sait pas. « Mon job n'était pas calé d'avance, puisque je n'avais pas d'attribution particulière », euphémise-t-il. Il pensait qu'elle lui déléguerait le dossier des prisons. Las ! Michèle Alliot-Marie n'a manifestement jamais envisagé de lui laisser la mainmise sur la principale administration relevant de son périmètre. Du coup, il cherche sa place. « Ce n'est pas la situation la plus simple que j'aie connue dans ma vie politique, admet-il, mais ça se passe bien. » Plus jeune que sa ministre de tutelle de quelques années, Bockel (59 ans) ne l'appelle que MAM, avec un mélange de déférence et de crainte. Il parle d'elle comme d'un personnage un peu particulier, voire un peu étrange. Évoquant, tout en sous-entendus, « la MAM que vous connaissez, avec son

---

1. Qui débutent à 15 heures à l'Assemblée nationale.

style, mais qui fait des efforts pour que ça se passe bien ».

« On s'est parlé franchement sur le mauvais départ que nous avions pris », confesse-t-il. Désormais, « on a une bonne entente : elle ne cherche pas à m'humilier, ce n'est pas une personne tordue. Et elle ne me voit pas non plus comme quelqu'un de tordu ». Les relations humaines, au sommet de l'État comme ailleurs, sont complexes. « Évidemment, elle est au premier plan, et je l'accepte », poursuit le « vice-président », oubliant un instant qu'il n'a pas le choix. « Je lui rends tout de même certains services », ajoute-t-il, soucieux de démontrer qu'il ne compte pas pour rien place Vendôme.

Bockel s'est-il ouvert de ses doutes sur sa mission auprès du chef de l'État ? Manifestement, ce ne sont pas des choses faciles à dire au président. « Je ne vais pas embêter Nicolas Sarkozy avec mes états d'âme ! » répond-il sèchement. Le maire de Mulhouse rappelle que s'il n'est pas grand-chose dans le gouvernement, « à mon modeste niveau de maire, je suis le chef. Et les gens qui viennent pleurer dans mon bureau m'énervent. Alors je ne vais pas reproduire la même chose avec le président ! ». Son collègue Hubert Falco, on l'a vu, tient exactement le même discours.

En revanche, Bockel s'est ouvert de ses « états d'âme » à Claude Guéant, le secrétaire général de l'Élysée, et à Xavier Bertrand, le patron de l'UMP. Du coup, Sarkozy « sait les choses », croit-il. Il aimerait bien, tout de même, voir le président en tête à tête un de ces jours. Pas pour « pleurer » bien sûr, mais « pour lui parler de l'avenir de Gauche moderne », le petit parti (1 500 adhérents) libéral de centre-gauche qu'il dirige. Sa boutique à lui.

Du chef de l'État, l'ancien socialiste rallié dit beaucoup de bien. Même si la relation entre les deux hommes semble réduite à sa plus simple expression. « Nicolas

Sarkozy a une vision », s'enflamme Bockel tout en attaquant un steak de bœuf anormalement dur. « Il voit le monde, la France, les problèmes, où je veux aller ! » poursuit-il dans un drôle de lapsus. Il affirme l'admirer aussi parce qu'il « a un flair, une sensibilité à son environnement, il est extrêmement réactif. Et puis, Sarkozy a une certaine morale, le sens de l'État, poursuit l'ex-compagnon de route de Chevènement. C'est un homme qui a des principes, il est pénétré de sa mission ». Bockel souligne que, comme lui, Sarkozy est avocat. « Notre point commun », ose-t-il... Il brosse le portrait d'un président qui « n'écoute pas longtemps, mais intensément ! ». « Il me fait penser à ma mère », poursuit notre hôte. Né dans une grande famille alsacienne de sept enfants appartenant à « l'aristocratie du vignoble », Bockel avait une mère très autoritaire, raconte-t-il, qui ne laissait à ses enfants que quelques secondes pour s'exprimer à table. Un exercice qui apprend la concision.

Il a donc été à bonne école. Ce qui n'a manifestement pas suffi. « Il m'énerve parfois, admet-il en parlant du chef de l'État : c'est difficile de capter son attention, il peut être dur, cassant, même s'il se fâche de moins en moins. » Ainsi donc, le président s'est déjà fâché ! Notre hôte, hélas, refuse de rentrer dans les détails des colères présidentielles. Mais nous donne encore quelques éléments sur la relation du président avec ses ministres : « Il vous perce à jour, il peut vous balancer un râteau, et il vise juste, frémit-il. Vous pouvez être tétanisé, si vous voulez lui être tout le temps agréable. » Sur ce chapitre, Bockel conclura que « c'est le meilleur, c'est celui qu'il nous faut ». « C'est d'ailleurs la raison principale qui me pousse à rester », lâche-t-il. Car pour le reste, l'ex-socialiste n'est pas à la fête depuis son entrée au gouvernement.

D'abord en charge de la Coopération et de la Francophonie, il sera relégué aux Anciens Combattants au bout d'un an. À l'époque, Bockel laisse dire qu'il doit ce déclassement aux propos qu'il a tenus contre la « Françafrique[1] ». Quelques chefs d'États africains auraient demandé sa tête. Le 7 septembre 2009, Robert Bourgi, avocat et conseiller officieux pour les affaires africaines de Nicolas Sarkozy, confirme au micro de RTL qu'Omar Bongo, président du Gabon, a exigé son départ de la Coopération, et que lui-même s'est fait fort de l'obtenir du président. « Bourgi s'est un peu vanté, rigole Bockel. Quand j'écrirai mes Mémoires, je raconterai des choses marrantes là-dessus. » Il n'a guère réagi au moment de cette révélation. « Si je sur-réagissais là-dessus, je démissionnais dans la foulée, explique-t-il. Or il aurait été ridicule de démissionner de la Justice, un an et demi après avoir été viré de la Coopération. » Et manifestement, Bockel préfère un placard doré à une démission. Même si, après les Anciens Combattants, où Hervé Morin, son ministre de tutelle, lui fichait une paix royale, il a encore dégringolé de quelques paliers, se retrouvant sans dossier, sans administration et sous l'autorité d'une Michèle Alliot-Marie beaucoup plus stricte.

S'il espérait manifestement mieux de son ralliement, Bockel attribue en partie les infortunes qu'il a pu subir depuis son entrée au gouvernement à ses origines. « Je suis un provincial », dit-il, comme, avant lui, Hubert Falco. « Je ne vais pas dans les dîners parisiens, je n'ai pas les codes. »

Il n'y a pas qu'au sein du gouvernement que Jean-Marie Bockel doit avaler des couleuvres. À l'UMP aussi, il lui arrive d'avoir des états d'âme. Ainsi la perspective de devoir cohabiter avec le souverainiste de droite Philippe de Villiers, au sein de la majorité, lui a-t-elle donné

---

1. Politique associée à la Ve République et symbolisée par le soutien de l'État français aux présidents africains de nos anciennes colonies.

des vapeurs... dans un premier temps. Il l'apprend, comme l'ex-socialiste Éric Besson, fin juin 2009, au cours d'une réunion à l'Élysée autour du président. À ce moment-là, Bockel émet des réserves, nous assure-t-il, comme l'a fait Besson. « J'ai réagi, mais avec mon petit humour à la con, se défend-il. Je l'ai dit à la légère, mais j'ai dit la même chose que Besson. » Ce jour-là, devant le président, il explique que « l'arrivée de Villiers n'est pas sans poser un certain nombre de questions, et ne va pas passer facilement au sein de Gauche moderne ». Pour contrebalancer ces objections, Bockel développe. « J'ai dit aussi, rapporte-t-il, que je n'avais pas de problème éthique, car je n'ai jamais fait l'amalgame, pour ma part, entre Villiers et le Front national. Et il me fait souvent marrer. »

Début août, lorsque le ralliement de Villiers à l'UMP est annoncé dans la presse, le président de Gauche moderne, alors en vacances, reçoit « les protestations de ses adhérents, et une dizaine de démissions ». « Ça montait, et j'étais un peu embêté, raconte-t-il. J'ai reçu un coup de fil d'une petite journaliste de *La Croix*, maligne comme tout, qui me demandait de réagir. » Depuis son lieu de villégiature, dans le sud de la France, Bockel hésite, demande conseil à sa femme. « Marie-Odile est de gauche, elle ! » explique-t-il. Son épouse lui donne, dit-il, des « éléments de langage ». À savoir les quelques mots propres à frapper les esprits, et à être retenus par les médias. Bockel annonce donc, l'air menaçant, qu'avec l'arrivée de Villiers, « ça va tanguer ! » dans la majorité.

La suite ne lui donnera pas raison. Au sortir d'une première réunion début septembre, exceptionnellement présidée par Nicolas Sarkozy, et réunissant toutes les tendances de la droite, tout rentre dans l'ordre. « Nous avons eu droit à un grand numéro du président », convient Bockel. Un « grand numéro » manifestement très efficace, au terme duquel l'admirateur de Tony Blair ne voit plus aucun inconvénient à travailler main dans la main avec Villiers. Mais Bockel ne veut pas laisser dire qu'il a été le seul, dans cette histoire, à manger son chapeau. Christine Boutin, qui avait, elle aussi, mais pour des raisons différentes, vivement protesté, affirmant qu'on « ne mélange pas l'eau et le feu », n'aurait pas dit un mot, selon lui, au cours de cette réunion. « *Kein wort*[1] *!* » insiste malicieusement Bockel...

Malgré tout, il veut nous faire croire qu'il est un homme libre. « Je peux partir demain matin, jure-t-il. J'ai une autre vie, qui est pour moi la première. » Une autre vie dans sa ville de Mulhouse, dont il est maire depuis 1989, d'abord sous l'étiquette PS, désormais à la tête d'une coalition hétéroclite qui ne l'a emporté que de 168 voix en mars 2008. « J'ai perdu des choses, au niveau de mes amitiés personnelles, de mon confort », confie-t-il au sujet de son ralliement à Sarkozy. Quoique moins sulfureux que celui d'Éric Besson, opéré en pleine campagne présidentielle, le passage de Bockel du PS à l'UMP, intervenu après la défaite de la gauche, lui a valu de sévères critiques de la part de ses anciens camarades, mais peu de reconnaissance à droite, si ce n'est la gratification de redevenir ministre. Vingt ans après l'avoir déjà été, sous Mitterrand ! Et à un rang moins élevé, puisqu'un mois durant, en 1986, dans le gouvernement de Laurent Fabius, il avait été ministre du Commerce, de l'Artisanat et du Tourisme.

Aîné d'une fratrie de sept, notre hôte raconte avant de partir que, enfant, il « donnait des grades à ses frères et sœurs ». « Je suis un chef », dit-il. Un chef qui a lui aussi, dans sa mairie, des courtisans, comme le président en a à l'Élysée. « Le courtisan, c'est celui que vous êtes

---

1. « Pas un mot ! » en allemand.

content de voir quand vous n'avez pas le moral », plaisante-t-il, comme revenu de tout. D'Éric Besson, auquel on le compare si souvent, car lui aussi venu du PS, et lui aussi à la tête d'un petit parti rallié à l'UMP, mais bien vu, lui, du président, Bockel s'interdit de dire du mal, mais n'en pense pas moins. Ainsi Besson s'est-il attiré les bonnes grâces du maître en décryptant pour lui les événements au sein du PS. Bockel, lui, suggère qu'il est incapable de pousser le reniement jusque-là : « Il y a des choses que je ne peux pas faire », lâche-t-il dans une grimace.

Le ministre a avalé son dessert et son café, mais n'a pas pu terminer son steak. Trop dur, trop nerveux. Il le fait observer au maître d'hôtel. « C'est inhabituel qu'on nous serve de la viande, nous fait-il remarquer. D'habitude, on a plutôt du poisson, car c'est les menus MAM. On nous sert la même chose qu'à elle, et elle fait attention à sa ligne. » Alliot-Marie décide donc bien de tout place Vendôme, jusqu'aux repas de son secrétaire d'État !

Conférence interministérielle à Bruxelles sur l'action européenne contre la traite des êtres humains, pose de la première pierre de la future grande école de notariat de Paris, visites d'établissements pénitentiaires, conférence à Stockholm sur le « cadre commun de référence pour le droit commun des contrats »... autant d'activités qui mobiliseront Jean-Marie Bockel à l'automne 2009. Et qui rappellent immanquablement ce bon mot de Renaud Muselier de son rôle de secrétaire d'État auprès du ministre des Affaires étrangères Dominique de Villepin dans le gouvernement Raffarin : « Il fait tout, je fais le reste »...

Un incident émaillera toutefois les relations entre le secrétaire d'État et sa ministre de tutelle, lorsqu'il suggérera, lors de la concertation avec les magistrats sur la suppression du juge d'instruction, la création d'un « juge de l'instruction » agissant en

Déjeuners avec des ministres sous pression

collégialité. Cette initiative lui vaudra d'être sèchement recadré par Michèle Alliot-Marie : « Jean-Marie Bockel se pliera aux arbitrages », lâchera-t-elle. « On ne peut pas à la fois me refuser un périmètre de compétence et s'agacer de ma liberté d'expression », réagira Bockel. Après cet incident, Alliot-Marie invitera Bockel à déjeuner en tête à tête dans un restaurant opportunément dénommé « Les Fables de la Fontaine ».

Benoist Apparu, secrétaire d'État chargé du Logement et de l'Urbanisme

Mercredi 23 septembre 2009, 9 heures
Hôtel de Roquelaure,
246, boulevard Saint-Germain, Paris VIIe

Ministre ! La dernière fois que nous avions vu Benoist Apparu, c'était au printemps, dans la salle des Quatre Colonnes de l'Assemblée nationale, où se retrouvent journalistes et politiques. Il n'était alors que député de la Marne, mais un député décontracté, toujours disponible pour commenter le moindre soubresaut de l'actualité. Un « bon client », comme on dit dans le jargon journalistique, sachant ciseler ses formules, et cultivant une certaine forme de « parler vrai ». Se permettant, en tout cas, à l'égard du gouvernement, une liberté de ton certes mesurée, mais toujours bien accueillie par une presse à la recherche de contre-pouvoirs. Bref, sa nomination, en juin 2009, nous avait pris de court et, pour tout dire, légèrement désappointées : le président privait les couloirs du Palais-Bourbon de l'un de ses meilleurs commentateurs. Peut-être d'ailleurs était-ce le but inavouable de cette promotion inattendue...

Le pire – pour les journalistes politiques en tout cas ! – était à venir : du jour de son entrée au gouvernement, le promu devint muet. Ne répondant quasiment plus à son téléphone, devenant injoignable. Apparu avait disparu ! Explication : Nicolas Sarkozy, lors du premier Conseil des ministres suivant le remaniement, le 24 juin, avait vivement conseillé aux novices de ne plus parler aux journalistes. Ce matin-là, à l'heure du thé et des croissants, nous taquinons donc l'intéressé : son soudain silence n'aurait-il pas été, par hasard, le prix à payer pour son entrée au gouvernement ? Apparu nous assure très sérieusement que « non », tout en nous donnant une explication signifiant... que oui : « Le président nous a simplement dit : Blindez-vous sur vos sujets avant de causer. C'est plutôt sain. » Bon élève, le remplaçant de Boutin a donc appliqué à la lettre la consigne présidentielle, préférant « bûcher ses dossiers » que « faire des médias ». À l'inverse de sa collègue Nora Berra, secrétaire d'État aux Aînés, qui, elle, a reçu la presse dès le mois de juillet. « Ça serait con de sauter au bout de deux mois pour avoir fait le matamore devant les journalistes », observe-t-il avec le franc-parler qui fait son charme.

Doté d'un physique de footballeur tendance Bixente Lizarazu, cheveux coiffés en brosse, regard vif et débit rapide, Apparu nous reçoit sans cravate, et tombe rapidement la veste dans la petite salle à manger de l'hôtel de Roquelaure, la même où nous avions dîné avec Hubert Falco. Avec pour seul bagage un DESS de droit international des affaires, il est le nouveau jeune homme pressé de la droite française : en quinze ans, l'assistant parlementaire de Bruno Bourg-Broc – son mentor, député de la Marne – a gravi les marches du pouvoir quatre à quatre : secrétaire national à la jeunesse du RPR en 1996, adjoint au maire de Châlons-en-Champagne en 2001, député en 2007, ministre en 2009 ! Pour expliquer son entrée au gouvernement, il y a, assure cet enfant de la télé, « un gloubi-boulga de dix-huit raisons ». Parmi lesquelles sa jeunesse, bien sûr, toujours précieuse dans un casting gouvernemental. Mais aussi, estime-t-il, son expérience forgée à l'ombre des ministres de 2002 à 2007. Chef de cabinet de Xavier Darcos à l'Enseignement scolaire et à la Coopération, puis directeur adjoint de cabinet de Catherine Vautrin à la Cohésion sociale, il souligne qu'il est de ceux, comme Bruno Le Maire[1], qui « connaissent déjà les codes, les journalistes, etc. Du coup, c'est plus facile pour nous de passer de l'Assemblée au gouvernement ».

Dans le « gloubi-boulga », il y a aussi son étiquette de juppéiste. Remarqué par l'ancien président du RPR dans les années 90, Apparu doit à Juppé une partie de sa fulgurante ascension. Et n'est guère, du coup, considéré à l'Élysée comme un sarkozyste bon teint, c'est un euphémisme.

Mais il a également attiré l'attention du Château en initiant, avec treize autres jeunes députés de la génération 2007 (Bruno Le Maire avant qu'il devienne ministre, Sébastien Huyghe, Valérie Boyer, Franck Riester, Valérie Rosso-Debord, etc.), un groupe de réflexion se définissant comme « non aligné », auteur de plusieurs tribunes remarquées dans la presse. « On n'est pas des béni-oui-oui de l'Élysée », avait claironné Apparu à l'époque. Il n'est donc pas loin de penser qu'il doit son entrée au gouvernement à l'ouverture... à droite. « Je n'ai pas eu l'explication de texte, mais c'est l'analyse que j'ai faite à un moment, confirme-t-il. Sarko a été très marqué par 1995 et 1997. Chirac, lui, n'a pas fait le choix de rassembler toute la famille en 95, et il l'a payé en 97. Sarkozy veut toutes les micro-familles de la droite autour de lui. »

Si l'on voit bien l'intérêt politique de l'Élysée de circonvenir ce brillant rejeton de la filière Juppé en le nommant ministre, pourquoi lui confier le Logement et l'Urbanisme ? Apparu, en effet, s'était spécialisé ces dernières années dans le dossier de l'enseignement supérieur ! Il a été le rapporteur, à l'Assemblée, de la loi sur l'autonomie

---

1. Ancien directeur de cabinet de Dominique de Villepin à Matignon, devenu ministre de l'Agriculture dans le gouvernement Fillon.

des universités. Et débat avec le socialiste Bruno Julliard dans un livre intitulé *Faut-il plus de compétition à la fac ?*[1], lancé avant sa nomination et paru en septembre 2009. En clair, lorsqu'il hérite du portefeuille de Boutin l'été dernier, c'est un novice en matière de logement. Il en convient volontiers en buvant son café. « Mais j'ai eu du bol, car j'ai eu juillet-août pour bosser les dossiers que je ne connaissais pas », rassure-t-il. S'employant à nous démontrer, tout au long du petit déjeuner, qu'il connaît désormais son domaine sur le bout des doigts.

Christine Boutin, son prédécesseur, ayant fait adopter sa « loi de mobilisation pour le logement et la lutte contre l'exclusion » en février 2009, que va-t-il bien pouvoir faire de plus dans cette fonction ? « Il n'y aura pas de nouvelle loi, c'est évident, convient-il : on ne va pas faire une septième loi sur le logement en sept ans ! » Mais encore ? « J'ai un périmètre plus large que Boutin, puisque j'ai récupéré l'urbanisme et le verdissement du logement », fait-il valoir, pas peu fier. Mais Boutin était ministre, lui fait-on remarquer, alors que lui n'est que secrétaire d'État sous la tutelle de Jean-Louis Borloo. « Oui, mais au niveau arbitrage, la puissance de feu de Borloo est énorme », objecte-t-il, sous-entendant que Boutin était moins écoutée. « Et ce qui est génial ici, chez Borloo, c'est qu'il a toutes les clés pour construire la ville du futur, s'enthousiasme-t-il. Demain, 80 % de la population française vivra en ville. »

Encore faut-il parler la même langue que le ministre d'État. On se souvient que Nathalie Kosciusko-Morizet, son ex-secrétaire d'État à l'Écologie, avait eu avec son ministre de tutelle des relations très conflictuelles, qui lui ont coûté son poste. Et que le ministre d'État ne s'est pas non plus entendu avec Christian Blanc, en charge

---

1. Magnard, 2009.

du Grand Paris. Apparu, dans son langage fleuri, s'emploie à démontrer qu'il n'est ni l'un ni l'autre. « Ça se passe super-bien ! Moi, je suis un type loyal, qui fera pas chier. Borloo me descend tous les dossiers, et je fais le reporting derrière. Franchement, il est plutôt simple à travailler, insiste le secrétaire d'État. En plus, mon sujet, il l'a déjà eu, ça aide. Et si je peux éviter de faire du Ferry-Darcos, ça serait pas plus mal. » Allusion aux relations exécrables qu'ont entretenues, de 2002 à 2004, l'ex-ministre de l'Éducation Luc Ferry et son ministre délégué à l'Enseignement scolaire Xavier Darcos, avec lequel travaillait à l'époque Apparu, qui a manifestement gardé un souvenir cuisant de cette cohabitation.

Que va-t-il donc faire au Logement ? « Tous les outils sont mis en place, il faut maintenant les utiliser. Dans les 22 régions, je vais réunir tout le monde pour booster les choses. » Alors que Boutin vantait quelques mois plus tôt les mérites de sa loi, « majeure » voire « révolutionnaire », les résultats de ce texte, avoue Apparu, sont très mitigés. Ainsi la maison à 15 euros par jour lancée par Boutin, « ça ne marche pas, assène-t-il : 4 000 dossiers ont été déposés, c'est très peu ». Il veut donc booster le dispositif. Selon le secrétaire d'État, « le problème, c'est la sécurité » : les acheteurs potentiels de la maison à 15 euros seraient freinés par la peur du coup dur, qui les empêcherait d'honorer leur engagement. Le secrétaire d'État affirme donc avoir, au mois d'août, « négocié une sécurité : en cas d'accident de la vie, le 1 % logement rachète la maison, et on reloge le type ». « Mais j'ai préféré sortir le divorce des accidents de la vie : le divorce, c'est un choix privé, pas un accident objectif », croit savoir ce célibataire endurci.

Le nouveau venu annonce également qu'il va tenter de rééquilibrer la carte des constructions de logements sociaux, rien de moins. « Il y a eu une course aux logements sociaux, raconte-t-il. Mais pour faire du chiffre, vous les faites là où c'est facile, où le terrain n'est pas cher, mais pas là où on en a besoin ! Dès le budget 2010, je vais commencer à pousser d'un côté et à tirer de l'autre, en réorientant les dépenses vers la réhabilitation, pour préserver le tissu économique des secteurs où on n'a pas besoin de construire. » Pendant la campagne électorale, Nicolas Sarkozy avait promis de bâtir une « France de propriétaires ». « On est à 56 % de propriétaires, alors que le niveau européen est de 70 %, précise-t-il : il faut qu'on augmente de dix points. »

Soucieux de prouver qu'il a du pain sur la planche, le jeune secrétaire d'État, décidément pas très solidaire de ce qui a été fait, relève que « les chiffres ne sont pas satisfaisants sur la résorption de l'habitat insalubre : 8 000 logements réhabilités par an, c'est pas sérieux, il faut en faire beaucoup plus. » Et puis, poursuit-il pour finir de noircir le tableau, « on loue chaque soir 10 000 chambres d'hôtel : on a une vraie difficulté pour rentrer des gens atypiques dans les logements HLM ».

Apparu a lui-même occupé jusqu'en 2008, alors qu'il était député depuis un an, un logement HLM dans le centre de la capitale. Une affaire connue, que les associations n'ont pas manqué d'exhumer lorsqu'il a été nommé ministre du Logement. « Je m'y attendais, c'est de bonne guerre, sourit-il. Aujourd'hui, les mêmes associations disent de moi que j'apprends vite », se vante-t-il.

Mais s'est-il bien assuré auprès de chacun de ses collaborateurs qu'ils ne bénéficient pas d'avantages inavouables quant à leur logement ? L'affaire Bolufer, du nom de l'ancien directeur de cabinet de Boutin[1], avait

---

1. Jean-Paul Bolufer, directeur de cabinet de la ministre du Logement Christine Boutin, a dû démissionner en décembre 2007, après que *Le Canard enchaîné* a révélé qu'il occupait un appartement de la Ville de Paris de 190 m^2 boulevard de Port-Royal (V^e), pour un loyer de 6,30 euros le mètre carré.

obligé celui-ci à quitter son poste. Le jeune ministre n'y avait pas pensé et prend le conseil très au sérieux : « Vous avez raison, je vais regarder ! »

Le petit déjeuner est depuis longtemps consommé, mais le secrétaire d'État n'a manifestement pas, ce jour-là, un agenda de ministre, et fait durer la conversation en grillant ses premières cigarettes de la journée. Nous lui demandons de se situer entre Jean-François Copé et Xavier Bertrand, rivaux déclarés pour 2017. « Tant que je ne connais pas l'offre politique, je ne peux pas choisir. Je vois des caractères, des ambitions, mais pas d'offre politique. En 1995, on avait un général, Chirac, et trois colonels, Balladur, Séguin et Juppé, trois écuries avec trois offres politiques différentes. Pas aujourd'hui. »

Le ministre de l'Immigration Éric Besson, quelques jours plus tôt, s'est mis à dos l'ensemble des députés UMP, en annonçant qu'il ne signerait pas le décret sur les tests ADN, malgré le vote d'une loi en 2007. Un geste vécu par les parlementaires comme une marque de mépris de l'exécutif. Récemment passé de l'un à l'autre, Apparu, qui n'a pas voté les tests ADN, a, dans cette affaire, bien du mal à choisir son camp. « Je vous fais la version ministre, ou ex-parlementaire ? » plaisante-t-il, gêné. Avant de tenter une réponse de Normand : « Je comprends les parlementaires qui gueulent, car ça fait mal. Mais quand j'entends Besson, je comprends la logique. Il a manqué deux coups de fil, un à Copé, l'autre à Warsmann, et ça passait comme une lettre à la poste ! » Allusion au président du groupe UMP et au président de la commission des Lois de l'Assemblée nationale qu'Éric Besson n'a pas pris la peine d'informer de sa décision.

En refusant de signer le décret d'application et en qualifiant d'« usine à gaz » le dispositif mis en place par la loi du 20 novembre 2007 relative à la maîtrise de l'Immigration, à l'intégration et à l'asile, qui prévoit les tests ADN, Besson a beaucoup fait parler de lui et a eu les honneurs des médias, mais il a aussi attaqué, indirectement, son prédécesseur, Brice Hortefeux, qui a donné son nom à la loi. Ce qui a échappé au grand public, mais pas à Apparu, qui juge Besson maladroit dans cette affaire. « Un bon 20 heures contre six mois de haine d'Hortefeux, je ne suis pas sûr qu'il soit gagnant ! » s'esclaffe-t-il, faisant allusion à la capacité de nuisance de l'ami intime du président.

Mais qu'est-ce que cela change de passer du banc des députés à celui des ministres ? « On passe de spectateur à acteur, résume sans hésitation Apparu. Le député regarde la pièce de théâtre. » Mais l'acteur, lui, doit manifestement s'en tenir à un répertoire très restreint : « Un député, il va sur BFM ou n'importe où, il raconte n'importe quelle connerie, c'est pas grave, poursuit-il. Quand on est ministre, dès qu'on dit quelque chose, ça fait une dépêche. La phrase doit être beaucoup plus ciselée. » Et puis, « ici, c'est beaucoup plus confiné » qu'à l'Assemblée, lâche-t-il. Avouant au passage que « les quatre colonnes [lui] manquent »... Et peut-être, aussi, une certaine liberté de parole.

Après cette rencontre, Benoist Apparu ne fera plus guère parler de lui. Il présentera le 10 novembre un plan d'aide aux sans-abris, dont la mesure-phare sera la mise en place d'un « référent personnel » chargé de suivre chaque SDF. Ce plan sera accueilli fraîchement par les associations.

Son fait d'armes politique sera son intervention dans l'hémicycle de l'Assemblée nationale, le 13 octobre 2009, pour justifier la nomination de Jean Sarkozy à la tête de l'Établissement public d'aménagement de la Défense (Epad), sous les huées de la gauche et face à des élus UMP dubitatifs. Un geste remarqué, qui fera grimper sa cote au Château. L'époque où Apparu n'était pas un « béni-oui-oui » semble bien révolue.

Valérie Pécresse, ministre de l'Enseignement supérieur et de la Recherche

Mercredi 21 octobre 2009, 13 heures
1, rue Descartes, Paris V[e]

Qui a dit que seuls les hommes politiques utilisaient le registre de la séduction avec les journalistes ? Les femmes politiques, elles aussi, sont capables de déployer tous leurs charmes pour séduire, même – surtout ? – lorsqu'elles sont en présence de femmes ! Valérie Pécresse, cheveux blonds impeccablement coupés, blazer noir sur corsage crème et jupe plissée au-dessus du genou, nous offrira, ce mercredi, à quelques mois d'un rendez-vous électoral majeur pour elle, un vrai numéro de charme. Accueil chaleureux dans les anciens locaux de l'École polytechnique, en plein Quartier latin, où est installé son ministère. Complicité établie dès l'entrée par le biais de la solidarité féminine : « Si on laisse faire les hommes, ils ne nous prendront jamais ! Regardez au Touquet[1], il n'y avait que des hommes à la tribune. Et l'appareil a soutenu Roger Karoutchi [2]. Même

---

1. Lors des journées parlementaires de l'UMP, dans le Pas-de-Calais, les 24 et 25 septembre 2009, ne se sont exprimés à la tribune que des hommes : Daniel Fasquelle, maire du Touquet, Jean-François Copé, président du groupe UMP à l'Assemblée, Gérard Longuet, président du groupe UMP au Sénat, Xavier Bertrand, secrétaire général de l'UMP, et François Fillon, le Premier ministre.
2. Dans la primaire interne à l'UMP pour désigner le chef de file en Île-de-France, Valérie Pécresse a dû affronter Roger Karoutchi, alors secrétaire d'État chargé des Relations avec le Parlement,

chez les Verts, malgré la parité dans toutes les instances, peu de femmes sortent du lot finalement »...

Pour finir de séduire, elle se laisse aller à des confidences inattendues de la part d'une femme politique connue pour cloisonner strictement vie publique et vie privée : « Mes enfants me disent : Tu es vieille, maman », se plaît à raconter cette femme de 42 ans. Enfin, elle fait des compliments enthousiastes à l'une d'entre nous pour son « élégance » et ses « jolies bottes » ! Bref, Valérie Pécresse, galvanisée par la campagne qu'elle a entamée pour conquérir la région Île-de-France, fait feu de tout bois pour nous convaincre qu'elle est tout simplement... la meilleure.

Nous étions pourtant sorties peu convaincues, le 13 septembre, de son premier grand meeting, à Paris. Diction mal assurée, discours maladroit, absence d'idée forte, l'impression générale était mitigée. Dans les semaines qui suivirent, ressortirent surtout dans la presse la prédominance de l'Élysée dans le choix des têtes de listes départementales, et les déclarations de Cécile Duflot, chef de file des Verts. Pécresse, elle, peinait à s'imposer dans le paysage. Mais notre hôte, qui sirote un Coca light tandis que l'on nous propose du vin, ne laisse pas dire que sa campagne a du mal à décoller. « La dynamique est excellente, assène-t-elle. Je suis très optimiste. Les gens sont intéressés, ils ont compris qu'il y a un combat », insiste-t-elle. Grâce aux primaires internes à l'UMP qui se sont déroulées quelques mois plus tôt, « on les a convaincus qu'on avait envie ». Et puis, parce que c'est elle qui a été investie et non Roger Karoutchi, président du groupe UMP à la région depuis 1998, « il y a un côté vent d'air frais » qui soufflerait en sa faveur. La meilleure preuve de ce qu'elle avance ? Les caméras

---

soutenu par l'appareil UMP. Elle l'a emporté avec 59,9 % des suffrages le 22 mars 2009.

de Canal+ l'ont suivie quelques jours plus tôt, lors d'une distribution de tracts dans une gare, au lendemain des affaires Frédéric Mitterrand et Jean Sarkozy. « Ils étaient là parce qu'ils pensaient que j'allais me faire insulter sur les affaires, s'amuse Pécresse. Eh bien pas du tout, ils n'ont pas réussi à en trouver ! » En revanche, glisse-t-elle, « ils n'ont gardé au montage que les gens qui refusaient les tracts, et pas ceux qui les prenaient ! ». Mais parce qu'elle est décidément de bonne humeur et « très optimiste », elle ne s'abaisse pas à souligner davantage devant nous le procédé de nos confrères...

Ce 21 octobre, le psychodrame du prince Jean – son surnom sur le Net – bat son plein. À 23 ans, le jeune homme brigue la présidence de l'Epad, le grand quartier d'affaires de la Défense. Comme la plupart des ministres, Pécresse justifie les ambitions du fils du président. D'abord par le « talent » de l'intéressé : « S'il n'y a pas eu de fronde contre Jean Sarkozy à Neuilly, c'est parce qu'il est bon. Il est arrivé au conseil général, il a fait un putsch, et il a sorti Hervé Marseille[1] », s'extasie-t-elle. D'ailleurs, poursuit-elle, « je ne suis pas sûre que Nicolas Sarkozy soit à l'origine de l'élection de Jean ». Elle minimise aussi les responsabilités du président de l'Epad : « La vérité, c'est que c'est M. Chaix[2] qui dirige. » Enfin, elle excuse le chef de l'État : « Ils se sont juste dit, à l'Élysée : c'est pas rému-

---

1. Maire Nouveau Centre de Meudon et conseiller général des Hauts-de-Seine, Hervé Marseille a démissionné du poste de président du groupe UMP du conseil général, en juin 2008, afin de permettre à Jean Sarkozy de se faire élire. Puis il a cédé sa place au conseil d'administration de l'Epad en octobre 2009, trois mois après y être entré, afin, là encore, de permettre l'élection de Jean Sarkozy. Depuis juillet 2009, Hervé Marseille est membre du Conseil économique et social.
2. Philippe Chaix, directeur général de l'Epad.

néré, ça le crédibilisera, et Devedjian[1] a atteint la limite d'âge. »

Au passage, n'oubliant pas qu'elle est en campagne, la chef de file de l'UMP tente d'orienter la conversation sur la condamnation en justice de son rival socialiste Jean-Paul Huchon, président sortant de la région : « C'est curieux, il y a des polémiques qui marchent et d'autres qui ne marchent pas. Quand Huchon salarie sa femme, tout le monde trouve ça normal ! »

Poussée dans ses retranchements, elle veut bien admettre que « s'il n'était pas Jean Sarkozy, il aurait pu trouver davantage d'obstacles sur son chemin. Oui, ça l'a aidé d'être le fils du président. Mais moins que ce que l'on dit. Parce qu'il a du talent, et parce qu'il a fait une partie du chemin tout seul ». Elle admet également que « l'aspect symbolique de cette affaire a été sous-estimé ». Et lâche enfin : « C'est indéfendable devant l'opinion. »

Pressée de passer à un sujet plus flatteur, celle qui fut élue pour la première fois députée, dans les Yvelines, en 2002, face au général Morillon, évoque la victoire de David Douillet, le dimanche précédent, à la législative partielle dans la 12ᵉ circonscription de ce même département, par suite de la déchéance de Jacques Masdeu-Arus. La chef de file aux régionales confie qu'elle était « un peu tendue » avant le résultat. « J'étais un peu la maman dont le fils passe son bac », dit-elle curieusement, alors qu'elle n'a que deux ans de plus que Douillet.

À l'instar de Ségolène Royal, à laquelle on la compare souvent, Valérie Pécresse affectionne la posture de la jeune femme moderne devant se battre contre les vieux

---

1. Patrick Devedjian, ancien président de l'Epad, 65 ans depuis août 2009, était frappé par la limite d'âge qui l'empêchait de continuer à présider l'établissement.

barons de son camp. « Douillet, je lui ai préparé le terrain », se vante ainsi la présidente de la fédération UMP des Yvelines. « Ils n'en voulaient pas. Mais si on avait envoyé un local... », dit-elle de façon allusive à propos du contexte politique de parachutage réussi.

Alors que l'impression domine que les listes des régionales sont concoctées à l'Élysée, et non dans son bureau, elle rétablit l'équilibre : « Au bout du compte, le dialogue se fait entre la tête de liste et le chef de l'État. Car nous sommes les deux personnes à avoir le plus intérêt à ce que cela gagne. »

Se voulant à tout prix « professionnelle », la ministre de la Recherche assure qu'elle ne constitue pas un « casting » pour les régionales, mais fait « de la gestion des ressources humaines ». Une gestion qui lui donne cependant beaucoup de soucis.

Ainsi a-t-elle obtenu à l'arraché du président que Chantal Jouanno, à qui elle a confié la rédaction de son projet, se lance en Île-de-France. « C'était moins une qu'elle parte en Poitou-Charentes », souffle-t-elle. Jean-Pierre Raffarin et Dominique Bussereau plaidaient en effet auprès du chef de l'État pour que la jeune secrétaire d'État à l'Écologie parte à la bataille contre Ségolène Royal. Finalement, Sarkozy « me la laissera comme tête de liste à Paris », lâche Pécresse, pas peu fière de cette victoire en coulisse.

Autre problème, le refus poli que lui a opposé Nathalie Kosciusko-Morizet, maire de Longjumeau et secrétaire d'État à la Prospective et à l'Économie numérique, de conduire la liste UMP aux régionales dans l'Essonne. « Elle est réticente, car elle est jeune mère et jeune maire », l'excuse Pécresse, elle-même maman de trois enfants. Enfin, le cas Rama Yade, qui veut être tête de liste dans les Hauts-de-Seine et non pas dans le Val-d'Oise, comme cela est envisagé, lui donne du fil à retordre : « Rama, c'est son baptême du feu : elle doit vraiment faire ses preuves, dans le collectif et face aux électeurs. » Pécresse affirme faire « totalement confiance » à sa porte-parole. « De toute façon, quand on se méfie des gens, on les incite à vous trahir. » Entre les lignes, elle lance cependant un avertissement à la jeune secrétaire d'État aux Sports : « C'est un tournant pour elle, elle doit vraiment faire ses preuves. Elle a besoin de cette onction du suffrage universel. » Et puis, poursuit-elle, « je veux emmener avec moi des gens qui sont de bonne humeur, qui s'entendent bien et qui jouent collectif ». Pas exactement le profil de sa très indépendante et boudeuse porte-parole...

Autre cactus dans l'escarpin de la ministre candidate, les velléités d'André Santini de présenter à ce moment-là des listes Nouveau Centre en Île-de-France. « Santini cherche d'abord du respect. Il veut aussi trouver sa juste place dans le dispositif », explique-t-elle, manière pudique de signifier que, depuis son éviction surprise du gouvernement, le 23 juin, l'ex-secrétaire d'État chargé de la Fonction publique, blessé, fait pression sur l'UMP pour obtenir réparation. Pour Pécresse, il est hors de question de ne pas négocier avec Santini. « Je vais mettre toute mon énergie, dans les jours qui viennent, au rassemblement », jure-t-elle. Le souvenir cuisant des régionales de 2004, où Copé, chef de file UMP, avait dû négocier entre les deux tours avec Santini, chef de file UDF, arrivé en troisième position, est « un cauchemar ». « Vous êtes obligé de vous renier, d'abandonner vos amis et de couper la moitié des têtes », résume-t-elle dans un langage inhabituellement viril. Et puis, observe-t-elle, toujours instruite par la primaire Copé-Santini, « si on fait deux listes, on va s'attaquer personnellement ». Et de lâcher, toujours pour nous démontrer qu'elle a la main sur sa propre campagne : « Là-dessus, le président a évolué : au début, il pensait qu'on pouvait avoir deux listes. Je l'ai convaincu du contraire. » À

Valérie Pécresse

moins que ce ne soit les résultats des premiers sondages !

Valérie Pécresse, entrée en politique comme conseillère à l'Élysée et se cataloguant elle-même chiraquienne, avoue sans complexe ne pas faire partie des ministres chouchous du président Sarkozy. « Je suis très zen, je n'ai jamais été dans aucun G ! » s'esclaffe-t-elle. Allusion aux réunions informelles des ministres les plus appréciés autour de Nicolas Sarkozy, baptisées G7 ou G6 selon le nombre de favoris y participant. « Je sais depuis le début que je serai jugée sur mes résultats », sourit cette tête bien faite, diplômée d'HEC et de l'ENA, voulant persuader que cette situation lui convient parfaitement. « Moi, ma relation avec le président, elle est sur la réforme de l'université », et uniquement là-dessus, insiste cette fille d'universitaire. Une réforme, la loi sur l'autonomie des universités, qu'elle a fait voter en 2007, très contestée par les étudiants et une partie des universitaires, mais sur laquelle la droite lui sait gré de tenir bon dans sa mise en œuvre.

Pécresse croit avoir trouvé le sésame pour obtenir le soutien du président : « Il ne respecte que les gens qui font comme lui, qui osent, qui bossent et qui y vont ! » Du coup, elle se félicite d'avoir organisé son premier meeting dès le 13 septembre, alors que Sarkozy avait mis en garde contre des départs en campagne trop précoces. Le président lui aurait dit : « Vas-y, c'est très bien, fonce ! » lorsqu'elle lui a annoncé l'événement. « Alors que mes amis avaient dit : Valérie, elle en fait trop », souligne-t-elle, pas dupe des mauvaises intentions de certains de ces « amis »...

De sa rivale verte Cécile Duflot, la candidate UMP ne parle pas, éludant les questions. En revanche, le socialiste Huchon l'inspire. Un président sortant que le personnel de la région « ne voit jamais », qui se servirait de son indemnité pour « payer ses cigares, comme il l'a dit lui-même », qui a agi comme un « politicard à l'ancienne » en matière fiscale et qui n'a « rien fait » pour l'environnement. « Il n'y a pas de plan énergie-climat en Île-de-France, on n'a que 3 000 panneaux solaires alors qu'on a la région qui a le plus de toits, on n'a même pas expérimenté les bus électriques ! » s'indigne-t-elle, récitant son programme. « La région, moi, ça me fait rêver », ose la conseillère régionale, élue en 2004, qui s'est bien peu investie jusque-là dans son mandat. « Avec un budget de 4,5 milliards, plus 2 milliards pour les transports, on peut tout changer ! » s'émerveille-t-elle. Huchon soupçonne que l'ambitieuse jeune femme veuille se servir de la région comme d'un tremplin pour la présidentielle de 2017. « C'est bien, il me reconnaît une envergure, se réjouit-elle. Car les gens élisent celui dont ils sentent qu'il leur apportera le plus. » Mais elle dément vouloir mettre la région au service d'une telle ambition. « Je suis trop jeune pour ça », estime-t-elle, sans convaincre vraiment. « Et puis, le mandat régional va être ramené à quatre ans[1]. Comme on ne peut pas tout faire en quatre ans, je suis engagée jusqu'en 2020 ! J'investis pour les dix prochaines années, dans un projet qui va me construire. »

Convaincue que sa réussite pour changer la région est une « question d'énergie », Pécresse nous aura au moins démontré au cours de ce déjeuner que, de l'énergie, elle en a à revendre... en dépit d'un régime sévère : haddock en entrée, poisson vapeur en plat, fromage blanc nature en dessert, la jeune ministre, pourtant très mince, surveille sa ligne, comme la plupart de ses collègues du gouvernement. Le régime Sarko s'impose à tous. Encore plus aux jeunes et jolies femmes pleines d'ambition !

---

1. En raison de la réforme territoriale, tous les conseillers régionaux élus en 2010 verront leur mandat s'achever en 2014. En revanche, le prochain mandat de conseiller territorial sera de six ans.

Valérie Pécresse

Dès le lendemain de notre déjeuner, Jean Sarkozy annoncera au journal télévisé de France 2 qu'il renonce à la présidence de l'Epad, rendant bien inutile le plaidoyer de Valérie Pécresse en faveur de sa candidature.

Certains des cactus dans l'escarpin de la chef de file aux régionales en Île-de-France disparaîtront : Nathalie Kosciusko-Morizet acceptera finalement de prendre la tête de liste dans l'Essonne, comme le lui demandera Nicolas Sarkozy. Et un accord sera trouvé avec André Santini : le Nouveau Centre aura deux têtes de liste, dont celle des Hauts-de-Seine pour l'ancien ministre.

Quant au « cas » Rama Yade, il ne se règlera pas comme Pécresse l'avait souhaité. Alors qu'elle voulait envoyer la secrétaire d'État aux Sports dans le Val-d'Oise, afin d'afficher quatre femmes têtes de liste, Yade convaincra le président de la République de figurer en deuxième place dans les Hauts-de-Seine. Un petit camouflet pour Pécresse, mais qui disparaîtra vite dans le tumulte de la campagne.

Fadela Amara, secrétaire d'État chargée de la Politique de la ville

Vendredi 23 octobre 2009, 13 heures
3, place de Fontenoy, Paris VIIe

Avis de tempête sur l'ancien ministère de la Marine marchande. La secrétaire d'État à la Ville, locataire des lieux, affronte depuis quelques jours des creux de dix mètres ! Le site d'informations Médiapart a dégainé le 11 octobre. Un article titré « Fadela Amara, le récit d'un naufrage » raconte que cinquante-trois collaborateurs l'auraient quittée depuis son entrée au gouvernement en juin 2007. Et qu'un quatrième directeur de cabinet vient d'être nommé. À peine le temps de se ressaisir et *L'Express*, relayant une information du site Backchich.info, remet ça quelques jours plus tard. Fadela Amara a passé, fin juillet, un week-end à Ramatuelle et à Saint-Tropez. Les billets d'avion, affirme l'hebdomadaire, auraient été réglés par le ministère alors que ce déplacement était privé, et d'ailleurs ne figurait pas à l'agenda de la secrétaire d'État. Sur place, la ministre des Cités se serait rendue au Nikki Beach, une plage « bling bling » de Saint-Tropez. Elle a également eu droit à un très long papier dans l'hebdomadaire. Son titre ? « Amara reste en plan. » Traduction : elle n'a pas réussi à faire décoller le plan Espoir banlieue, lancé début 2008.

Et s'il n'y avait que cela ! Dans une interview parue la veille de ce déjeuner dans *Le Monde*, le commissaire à la diversité et à l'égalité des chances, Yazid Sabeg, vient la titiller à nouveau. Certes, il ne fait pas vraiment partie du gouvernement. Mais il connaît bien les quartiers en difficulté, et sa charge est violente. Selon Sabeg, « les ghettos n'ont pas reculé depuis 2005 » et « tout doit être remis à plat ». Le commissaire a beau dire qu'Amara n'est pour rien dans les ratages de la politique de la ville, c'est pourtant bien elle et son plan Espoir banlieue qu'il met indirectement en cause.

Il y a donc tempête. Mais Fadela reste étonnamment calme. Elle n'a pas l'intention de lâcher la barre. L'ancienne présidente de l'association Ni putes ni soumises, qui a grandi à Clermont-Ferrand dans une famille de onze enfants, a vécu bien trop de drames dans sa vie pour battre en retraite à la moindre difficulté. Ce 23 octobre, vêtue comme de coutume d'un sobre ensemble tailleur pantalon gris, elle nous reçoit sur le pont de son ministère. Au dernier étage de ce solide bâtiment art déco, dans une salle à manger, avec vue sur l'École militaire et la tour Eiffel. Une pièce froide et dépouillée, où les meubles noirs des années 90 se détachent sans nuance des murs d'un blanc clinique. « Je ne suis pas en explication de défense (*sic*) », prévient-elle d'emblée lorsque nous l'interrogeons sur l'avalanche de critiques la concernant.

La secrétaire d'État va pourtant passer tout le déjeuner à riposter, démentir, s'expliquer, esquiver... La plaidoirie durera deux heures et demie. Elle commence dès le début du repas. D'ailleurs, Amara est plus préoccupée par ces polémiques que par le contenu de son assiette. Au point qu'elle ne touche pas aux cannellonis de crabe au corail d'oursin servis dix minutes plus tôt par le maître d'hôtel. « Mangez, ne faites pas de manières avec moi », invite gentiment celle qui a placé son Blackberry et son iPhone à côté de son assiette.

Déjeuners avec des ministres sous pression

Des collaborateurs trop ambitieux, aux ministres peu soucieux des quartiers en difficulté, en passant par son week-end à Saint-Tropez, aucun sujet ne sera mis de côté. D'abord, les collaborateurs. « Je sais que je suis chiante. Mais je l'assume parce que j'ai une obligation de résultats. J'ai un jury permanent », s'énerve Amara, qui ajoute, autoritaire : « Quand je prends une décision, ça doit être appliqué. » Et ses collaborateurs ont intérêt aussi à bien défendre le budget du ministère lorsqu'ils vont parler gros sous à Bercy. « Quand le lundi matin on me dit : Tout va très bien Madame la ministre, et que je découvre ensuite dans la presse qu'il manque 10 millions d'euros[1], ça ne va pas », poursuit-elle. Le « rabotage » de son budget tiendrait aux ambitions démesurées de ses conseillers. « Quand ils reviennent des Rim[2] et se sont couchés parce que tel préfet sera peut-être leur boss un jour, ça me met hors de moi », s'énerve-t-elle. L'explication est assez simpliste et, somme toute, très pratique pour cette ministre qui, bien que très populaire dans l'opinion, ne fait pas partie des poids lourds du gouvernement. En fait, elle oublie un peu trop vite que les fonctionnaires du Budget sont d'impitoyables négociateurs, de grands prestidigitateurs et des bonimenteurs aguerris. Mais Amara ne veut rien entendre. Et d'ailleurs, préfets ou inspecteurs des Finances de Bercy n'ont qu'à bien se tenir. « Je suis enfant d'ouvrier, je n'ai pas fini ma lutte des classes », promet celle qui n'a pour tout bagage qu'un CAP de secrétariat.

On l'aura compris, elle aime que ses collaborateurs filent droit. Mais elle affirme pourtant « être quelqu'un de souple... malgré tout ». D'ailleurs, poursuit-elle, « c'est

---

[1]. Ses crédits d'interventions ont été amputés de 10 millions dans le budget 2010.
[2]. La secrétaire d'État fait allusion aux réunions interministérielles

faux de dire que cinquante-trois collaborateurs ont quitté mon cabinet. Certains avaient des missions ponctuelles et devaient partir. D'autres, c'est vrai, ont été relevés de leurs fonctions. Ceux qui sont fatigués, au revoir ! » Et qu'ils arrêtent de se plaindre. Car la secrétaire d'État ne leur a jamais rien caché de ce qui les attendait : « Quand un collaborateur arrive dans mon cabinet, je le reçois et je lui dis : Nous sommes 24 heures sur 24 sous pression. Ils sont tous informés du speed dans lequel on est. »

Après les collaborateurs trop ambitieux mais pas assez mordants, la secrétaire d'État passe à l'autre sujet : son fameux week-end à Saint-Tropez. « La fille de Jean-Claude Darmon[1] est marraine de Ni putes ni soumises. Elle recherche des financements publics et privés », argumente-t-elle pour justifier le règlement de ses billets d'avion par le ministère, et donc par le contribuable. Amara poursuit : « C'est vrai que j'étais au Nikki Beach. J'aime pas ces endroits-là. Je ne suis pas people. » Et encore : « C'est la première fois que j'allais à Saint-Tropez. »

Et qu'en est-il de son plan Espoir banlieue, dont il se dit qu'il prend l'eau de toute part ? Elle ne nie pas les difficultés : « Je n'ai jamais dit que la situation des quartiers s'améliorait. Ce serait mentir que de dire cela. Le problème, c'est que j'ai changé les méthodes de travail. Il y a des résistances mais je ne lâche pas. » Déterminée à ne pas céder un pouce de terrain, la ministre ajoute : « Même si je sais qu'il n'y a que les cons qui ne changent pas d'avis, je ne changerai pas de méthode et d'approche. »

Cette nouvelle méthode se résume en deux points : expérimentation et mobilisation de tous. Le plan Espoir

---

1. Le grand argentier du football français.

banlieue prévoit en effet de tester un certain nombre d'initiatives, puis de les généraliser si les résultats sont au rendez-vous. Le contrat d'autonomie est ainsi en rodage dans 35 départements. Son objectif est d'amener vers l'emploi les 16-25 ans peu ou pas qualifiés, domiciliés dans des quartiers prioritaires, bref d'arracher ces jeunes des cages d'escaliers. Autre expérimentation : la possibilité offerte à des élèves de CM1 et CM2 d'étudier dans des écoles situées hors du quartier dans lequel ils vivent. Il s'agit de développer la mixité sociale et de tirer ces enfants vers le haut. Encore faut-il convaincre les maires des communes concernées d'organiser leur transport, entre leur quartier et leur nouvelle école. Et, bien sûr, tout cela demande du temps. « Les expérimentations sont en cours et quand il y aura des résultats, elles seront généralisées, répond Amara à l'adresse des impatients qui la critiquent. Il y en a qui attendent que je règle en deux ans des problèmes de trente ans. »

L'autre caractéristique de ce plan, c'est la mobilisation de tous les membres du gouvernement, appelée dynamique Espoir banlieue. En février 2008, dans son discours sur la politique de la ville, Nicolas Sarkozy avait planté le décor : « Je demande, aujourd'hui, aux ministres responsables de politiques touchant la vie des habitants des quartiers de me présenter, chacun, un programme de mobilisation sur trois ans. » Les banlieues désormais sont l'affaire de tous ! Fadela Amara ne porte pas seule la politique de la ville. Elle est devenue une sorte d'animatrice. Mais une « animatrice » sans grand pouvoir et sans le sou, puisque les ministères financent leurs actions sur leur budget propre. « Mon boulot, soupire-t-elle, c'est de faire pression sur tout le monde. »

Elle dit se heurter à beaucoup de mauvaises volontés. L'administration ne jouerait pas le jeu ? Il y a là une forme de naïveté presque touchante. Contrairement à l'énarque Martin Hirsch, qui connaît la technocratie sur le bout des doigts, Fadela Amara ne connaît en réalité pas grand-chose à l'appareil d'État. « Ce n'est pas l'administration qui gouverne ce pays, s'énerve-t-elle. Quand je prends une décision, je veux qu'elle soit appliquée. On est freiné par l'inertie et la technocratie. Par exemple, j'aimerais que l'on puisse suivre les contrats aidés signés dans les quartiers en difficulté. Il faudrait juste ajouter une case à cocher sur les formulaires. Et on me dit que ce n'est pas possible. » Maudits fonctionnaires qui n'ont de cesse de contrarier les ministres ! « Le problème de la France est là : les gouvernements passent, les fonctionnaires restent. Aux États-Unis, tout le monde dégage. » Elle porte l'estocade finale : « Ils sont fonctionnaires. Ils ne vont pas aller comme nous à Pôle emploi. » Fadela Amara serait-elle si mal entourée ? Même les cuisines du ministère, selon elle, ne sont pas à la hauteur ! « C'est pas très bon, ça », lance-t-elle en grimaçant à propos des cannellonis qui... ont refroidi.

Et s'il n'y avait que cela. Certains de ses collègues ministres traînent aussi des pieds. « C'est très inégal, confie-t-elle. Il y en a qui se sont mobilisés tout de suite. Il y en a d'autres pour lesquels ce n'est pas le cas. La dynamique Espoir banlieue, c'est un vrai problème. » Mais Amara est prudente. Elle préfère parler de ceux qui la soutiennent. Parmi lesquels, la ministre de l'Enseignement supérieur Valérie Pécresse : « On a atteint les objectifs. » Ou encore Luc Chatel, le ministre de l'Éducation : « Je fais des pieds et des mains pour que l'on crée des internats d'excellence[1]. Il y en a un actuellement. Mais on a travaillé pour en créer neuf de plus à

---

1. Les internats d'excellence n'accueillent que des jeunes « méritants » et issus de milieux défavorisés. Le premier établissement, situé à Sourdun, en Seine-et-Marne, a ouvert ses portes à la rentrée scolaire de 2009.

l'horizon 2011. » Parmi les ministres soucieux des banlieues, il y a aussi Frédéric Mitterrand. « Je suis ravie de son arrivée, s'enflamme Amara. Il souhaite mettre en place l'accès à la culture. On va essayer de créer des académies d'art dans les quartiers ou à proximité. C'est là que l'on trouve les plus grands talents du monde. C'est là qu'il y a des artistes en herbe extraordinaires. »

Va pour Pécresse, Chatel et Mitterrand ! Mais dans le cœur d'Amara, il y a surtout l'ancien maire de Valenciennes Jean-Louis Borloo, qu'elle place très au-dessus des autres ministres. « Borloo m'aide beaucoup, confie-t-elle. Il a une sensibilité pour les quartiers. Il n'y a pas besoin que mon cabinet appelle pour obtenir de l'aide. » La secrétaire d'État aurait à plusieurs reprises demandé à être rattachée au numéro deux du gouvernement. L'Élysée n'a pas jugé bon de les réunir, redoutant sans doute qu'une fois ensemble ces deux-là ne réclament trop d'argent. D'ailleurs, Fadela Amara redemande déjà des crédits supplémentaires : « J'ai besoin de plus d'argent parce que nous traversons une crise majeure », confie-t-elle, ajoutant qu'elle n'a « que » 769 millions d'euros pour s'occuper des « huit millions de Français » qui vivent dans les cités. Combien lui faudrait-il ? « Je refuse de chiffrer. Sinon, on va me reparler du milliard », répond-elle agacée, dans une allusion au milliard d'euros qu'elle avait annoncé un peu trop vite avant la présentation de son plan et qu'elle n'a jamais obtenu.

Pas assez d'argent, pas assez de mobilisation chez ses collègues, une crise qui fragilise davantage les quartiers... la position d'Amara n'est pas des plus confortables. Son statut de ministre d'ouverture a-t-il pesé ? Elle semble le croire : « Je suis une femme de gauche. Je suis entrée dans un gouvernement de droite. J'occupe un poste qui aurait dû aller à quelqu'un appartenant à la droite. Il y a des gens qui apprécient ce que je fais, d'autres non. » Est-ce plus difficile de faire bouger les lignes quand on n'est que sous-ministre ? Elle l'assure. « Si j'avais un ministère plein, si je n'étais pas secrétaire d'État, on aurait pu aller plus vite, dit-elle. Quand on a un ministre de tutelle, il faut rendre compte. » Faut-il en conclure que Xavier Darcos, son nouveau patron, nommé en juin aux Affaires sociales, ne la soutient pas suffisamment ? « Quand Xavier était à l'Éducation, les choses se sont faites rapidement. Je sais que je peux compter sur lui. » Puis elle ajoute, comme si son soutien se faisait tout de même un peu attendre : « Je compte sur ce ministère de tutelle. » Et son ancienne boss Christine Boutin avec laquelle les relations ont été électriques ? « Je lui ai gardé une certaine affection. Moi, je suis très charitable. Le devoir des secrétaires d'État, c'est ça ! » En fait, Fadela Amara caresse toujours l'espoir de rejoindre l'équipe Borloo : « Si vous n'avez pas un ministre porte-avions, prêt à monter au front... », susurre-t-elle sans achever sa phrase.

Heureusement, le président est là. Lui s'intéresse à la ville, aux cités en perdition, à la désespérance des gens qui vivent là contraints et forcés. Il a, dit Amara, « une attention particulière à la politique de la ville » ; « chez lui, c'est pas un gadget, c'est pas une posture, c'est pas un truc de charité chrétienne ou de compassion ». D'ailleurs, Nicolas Sarkozy suit le dossier de près. « Il connaît parfaitement les difficultés qu'il y a à faire bouger les lignes quand on n'est pas dans le politiquement correct, poursuit-elle. Je sais que certaines de mes déclarations dérangent. Mais je suis dans un combat. » Mieux encore, le président de la République la défendrait : « Il a déjà demandé à ce qu'un ministre accélère, à ce que ça aille plus vite. »

Dans le fond, Sarkozy et Amara se ressemblent plus qu'il n'y paraît. Ils ont en commun ce franc-parler, la même façon d'agiter les idées comme on agite un shaker, d'être pragmatiques et d'assumer des positions politiquement incorrectes. « Vous en avez assez, hein, vous en avez assez de cette bande de racaille. Eh bien, on va vous en débarrasser », avait lancé Nicolas Sarkozy en 2005, alors ministre de l'Intérieur, au cours d'un déplacement dans un quartier d'Argenteuil. En 2007, Amara expliquait qu'elle rechercherait la « tolérance zéro pour la glandouille » dans son plan en cours de gestation. Au cours de ce déjeuner, elle revient sur ses rapports avec Nicolas Sarkozy : « Je le vois régulièrement à l'Élysée, on a des tête-à-tête, et on fait une réunion avec lui tous les trois ou quatre mois. »

Les relations ont toujours été bonnes. Y compris lorsqu'elle a critiqué la politique du gouvernement. « C'est dégueulasse », avait-elle lancé, fin 2007, à propos des tests ADN. Aujourd'hui, c'est à son collègue de l'Immigration Éric Besson qu'elle s'en prend. Il a fermé la jungle de Calais fin septembre et vient de renvoyer trois Afghans dans leur pays. « L'Afghanistan, confie-t-elle, est toujours un pays en guerre et je suis d'accord avec Martin Hirsch. Il faut surseoir aux reconduites, particulièrement en ce qui concerne le peuple afghan. Il faut faire attention. La France n'est pas n'importe quel pays sur la scène internationale. » D'ailleurs, elle n'envie pas la position de l'ex-socialiste Besson qui n'en finit pas de grimper dans l'estime du président et... dans la hiérarchie gouvernementale. « Il se débrouille bien, Éric Besson. Moi, je ne pourrais pas être ministre de l'Immigration. Je distribuerais des cartes de séjour à tout le monde », pouffe-t-elle.

Amara n'a pas sa langue dans sa poche. Mais jamais elle n'a attaqué frontalement le président. Bien au contraire. Ce 23 octobre, alors que la polémique sur l'arrivée de Jean Sarkozy à la tête de l'Epad commence à retomber, elle ne se désolidarise pas, et en rajoute même beaucoup pour défendre les ambitions du fils.

« Vous savez, dit-elle, pour les gens des quartiers, c'est normal qu'un père aide son fils. Si le président ne l'aidait pas, ils ne comprendraient pas. Ils diraient : Il est président et il ne donne même pas un coup de main à son fils. » Elle ajoute, à l'adresse de ceux qui ont critiqué l'ambition du jeune homme : « On a inventé le délit de patronyme. » Le fils du président a annoncé la veille au soir, sur France 2, qu'il renonçait à la présidence du premier quartier d'affaires d'Europe. Amara estime qu'il n'aurait pas dû battre en retraite : « Moi, à sa place, je serais allée jusqu'au bout. Je trouve qu'il a beaucoup d'honneur. Je suis pour que la jeunesse prenne des responsabilités. Regardez nos partis politiques ! Il n'y a pas assez de jeunes. Il faut arrêter avec le régime ancien. » Mais le connaît-elle vraiment, Jean Sarkozy ? Non. « Moi, je n'ai jamais mangé avec lui. Je ne fréquente pas ces gens. » Sans le connaître donc, elle ajoute en riant : « Il est plus brillant que son père. Il est plus beau surtout. »

Proche du chef de l'État, Fadela Amara l'est aussi du ministre de l'Intérieur, Brice Hortefeux. Ces deux-là s'apprécient beaucoup, alors que tout, à l'exception de leurs racines auvergnates communes, les sépare : leurs origines sociales, leur parcours politique, leurs positions sur l'immigration. « On se connaît bien, on s'est confrontés, on a été adversaires. Je le respecte parce que c'est un homme de conviction. Il a beaucoup d'énergie. Bien sûr, j'ai trouvé que ses propos de Seignosse étaient maladroits. Mais quand je vois le buzz que cette vidéo a fait sur Internet... En fait, ce qui m'a le plus choquée, c'est Stéphanie, la jeune femme salariée de France Télécom qui s'est suicidée ce jour-là. » Fadela Amara n'oublie pas non plus le jeune homme d'origine maghrébine qui, après cette polémique, avait dû s'expliquer pour dire qu'il ne trouvait rien à redire aux propos d'Hortefeux. « J'ai regretté pour le petit, le pauvre. Il va être marqué à vie. Nous, on va passer notre chemin. Lui, il a eu des menaces. Internet, c'est terrible quand c'est pas contrôlé. »

La secrétaire d'État défend Hortefeux, dont elle dit qu'« il a de l'humour ». Après la polémique sur Seignosse, c'est elle qui, spontanément, a proposé au ministre de l'Intérieur de l'accompagner. De son côté, celui-ci l'a toujours appréciée. N'a-t-il pas coutume de dire que « c'est la seule » à être « restée authentique » ? Comprenez la seule ministre issue de la diversité à ne pas rejeter ses origines. Ce jour-là, « la fille algérienne » de Bouteflika nous démontre même qu'elle les assume et les revendique. L'ancienne gamine des cités ouvrières de Clermont-Ferrand ne s'émeut pas des raisons qui lui valent d'être au gouvernement : « Nicolas Sarkozy m'a prise parce que je suis femme, arabe, de gauche, issue des quartiers et présidente de Ni putes ni soumises. » Elle ajoute : « Le président attend le meilleur de nous, plus que les autres. » Traduction : les ministres issus de la diversité n'ont pas droit à l'erreur, ils doivent se surpasser.

Contrairement à Rama Yade et à Nora Berra, la secrétaire d'État à la Politique de la ville ne se réfugie pas derrière ses compétences pour justifier son entrée au gouvernement. « Vous savez, c'est humiliant pour Rama de dire : j'ai été choisie parce que je suis noire. Rama et Rachida ont peur qu'on les réduise à cela, et il faut les comprendre », explique-t-elle, compatissante. Pour ce qui la concerne, elle a choisi d'assumer : « Je dis à longueur de journée que je suis une enfant d'ouvrier, issue d'un quartier, que mes ancêtres sont kabyles, que je suis musulmane et croyante. J'assume mon identité culturelle. J'ai un rapport à l'Algérie qui est un rapport d'amour. Mais attention, ce n'est pas pour cela que j'ai un rapport dégueulasse avec la France. J'aime la France et j'ai grandi en Auvergne. » Ah ! l'Auvergne qu'elle aime tant ! Bien sûr, Amara n'a pas le physique d'une

Auvergnate. Et d'ailleurs, Hortefeux ne rate jamais une occasion de s'en amuser gentiment. C'est devenu une blague entre eux. Au cours de ce déjeuner, elle lui renvoie la balle : « Brice, lui non plus, il n'a pas une tête d'Auvergnat. Les Auvergnats sont petits, trapus et bruns. » Tout le contraire du ministre de l'Intérieur. Bref, pour Amara, « nous sommes dans des identités patchwork ».

Et qu'on ne vienne surtout pas lui parler du CV anonyme ! « Non seulement ça ne marche pas vraiment », mais en plus, cela oblige celui qui l'envoie à s'amputer de son « histoire familiale » et de son « identité ». « Je suis contre parce que je m'appelle Fadela, explique-t-elle. C'est le prénom que m'ont donné mes parents et c'est le prénom que j'aime. Je m'appelle Fadela et je ne veux pas m'effacer. » La secrétaire d'État est opposée à la discrimination positive. À ses yeux, tous les enfants des cités doivent être traités sur un pied d'égalité, qu'ils s'appellent « Benoît, Mohammed ou Mamadou ». Parce que tous rencontrent des difficultés sociales : « Je veux mettre toutes les chances du côté des enfants d'ouvriers, pour que demain ils soient à la place de Claude Guéant. » Et ne vous avisez surtout pas de faire remarquer à la ministre que les Français d'origine étrangère des cités difficiles souffrent davantage des discriminations que leurs voisins de palier, français de souche. Amara n'est pas de cet avis. D'ailleurs, souligne-t-elle, « le racisme antiblanc, je l'ai dénoncé. Je ne peux pas accepter l'injustice, cela me dérange. » Le repas se termine. Amara, la musulmane pratiquante, qui fait « le jeûne » et va à la mosquée, n'a pas bu une goutte du Margaux 2004 qui nous a été servi.

Peu après ce déjeuner, Fadela Amara critiquera publiquement le manque d'entrain de ses collègues du gouvernement sur la

Déjeuners avec des ministres sous pression

dynamique Espoir banlieue. Ils « *se mobilisent inégalement, déclarera-t-elle sur Canal +. À force de les tanner, à force de les secouer, ils vont le faire* ». En guise d'exemple, elle citera le ministère de la Santé qui n'aurait toujours pas rempli l'objectif de dix nouvelles maisons de santé construites chaque année.

Les relations entre Fadela Amara et son ministre de tutelle, Xavier Darcos, se dégraderont, après que celui-ci l'a jugée sévèrement. Quelques jours plus tard, l'Observatoire national des zones urbaines sensibles rendra public un rapport alarmant sur la situation dans les quartiers difficiles. Il relèvera par exemple que près de la moitié des mineurs vivent au-dessous du seuil de pauvreté et qu'en 2008, avant la crise, le taux de chômage des jeunes âgés de 15 à 24 ans atteignait 41,7 % dans ces quartiers difficiles.

Réagissant à la mort d'un enfant de douze ans, en décembre 2009, après une fusillade entre jeunes de différents quartiers de Lyon, Amara déclarera : « *Oui, il faut nettoyer au Kärcher*[1], *nettoyer cette violence qui tue nos enfants dans les cités.* » Des propos calqués sur ceux tenus quatre ans plus tôt par Nicolas Sarkozy à La Courneuve, suite à la mort d'un enfant de onze ans.

---

1. Soucieuse de son image, la société Kärcher réagira, demandant à Amara de n'employer le terme Kärcher « que pour désigner les produits du groupe Kärcher ». L'entreprise allemande tient « à rester dans la sphère économique et ne pas être l'objet d'amalgames ».

**Dominique Bussereau,
secrétaire d'État chargé des Transports**

Mercredi 4 novembre 2009, 13 heures
2, rue du Bac, Paris VIIe

À peine sommes nous installés à sa table, dans la belle salle à manger Art nouveau, que Dominique Bussereau annonce calmement la couleur, sûr de son effet : « Contrairement à mes collègues, je n'ai pas l'intention de rester ministre ! » À 57 ans, ce fils de cheminot qui a débuté chez les jeunes giscardiens au début des années 70, et occupé, depuis, la plupart des postes qu'offre la République – maire, conseiller général, conseiller régional, député, ministre… –, éprouve comme une lassitude, une sorte de « tentation de Venise », même s'il se garde d'employer le terme. Cela nous rappelle les confidences d'Hervé Novelli. « Cela fera huit ans au printemps que je suis ministre, calcule-t-il. J'ai envie de redevenir député[1], d'avoir plein de temps pour ma circonscription, de m'inscrire au barreau comme tout le monde, de reprendre mes cours à Sciences-Po, de pouvoir couper mon portable la nuit… » Peu connu du grand public, Bussereau fait cependant partie, avec Michèle Alliot-Marie et Jean-Louis Borloo, des membres les plus endurants du gouvernement. « La durée moyenne dans un

---

1. La réforme constitutionnelle du 21 juillet 2008 permet aux ministres quittant le gouvernement de retrouver automatiquement leur siège de député, sans passer par l'élection.

gouvernement, c'est trois ans, observe-t-il. Huit ans, c'est bien. Je n'ai pas l'intention de rentrer dans le *Guinness des records* ! » Et le ministre d'ajouter, pince-sans-rire, le détail qui justifie tout : « En plus, j'habite à côté, donc je ne changerai pas de quartier »...

Sauf que Bussereau, surnommé « Bubusse » par ses amis, sans doute à cause de son physique rond et jovial, ne pourra sans doute pas réaliser tout de suite son rêve de préretraite : Nicolas Sarkozy lui a demandé d'aller croiser le fer, aux régionales de mars 2010, avec Ségolène Royal, en Poitou-Charentes. Une marque de confiance qui ne se refuse pas. Même si le combat est perdu d'avance. Avant d'en arriver là, sentant venir sa demande, le président du conseil général de Charente-Maritime et son ami Jean-Pierre Raffarin, sénateur de la Vienne, ont tout fait pour susciter une autre candidature, celle de Chantal Jouanno. Tout en niant avoir monté une « opération », Bussereau confirme : « Le jour même de son entrée au gouvernement[1], j'ai laissé passer le déjeuner, et l'après-midi, je lui ai fait une proposition » : « Tu as seize ans de moins que Ségolène Royal, tu es plus compétente qu'elle sur l'environnement et après, tu auras une circonscription gagnable », a-t-il fait valoir à la jeune secrétaire d'État à l'Écologie, à la recherche d'un mandat.

Originaire de l'Eure, installée à Issy-les-Moulineaux, celle-ci a poliment décliné la proposition, non sans avoir « hésité », selon Bussereau. Elle a renoncé « pour des raisons familiales, elle a de jeunes enfants, et parce qu'elle ne se sent pas picto-charentaise », regrette-t-il. Jouanno sera finalement tête de liste à Paris, ce que Bussereau ne manque pas de déplorer : « Elle est courageuse de se lancer à Paris, car l'implantation politique y

---

1. Le 21 janvier 2009.

est très difficile : vous entrez dans un bistrot, vous tombez sur un Auvergnat, un Américain, un habitant de Seine-Saint-Denis, mais jamais sur un Parisien ! Et puis, je trouve qu'elle a un tempérament et des valeurs personnelles qui auraient mieux correspondu à notre région. » Moyennant quoi, le patron de Charente-Maritime, seule personnalité locale de taille à conduire les listes UMP face à Royal – à l'exception de Raffarin qui ne souhaite pas redevenir président de région –, va devoir se lancer, bien que peu emballé par la perspective de servir de faire-valoir à l'ex-candidate socialiste à la présidentielle. « Le président m'a demandé d'y aller, j'ai bien sûr dit oui », confirme-t-il donc sans enthousiasme.

Bon soldat, Bussereau l'a déjà été, et ne l'a pas regretté : « En 2004, Raffarin m'avait demandé d'être tête de liste aux cantonales en Charente-Maritime, j'y étais allé à reculons », se souvient-il. Mais cette fois, ce n'est pas le mandat de conseiller général qu'il vise mais celui de président de région. Notre hôte ne se fait aucune illusion sur l'issue de l'élection. Il souhaiterait donc, après avoir mené la bataille, pouvoir, au moins, quitter le gouvernement. Là encore, Nicolas Sarkozy est venu contrarier ses plans. « Le président m'a dit que si je perdais contre Royal, il souhaitait que je reste au gouvernement… pour ne pas que cela apparaisse comme une sanction. » Ce sera donc double peine pour Bussereau : obligé de se présenter à une nouvelle élection, celui qui estime avoir « tout fait » en politique devra en outre boire le calice jusqu'à la lie en restant au gouvernement, lui qui, à l'inverse de ses collègues, aimerait tant prendre du champ. Du moins est-ce ainsi qu'il nous décrit sa situation personnelle, d'un ton détaché et avec humour, en savourant son assiette de truite fumée. Il est vrai qu'il se trouve de plus cruels destins que celui de devoir rester ministre ! Toutefois, cet hédoniste contrarié n'exclut pas que le président « change d'avis d'ici là ».

Faisant contre mauvaise fortune bon cœur, il se glisse donc peu à peu dans les habits de l'adversaire de Royal. Conscient que le combat est déséquilibré. « Elle fait *Closer, Gala, Paris-Match,* elle est complètement sortie de la sphère politique, observe-t-il. Elle est dans le starsystem. » Dans sa région, sur les quais de gare, « les gens la prennent en photo comme une star, sourit-il. J'ai même vu des militants UMP lui faire dédicacer des papiers ! ». Pas de risque que l'inverse se produise pour le très discret Bussereau, qui a gravi les échelons dans l'ombre de Raffarin. Et juge le bilan de la présidente de région sortante « contrasté ». « Elle n'a pas du tout augmenté les impôts, ni la TIPP[1], souligne-t-il, c'est plutôt sérieux. » Pour le reste, « elle a une politique assez rigolote, poursuit-il avec amusement : elle subventionne tout ce qui se fait. Du coup, à chaque inauguration, il y a toujours un élu de la région qui vient dire : Mme Royal a donné tant. C'est une politique très astucieuse électoralement, mais elle n'a plus de budget pour investir sur les grands projets, comme la LGV[2] ». Sachant que le budget total de la région, souligne-t-il, est « moins important que celui de mon conseil général ! ». Au final, ce libéral patenté[3] juge le « bilan d'efficacité » de Royal « assez moyen ». Mais ne se fait guère d'illusion : ce n'est pas sur son bilan que les Picto-Charentais la jugeront.

Bussereau revient tout juste d'un voyage de deux jours en Syrie, auquel participait également l'ancienne ministre socialiste Élisabeth Guigou. Avec elle, il a tenté

---

1. Taxe intérieure sur les produits pétroliers.
2. Projet de ligne à grande vitesse Poitiers-Limoges.
3. Il fait partie de Démocratie libérale, l'ancien mouvement d'Alain Madelin.

quelques mots sur Ségolène : « Elle lève les yeux au ciel dès qu'on prononce son nom, rapporte-t-il. Comme s'il était vulgaire et vain de parler d'elle. » Ainsi le candidat UMP, également « très pote » avec Alain Rousset, président PS de la région Aquitaine, n'ignore-t-il rien du peu de considération des dirigeants socialistes pour sa future rivale.

L'ancien maire de Saint-Georges-de-Didonne, près de Royan, a des idées pour cette difficile campagne contre Royal. « On va mettre en place des hommes et des femmes de moins de 40 ans, avec lesquels on passera un CAP, c'est-à-dire un Contrat d'avenir politique », annonce-t-il. Nous entendons l'expression pour la première fois et lui demandons de préciser. « Les candidats s'engageront à mettre leur notoriété de conseiller régional au service d'une future conquête : en 2011, j'attaque tel canton de gauche, en 2014, telle mairie de gauche, etc. », explique-t-il. L'objectif est de « désigner des lames, et des gens qui ont faim. De ne pas faire de liste de notables, car c'est terrifiant ». Une antienne typiquement sarkozyste. « Les régionales, en général, c'est la distribution des prix, poursuit-il : tous ceux qui n'ont jamais réussi à gagner sur leur nom, on les met sur la liste. » Manière très directe de convenir que ce ne sont pas toujours les meilleurs qui sont désignés.

Attaquant sans mollir son perdreau rôti, Bussereau convient que le gouvernement traverse une période de fortes turbulences. Affaires Frédéric Mitterrand, aventures de l'Epad et des Sarkozy, mauvaise humeur des parlementaires UMP sur le grand emprunt, la réforme des collectivités territoriales ou la taxe professionnelle, « il y a un mauvais moment à passer », admet pudiquement notre convive. Le dimanche précédent, une tribune dans la presse de son mentor Raffarin et de 23 sénateurs UMP, critiquant la réforme de la taxe professionnelle, a provoqué l'ire de Sarkozy. L'ancien Premier ministre

Déjeuners avec des ministres sous pression

s'est sérieusement fait recadrer par le président. « Il m'a raconté, c'était chaud », confesse « Bubusse », pas franchement inquiet pour autant. « Je préfère l'agitation politique aux mouvements sociaux ou à une poussée du chômage, relativise-t-il. Quand j'entends Europe 1 ouvrir son journal, dimanche matin, sur la tribune de Raffarin, je me dis que ça va plutôt bien. »

Pour le candidat malgré lui, « le juge de paix, ce sera l'élection régionale ». La droite ne détenant que deux régions sur vingt-deux, « la catastrophe, ce serait de ne gagner aucune région et d'en perdre une : dans ce cas, il faudra aller se jeter tout de suite dans le bassin du Luxembourg ! » ironise-t-il.

Fort de son septennat (ministériel), durant lequel il a vu passer tant de ministres, il donne aussi son appréciation sur eux. Rama Yade, qui vient de défrayer la chronique en critiquant la nomination de Jean Sarkozy à la tête de l'Epad, en refusant de se porter candidate aux régionales dans le Val-d'Oise et en s'opposant à sa ministre de tutelle Roselyne Bachelot sur les avantages fiscaux pour les sportifs de haut niveau ? « Honnêtement, je l'aime bien, mais elle les accumule », lâche-t-il sans sévérité. Tout cela « donne une impression d'amateurisme », regrette-t-il. « Mais si j'avais été nommé ministre à 30 ans, j'aurais sans doute fait les mêmes conneries. On a tous besoin d'un parcours initiatique. » Le secrétaire d'État nous décrit sa collègue des Sports comme « pas très causante » avec les autres membres du gouvernement. « Elle ne recherche pas le contact. » Contrairement à Rachida Dati qui, lorsqu'elle était encore ministre, et malgré son statut de « star », « était sympa avec tout le monde », témoigne-t-il. Ou Christine Lagarde, qui « a tout de suite été bonne copine avec tout le monde ».

Pourtant, Bussereau l'avoue, il aurait « vraiment parié » sur Rama Yade au début. « Il y a des gens qui se bonifient dans leur stratégie ministérielle, et des gens qui perdent les pédales. » Yade, manifestement, fait partie de la seconde catégorie. « Nora Berra, c'est l'inverse, elle bosse ses dossiers », glisse Bussereau en connaisseur.

Tout en allumant son cigare, le secrétaire d'État aux Transports, poids léger désirant le rester, passe en revue les poids lourds du gouvernement. Michèle Alliot-Marie, « tout le monde pense qu'elle est dans le gouvernement depuis 1958 », lâche-t-il, vachard. Pour autant, il ne la voit pas nommée à Matignon. « Elle est raide, Michèle. Pour ce poste, il faut quelqu'un de ferme, mais d'un peu bonasse. » Son ami Xavier Darcos, ministre du Travail ? « Il a le profil » pour Matignon, estime-t-il, sans y croire cependant. « Il ne prend pas son pied dans son ministère, c'est très ingrat. » Jean-Louis Borloo, le ministre de l'Environnement ? « Il a d'immenses qualités, mais il est un peu foutraque, assène-t-il. À Matignon, entre la nomination du préfet de Montbéliard et l'amendement au Sénat à une heure du matin, il faut assurer. » Brice Hortefeux, ami du président et ministre de l'Intérieur ? Moue dubitative. « Je le trouve malheureux en ce moment. Il a le ministère de sa vie et il ne s'amuse pas. Je ne sais pas si c'est parce qu'il a perdu quinze kilos et qu'il fait attention à ne pas en reprendre un seul... »

Éric Besson, le chouchou du président ? « Honnêtement, non, car ce sera une cible permanente pour vous tous », prédit-il. « C'est un brillant sujet, amoureux de la politique, et qui en joue, poursuit-il. Mais à Matignon, il faut mettre des types assez roc, qui n'aient aucune fragilité. »

Malgré toutes les qualités de Besson, Bussereau a été surpris, un jour, d'entendre ce dernier lui demander la signification du « *totus tibi*[1] » par lequel il avait terminé

---

1. « Bien à toi » en latin.

Déjeuners avec des ministres sous pression

une lettre. « Cela m'a étonné que ce garçon intelligent ne soit pas plus cultivé », confie-t-il l'air de rien.

Éric Woerth, le ministre du Budget, à Matignon ? « Pourquoi pas ? Il a un aspect Raymond Barre, inébranlable », rigole-t-il, sans exclure non plus Christine Lagarde ou Claude Guéant. Que ce dernier, secrétaire général de l'Élysée, soit attiré par le poste de Premier ministre, lui semble dans l'ordre naturel des choses. « Regardez avant lui, Bianco et Védrine sont passés en politique, et Schrameck[1] a écrit un livre : les hauts fonctionnaires d'État sont attirés par la politique. »

Le ministre, du haut de ses trente ans d'expérience du pouvoir – il a commencé en 1976 comme chargé de mission au cabinet du ministre de l'Intérieur Michel Poniatowski –, décrit des mœurs politiques qui n'ont guère changé, malgré la « rupture » Sarkozy. Selon lui, l'« hyperprésident » aurait toujours existé sous la Ve. « Sous Chirac, c'est déjà l'Élysée qui décidait de tout », se souvient-il. « Giscard regardait tout dans les moindres détails, raconte-t-il. Je me souviens d'un jour où il y avait deux lignes et demie dans *Le Monde* sur le vol d'une photocopieuse à la permanence parisienne des jeunes giscardiens. Il a appelé en disant : Qu'est-ce que c'est que cette histoire de photocopieuse ? » On devine que Bussereau, alors responsable du mouvement, fut le destinataire du coup de fil, tant il imite à la perfection le célèbre chuintement de Giscard...

---

[1]. Jean-Louis Bianco, député PS des Alpes de Haute-Provence, fut secrétaire général de l'Élysée sous Mitterrand, de même que l'ancien ministre des Affaires étrangères de Lionel Jospin, Hubert Védrine. Quant à Olivier Schrameck, ancien directeur de cabinet du Premier ministre Lionel Jospin de 1997 à 2002, s'il n'a pas occupé de fonctions politiques après son passage à Matignon, il a en revanche écrit un livre sur son expérience, *Matignon Rive gauche*.

Il contredit également la thèse, très à la mode, de « l'effacement » du Premier ministre sous Sarkozy. « Raffarin et Villepin avaient une marge de manœuvre qui n'était pas très différente de celle de Fillon aujourd'hui », relativise-t-il. Un Fillon qu'il n'exclut d'ailleurs pas de voir rester cinq ans à Matignon. Là encore, le passé refait surface. « L'idée de Chirac, au départ, était de garder Raffarin cinq ans, note-t-il. Mais comme il avait Villepin qui lui disait tous les jours que Raffarin était nul, évidemment, c'était difficile. »

Que pense François Fillon de son propre avenir ? Quelles sont ses envies ? Bussereau l'avoue, il n'en sait rien. « Ce n'est pas un garçon qui se confie », observe-t-il en souriant. « Mais il peut aussi être attiré par des choix de vie plus hédonistes », imagine-t-il. Pour l'heure, « je le sens calé dans sa fonction. Mais j'en saurai plus la semaine prochaine, puisque je vais au Vietnam avec lui : les voyages permettent d'avoir de longues discussions ». Ainsi les ministres doivent-ils eux aussi attendre des circonstances favorables pour recueillir les confidences de leur Premier ministre !

Le président du département de Charente-Maritime nous confirme avoir mis tout son poids de ministre dans la balance pour s'opposer au projet de port méthanier au Verdon[1], en Gironde. « Il ne se fera pas », confirme-t-il. « L'estuaire est un joyau de la nature qu'il faut absolument préserver », justifie-t-il. Le projet a été très contesté localement par des associations de riverains et de protection de l'environnement, mais soutenu par certains élus soucieux du développement économique de cette région. « Juppé a d'abord été contre, puis pour », souligne Bussereau avec malice. Et une cer-

---

1. La société néerlandaise 4Gas envisageait d'investir 400 millions d'euros dans la construction d'un terminal méthanier visant au stockage et à l'acheminement de gaz naturel liquéfié.

taine mauvaise foi, puisque le maire de Bordeaux est en réalité longtemps resté silencieux sur ce projet, avant de se prononcer pour.

Le Charentais, lui, n'a pas varié durant les longs mois de bataille. Mais la préoccupation environnementale n'est peut-être pas la seule à l'avoir motivé dans cette affaire : « Lorsque j'ouvre les volets de ma maison, j'ai le Verdon sous mes yeux. »

Dominique Bussereau aura été l'un des très rares ministres à ne pas se plier au rite très sarkozyste du menu allégé, dégustant, sans le moindre complexe, le même repas que nous, arrosé d'un Saint-Julien 2002. Et, encore plus rare, à ne pas chanter en permanence les louanges du président. Tout juste observera-t-il que, « dans le choix des hommes, il agit en grand professionnel ». Et, une fois de plus, revient la comparaison avec l'un de ses prédécesseurs : « Giscard avait mis des hommes nouveaux mais sans expérience. Avec Sarkozy, je ne vois pas d'erreur stratégique dans les nominations. »

En revanche, poursuit-il, « on bute sur un vrai problème : le Parlement n'arrive pas à suivre, techniquement, le rythme des réformes. On a annoncé la Loppsi[1] il y a un an et demi, elle n'est toujours pas passée ! » La faute notamment, explique-t-il, à la réforme des institutions, « dont on est en train de voir les effets pervers ». Et de balancer, l'air de n'y pas toucher, une peau de banane : « Les parlementaires n'ont pas réussi à intégrer qu'avec la réforme, il faut être à Paris quatre jours par semaine. »

---

1. Loi d'orientation et de programmation pour la performance de la sécurité intérieure (Loppsi 2), préparée par Michèle Alliot-Marie au début du quinquennat et toujours dans les cartons. Or son inscription à l'ordre du jour de l'Assemblée a été sans cesse remise depuis le début du quinquennat. Elle devrait être examinée au Parlement à partir de février 2010.

Dominique Bussereau

Le ministre nous quitte précisément pour l'Assemblée nationale : il sera auditionné dans quelques instants par la commission du Développement durable sur le Grenelle 2 de l'Environnement. Mezzo voce, l'ancien giscardien nous a fait entendre une petite musique légèrement différente de celle de ses collègues sarkozystes.

Dominique Bussereau, la semaine suivant notre déjeuner, accompagnera François Fillon au Vietnam.
La préservation de l'estuaire de la Gironde, à laquelle le ministre est si attaché, aura un prix. En effet, la société néerlandaise 4Gas annoncera, le 23 novembre, le dépôt d'un recours contre l'État français devant le tribunal administratif de Bordeaux, attaquant la décision du gouvernement de ne pas renouveler la convention de réservation du projet de construction d'un port méthanier au Verdon.
Début décembre, les chauffeurs routiers menaceront de bloquer les dépôts de la grande distribution. Bussereau recevra les syndicats immédiatement et nommera trois médiateurs. La grève sera évitée.
Après l'attentat manqué contre le vol Amsterdam-Detroit fin décembre, il annoncera l'acquisition de scanners corporels, destinés à améliorer le contrôle des passagers. Et il entamera la bataille de Poitou-Charentes.

Éric Woerth, ministre du Budget,
des Comptes publics, de la Fonction publique
et de la Réforme de l'État

Jeudi 12 novembre 2009, 13 heures
Restaurant Tante Marguerite,
5, rue de Bourgogne, Paris VIIe

Tante Marguerite est l'un des restaurants préférés des députés. Feutré et confortable, l'établissement est aussi bien pratique. Il est situé à deux pas du Palais Bourbon. On y croise également quelques ministres égarés. Ce 12 novembre 2009, lorsque nous entrons, Hervé Morin est installé à une table. Pas question de le déranger, le ministre de la Défense est en pleine conversation. D'ailleurs, ce n'est pas avec lui que nous déjeunons aujourd'hui. Mais avec Éric Woerth, son très sérieux collègue du Budget et des Comptes publics. Celui qui, avec la crise, voit s'envoler les déficits[1] jusqu'à 160 milliards d'euros –, et qui tente, contre vents et marées, de les contenir. Répétant inlassablement à ses collègues dépensiers que la crise ne doit pas être prétexte à dilapider l'argent des Français.

Il est en plein marathon budgétaire. Au programme de l'automne : les budgets de l'État et de la Sécurité sociale pour 2010, et le dernier collectif budgétaire de 2009. Trois longs textes arides, mais très politiques, qu'il doit défendre, comme chaque année, au Parlement. À lui les longues séances de nuit, les intermi-

---

1. Ils recouvrent en fait les déficits de l'État, de la Sécurité sociale et des collectivités locales.

nables discussions avec les députés et les sénateurs, les coups de fil discrets pour obtenir le vote de certains sur tel ou tel point, les parades pour contrecarrer les amendements adoptés en commission et qu'il ne faut surtout pas laisser passer en séance.

Éric Woerth est débordé. D'ailleurs il tarde à arriver. Vingt minutes se sont écoulées, le restaurant s'est rempli, et toujours pas de ministre en vue. Son attachée de presse nous fait gentiment la conversation, lorsqu'il arrive enfin. « Désolé, je suis en retard et je n'ai pas beaucoup de temps pour déjeuner », lance-t-il en s'asseyant. Puis le voilà qui souffle à sa collaboratrice : « Je pense qu'il faudrait commander très vite. »

Il revient du Sénat. La matinée a été rude. La majorité n'est pas très docile ces temps-ci. La suppression de la taxe professionnelle et la réforme territoriale ont plombé l'ambiance. Alors, pour en remontrer à l'Élysée, certains parlementaires prennent des libertés avec la ligne. L'ancien Premier ministre Jean-Pierre Raffarin et 23 autres sénateurs ont ainsi signé, le 1er novembre, une tribune dans le *Journal du dimanche* pour dire qu'ils ne « voteront pas en l'état » la suppression de la taxe professionnelle. Raffarin a eu droit dans la foulée à une séance de remontée de bretelles par Sarkozy. Woerth tempère le coup de semonce de l'ancien Premier ministre qu'il connaît bien, puisqu'il a été son secrétaire d'État à la Réforme de l'État. « Jean-Pierre n'est pas un provocateur », assure-t-il. Confiant, le ministre estime que la suppression de la taxe professionnelle est un dossier « en voie de déminage ». « Les points de vue se rapprochent », même si « le débat n'a pas encore eu lieu », explique-t-il. En cet automne 2009, les tribunes de parlementaires ont le vent en poupe. Dans une autre, parue dans *Le Monde* cette fois, quelques jours avant le déjeuner, 63 députés demandent que le montant du grand emprunt national soit compris entre 50 et... 100 milliards d'euros. Plus il sera important, meilleure sera la gouvernance de cet emprunt, assurent dans leur appel les 63. L'idée leur a été soufflée par le conseiller spécial du président de la République, Henri Guaino, résolument keynésien. Woerth avait réagi immédiatement, en évoquant des montants « irréalistes ». Le ministre et le conseiller élyséen se sont-ils vus depuis ? « On s'est croisés. Il a une vision un peu différente de la mienne », répond Woerth, sans plus de commentaires.

Aujourd'hui, c'est une tout autre affaire qui le préoccupe. Il doit batailler contre une initiative des puissants sénateurs centristes. Inquiets des comptes de la Sécu, ils ont fait adopter en commission des Affaires sociales un amendement prévoyant l'augmentation de la CRDS[1]. Tout cela n'est pas du goût du ministre du Budget. Car la CRDS et la CSG[2], il connaît bien. Il sait que c'est un sujet explosif. Woerth était le conseiller parlementaire de l'ancien Premier ministre Alain Juppé lorsqu'en 1995, celui-ci avait décidé la création de la Cades pour isoler la dette abyssale de la Sécu – 200 milliards de francs de l'époque. Juppé avait alors promis que la dette serait totalement remboursée fin 2008. Et que la nouvelle taxe créée pour l'occasion (la CRDS) mourrait alors de sa belle mort. Le beau scénario du maire de Bordeaux a viré au cauchemar. Nous sommes en 2009. La dette n'est pas éteinte. Pis, elle a gonflé. Bref, les Français sont loin d'en avoir fini !

Conscient que le sujet est explosif, Woerth ne veut pas entendre parler d'une hausse de la CRDS. « Je vais me battre, lance le ministre. Si cet amendement passe, c'est

---

[1]. Les recettes de la contribution pour le remboursement de la dette sociale sont transférées à la Caisse d'amortissement de la dette sociale (Cades) qui rembourse une partie de la dette sociale.

[2]. Contribution sociale généralisée, créée en 1990 par le gouvernement Rocard.

un très mauvais message qui sera envoyé. Je l'ai dit à huit heures, puis ce matin et je le redirai ce soir. » Déterminé mais calme, il précise sa pensée : « Ce n'est pas le moment de lancer ça, parce que ce sera vécu comme une hausse des impôts. » Il ajoute : « Les sénateurs jouent avec le feu. »

À quatre mois des élections régionales de mars 2010, relever les impôts ne serait pas du meilleur effet. Nicolas Sarkozy a fixé la ligne : les prélèvements obligatoires n'augmenteront pas, répète-t-il, dès qu'il est interrogé sur les déficits publics et les décisions à prendre pour les combler. Il est loin le temps où le candidat Sarkozy promettait de ramener les comptes à l'équilibre en 2012 et de rendre 68 milliards d'euros aux ménages et aux entreprises pour faire baisser le taux des prélèvements en France au niveau de la moyenne européenne.

À la décharge du chef de l'État, la crise est arrivée, faisant fondre les recettes et augmenter les dépenses. Et l'économie française n'est pas encore tirée d'affaire. Qui sait vraiment quand elle repartira ? Éric Woerth est lucide sur la situation : « Je ne sais pas ce que seront les recettes en 2011 et je ne sais pas si on sort vraiment de la crise », confie-t-il. Alors, à quoi bon ponctionner davantage les Français dans une période où l'économie est encore très fragile ? « Je ne conteste pas la légitimité du débat, je conteste son tempo », soupire-t-il, laissant tout de même entendre que, le moment venu, la taxe pourrait effectivement augmenter, et que la Cades, qui empoche les recettes, pourrait ainsi reprendre une partie de la dette de la Sécu. Il insiste encore : « On ne dit pas que c'est un petit sujet, on dit seulement qu'on verra plus tard », lorsque « l'économie sera stabilisée ».

Pour Woerth, c'est d'une réflexion globale sur la dette et les déficits dont le pays a besoin. Pas d'une multiplication de mesures éparses. Nous lui faisons remarquer que le gouvernement a multiplié les recettes de poche ces derniers mois. Par exemple, quand il choisit d'augmenter le forfait hospitalier[1] ou lorsqu'il donne son feu vert à la fiscalisation des indemnités journalières versées aux accidentés du travail[2]. « Jusque-là, tous les revenus de remplacement étaient taxés sauf celui-là, se défend le ministre. C'est une mesure d'équité. » Il s'interrompt, se retourne pour jeter un coup d'œil dans la salle de Tante Marguerite. Il y a vingt bonnes minutes que la commande a été passée. Et toujours rien sur la table. « Il faudrait leur dire d'amener la commande, je suis très pressé », glisse-t-il à son attachée de presse.

Voilà un an que Woerth compose avec la situation économique. Un an qu'il voit se dégrader les comptes publics. Un an que cet homme pondéré, diplômé d'HEC et de Sciences-Po Paris, ancien du cabinet de conseil Arthur Andersen, explique aux Français pourquoi les déficits sont si importants. Ce qui lui vaut en retour une belle réputation de ministre solide auprès de ses collègues, mais l'image d'un technocrate dans l'opinion. Et n'allez surtout pas lui dire qu'il a une allure d'expert-comptable. Il n'aime pas être comparé à cette noble profession. « C'est vachement dur pour un ministre du Budget de ne pas parler chiffres, se défend-il. C'est un peu comme si on demandait à un ministre de l'Éducation de ne pas être appliqué. »

Woerth aurait aimé, dit-on, se voir confier la Justice en juin 2009. Mais il est resté à Bercy. Depuis quelques semaines, les rumeurs alimentent l'idée selon laquelle il pourrait succéder à Fillon. Il ferait donc partie du petit

---

1. Le forfait hospitalier, qui représente les dépenses d'hôtellerie des patients, est passé à 18 euros par jour en 2010, contre 16 euros précédemment. Cette hausse a été vivement critiquée par l'opposition.

2. C'est le patron des députés UMP, Jean-François Copé, qui a proposé de les fiscaliser.

cercle des premiers ministrables ! Il est d'ailleurs membre du G6, le club des six ministres que Sarkozy réunit chaque semaine à l'Élysée depuis octobre. Dès que la question de ses ambitions ministérielles est abordée, l'expert-comptable se mue en anguille. Sourit, puis repart sur les chiffres...

De ce côté-là, les nouvelles ne sont pas si mauvaises. Car, depuis quelques jours, l'exécutif semble vouloir rouvrir le débat sur l'état calamiteux des finances publiques. Contraint et forcé. Bruxelles, le gardien des critères de Maastricht, vient de demander à la France de ramener ses déficits sous les 3 % de PIB[1] d'ici 2013. Fillon a répondu en expliquant que ce niveau ne pourrait être atteint qu'en 2014. C'est une bonne nouvelle pour l'orthodoxe Éric Woerth. Mais l'intéressé sait aussi que ce débat, synonyme de sacrifices pour les Français, ne sera pas une sinécure. « La réduction des dépenses est évidemment très compliquée parce que, derrière chaque dépense, il y a des politiques publiques », dit-il. Or « les politiques publiques ne sont pas toutes sous enveloppes, il y a des guichets ». Traduisez : des dispositifs dont bénéficient les personnes qui le demandent, sous réserve bien sûr qu'ils respectent les conditions. « Regardez l'APL[2], le gars qui se présente, il a l'APL », illustre Woerth.

Le ministre redoute aussi qu'une fois la France sortie de la crise, les parlementaires ne lui resservent les solutions qu'ils défendent depuis des années. « À chaque fois, on nous parle des mêmes recettes, dit-il. On nous dit qu'il faut réduire les allégements de charges, suppri-

---

[1]. Selon les prévisions du ministère du Budget, les déficits publics devaient alors atteindre 8,5 % de la richesse nationale fin 2010, après 8,2 % en 2009. Un point de déficit représente environ 18 milliards d'euros.
[2]. Aide personnalisée au logement.

mer certaines niches fiscales. Mais ce n'est pas simple. Regardez ce qui s'est passé avec le DIC[1] et avec les accidentés du travail[2]. » Quant à tenir la dépense, c'est un effort permanent, crise ou pas : « Il y a deux ans, on a tapé du poing sur la table au sujet des arrêts maladies. Il faut recommencer parce que 13 % ne sont pas justifiés. Il y a des gens qui se mettent en arrêt pour un oui ou un non. J'en connais et vous en connaissez aussi. » La route sera longue... Avant que la crise n'arrive et ne balaie tous les beaux principes budgétaires, Woerth admet qu'il s'était déjà heurté à des difficultés. « La révision générale des politiques publiques a permis jusqu'à présent d'expliquer comment faire fonctionner les services publics avec moins de fonctionnaires. Ce qui n'a pas fonctionné, c'est la révision. On tombe tout de suite sur des sujets épidermiques », analyse-t-il.

Le ministre n'a pas tous ces problèmes à Chantilly, la ville de l'Oise dont il est maire. La chambre régionale des comptes d'Île-de-France vient de dresser, dit-il, un rapport très satisfaisant sur la gestion de sa commune. « Ils me disent que Chantilly n'est pas assez endetté », s'amuse le ministre, pas peu fier d'ajouter que l'endettement de sa ville représente « 20 % de la moyenne des communes de cette taille » et que « les taux des impôts locaux n'ont pas été augmentés depuis une dizaine d'années ». Mais les contribuables ne vont pas être contents puisqu'ils sont en hausse en 2009. « De 4,5 % et je l'assume vis-à-vis des électeurs parce que j'ai fait cons-

---

1. Le droit à l'image collectif fait partie des avantages fiscaux que le gouvernement souhaitait supprimer à la fin de l'année 2009. Plusieurs députés de la majorité se sont opposés à l'extinction du DIC. Sa suppression a été reportée à juin 2010.
2. La fiscalisation des indemnités qui leur sont versées s'est heurtée aux critiques de l'opposition et aux doutes d'une partie de la majorité.

truire un centre aéré », lance Woerth qui vient de finir au pas de course la sole qui lui a finalement été servie. Il avale son café. Et file à l'Assemblée. Le marathon budgétaire continue.

Les bonnes nouvelles se confirmeront pour Éric Woerth, quelques jours après notre déjeuner. La commission présidée par les anciens Premiers ministres Alain Juppé et Michel Rocard remettra à Nicolas Sarkozy le rapport sur le grand emprunt, préconisant 35 milliards d'euros pour financer les investissements d'avenir. Un montant très éloigné des 50 à 100 milliards réclamés par les 63 députés. Quelques jours plus tard, Nicolas Sarkozy annoncera la tenue en janvier 2010 d'une conférence nationale sur les déficits publics. « Il faudra bien que les responsables de la Sécurité sociale, ceux des collectivités locales et ceux de l'État parlent ensemble [...]. Moi, j'ai promis que je ne remplacerai pas un fonctionnaire sur deux qui part à la retraite, mais si vous, les collectivités locales, vous en créez un de plus sur deux, comment on peut s'en sortir ? c'est le même pays », expliquera Nicolas Sarkozy pour justifier cette conférence. En 2006 déjà, le Premier ministre Dominique de Villepin avait lancé la conférence nationale sur les finances publiques...
Le discret Éric Woerth se retrouvera en décembre 2009 sous les feux des projecteurs. Les autorités suisses lui reprocheront d'avoir utilisé pour lancer sa traque contre les fraudeurs fin août 2009 un listing de trois mille clients français de HSBC, subtilisé par un cadre de la banque. La Confédération helvétique réclamera et obtiendra que lui soit transmis ce listing au terme d'un bras de fer avec l'État français. Pour autant, Éric Woerth ne suspendra pas les poursuites contre les fraudeurs, arguant que les données sur les clients français de HSBC « sont utilisables ». En janvier 2010, il annoncera que la cellule de régularisation créée pour permettre aux fraudeurs de revenir dans le droit chemin a permis de « récupérer 700 millions d'euros pour 3 500 personnes déclarées ».

Patrick Devedjian, ministre chargé de la Mise en œuvre du plan de relance

Mardi 17 novembre 2009, 13 heures
Hôtel de Cassini, 32, rue de Babylone, Paris VIIe

Déjeuner avec Patrick Devedjian est toujours une parenthèse singulière. Personnalité atypique du gouvernement, le ministre de la Relance cultive, à 65 ans, le détachement d'un vieux bonze tibétain. Devedjian, l'ancien militant du groupe activiste d'extrême droite Occident, l'ex-député UMP qui avait traité sa collègue du MoDem Anne-Marie Comparini de « salope », semble avoir tourné la page. Dans la salle des marbres de l'hôtel de Cassini, il paraît ailleurs. À voix basse et d'un ton égal, espaçant ses confidences de longs silences, notre hôte offre une tout autre facette de sa personnalité que celle colportée par les médias.

« Vieillir, c'est s'amputer », nous avait-il jeté, énigmatique et mélancolique, lors d'un précédent déjeuner. Nous remettons le sujet sur la table. « Quand on est jeune, à 20 ans, il y a plein de métiers que l'on peut faire, développe-t-il. Plus vous vieillissez, plus vos possibilités de choisir parmi vos rêves se réduisent. » Silence. « Vieillir, c'est renoncer à des rêves. Quand on est petit, on ne sait pas la liberté qu'on a », regrette ce fils de réfugié arménien. Avocat, ministre, président du conseil général des Hauts-de-Seine, à quels rêves a-t-il dû renoncer en chemin ? « À mon âge, par exemple, ça n'aurait pas de sens de se mettre au violon », lâche ce mélomane averti, qui nous conseille vivement, au passage, d'aller voir *Le Concert*[1], « film merveilleux d'amour de la musique ». Modeste parcelle de vérité, quand d'autres désirs certainement plus grands l'ont aussi abandonné.

Revenir sur la nomination, un mois plus tôt, de Jean Sarkozy à la tête de l'Epad est bien sûr une énorme faute de goût à la table de Patrick Devedjian. Nous y revenons toutefois. En guise de réponse, un épais silence emplit la pièce. « Vous n'êtes pas venues pour ça ! » lâche-t-il enfin, comme si nous avions atteint le sommet de la vulgarité. Et aussi, dans un sourire : « Je n'ai rien à dire... Tout a été dit, et très bien dit »...

L'affaire l'a touché de près, et le président du conseil général des Hauts-de-Seine s'est montré d'une loyauté exemplaire à l'égard du chef de l'État, malgré la guerre que lui livrent dans son département les époux Balkany[2]. Ayant atteint la limite d'âge de 65 ans le 26 août 2009, Devedjian ne pouvait plus continuer à présider l'Établissement public d'aménagement de la Défense. Un décret, rédigé en juillet par Matignon, aurait certes pu lui permettre de présider l'organisme au-delà, jusqu'aux cantonales de 2011. Mais l'Élysée a retoqué le décret ! « Alors que je demeure président de l'Établissement public de gestion de la Défense, pour lequel il n'y a pas de limite d'âge, souligne l'intéressé. C'est l'un des paradoxes de cette histoire. »

La voie était ainsi dégagée pour la candidature de Jean Sarkozy, 23 ans, président du groupe UMP au conseil général. Une candidature qu'en bon soldat, Devedjian, dont les relations sont notoirement tendues

---

[1]. Film de Radu Mihaileanu, sorti le 4 novembre 2009.
[2]. Patrick Balkany, maire de Levallois-Perret (Hauts-de-Seine) et son épouse Isabelle, proches de Nicolas Sarkozy, ont publiquement attaqué Devedjian, alors secrétaire général de l'UMP, entre les deux tours des élections municipales de mars 2008.

avec le fils du président, s'est bien gardé de critiquer. « Aux âmes bien nées, la valeur n'attend pas le nombre des années », a-t-il bravement commenté dans les médias lorsque a éclaté la polémique, promettant même de l'« aider ».

La réalité du pouvoir à l'Epad est-elle exercée par le directeur général, comme l'a prétendu Valérie Pécresse quelques semaines plus tôt, ou par le président du conseil d'administration ? Le ministre de la Relance donne un éclairage qui contredit la thèse de sa collègue : « L'établissement vend des droits à construire, explique celui qui l'a présidé deux ans durant. La grande décision est de savoir à quel prix. Or aucune décision ne peut être prise sans le conseil d'administration. »

Devedjian préfère ironiser sur l'énorme impact médiatique de cette « histoire », comme il l'appelle, qui a valu une telle réprobation au président, l'obligeant à reculer. « C'est un formidable moyen de faire parler de l'Epad dans le monde entier pour un coût modique, s'esclaffe-t-il. J'ai essayé de lancer une campagne de communication quand j'étais président, je ne suis jamais arrivé à un tel résultat ! » L'affaire a en effet fait grand bruit, jusqu'en Chine, où le quartier de la Défense passe pour un modèle d'urbanisme moderne.

Mais que pense vraiment Devedjian de son jeune concurrent des Hauts-de-Seine ? A-t-il du talent ? « Oh oui ! » répond le ministre sans hésiter. Lui promet-il, comme certains responsables de l'UMP, un grand avenir politique ? « Je ne sais pas, hésite-t-il. C'est compliqué et hasardeux, la vie politique. Et le Capitole est proche de la roche Tarpéienne. » Manière élégante de signifier qu'après les honneurs, la déchéance peut venir rapidement, y compris pour le fils du président ?

Lui-même, jeune avocat brillant, s'est lancé en politique, dit-il, « parce que je trouvais que la loi était mal faite. Alors j'ai eu envie d'y mettre mon grain de sel ». Devedjian, député de 1986 à 2002, puis de 2005 à 2008, a largement pu mettre son « grain de sel », en tant que législateur. Mais c'est Antony, la ville des Hauts-de-Seine dont il a été maire de 1983 à 2002, qui lui a, semble-t-il, donné le plus de satisfaction : « J'ai été très heureux comme maire », lâche celui qui a dû abandonner son fauteuil et devenir deuxième adjoint, parce que le président Jacques Chirac exigeait que les ministres ne dirigent pas un exécutif local.

Qu'Hubert Falco ait préféré rester maire de Toulon plutôt que de se lancer dans la bataille des régionales, quitte à prendre le risque de perdre sa place au gouvernement, Devedjian « le comprend, bien sûr ». « Et puis, Cincinnatus[1] l'a déjà expliqué : mieux vaut être le premier dans son village que le second à Rome. »

Qu'est-ce qui attire donc tant d'hommes et de femmes dans l'exercice des plus hautes fonctions politiques, comme celle de ministre ? « La réponse honnête est difficile », convient Devedjian. Avant de formuler une suggestion qui, pour le coup, semble « honnête » : « Il y a les lumières de la politique : vous êtes dans la lumière, les journalistes s'intéressent à vous, cela flatte votre ego », commence-t-il, signifiant d'un regard appuyé que notre présence à sa table en est la preuve. « Et puis, les gens prononcent correctement votre nom, bien qu'il soit difficile à prononcer, poursuit-il très sérieusement ; ils disent : Bonjour monsieur De-ved-jian », ironise-t-il en séparant bien les syllabes. Et le ministre de conclure, redevenu sérieux : « La lumière, c'est pour les papillons, on s'y brûle les ailes. » Silence. Il nous semble voir pas-

---

1. Consul romain de belle allure, qui, au Ve siècle avant Jésus-Christ, se retira à la campagne plutôt que d'exercer le pouvoir que Rome lui offrait. La phrase citée par le ministre est habituellement attribuée à César.

ser dans la salle des marbres les anges de Rachida Dati et de Rama Yade...

Le dimanche précédent, notre hôte s'est illustré par une violente attaque contre son successeur à la tête de l'UMP, Xavier Bertrand. Lui reprochant d'avoir signé un protocole d'accord avec le Parti communiste chinois, et le mettant au défi de faire aussi bien que lui à l'UMP. « J'ai été attaqué, j'ai répondu », nous dit-il tranquillement. Quelques jours plus tôt, en effet, le président Sarkozy, recevant quelques journalistes, a reconnu que « le choix de Devedjian comme secrétaire général de l'UMP était une erreur, il n'aimait pas ça, ne s'en occupait pas ». Des reproches qui lui sont allés droit au cœur. « J'ai beaucoup servi de fusible, explique celui qui a en effet essuyé de nombreuses critiques lorsqu'il officiait rue La Boétie, au siège de l'UMP. Un an après, je pense que le concept de fusible n'est plus de mon ressort. » Silence. « Je répondrai à chaque fois qu'on m'attaquera », explique celui qui s'est éloigné de Sarkozy depuis mai 2007. Voilà le président prévenu.

Un article dans la presse, le matin même, relate ces règlements de comptes à fleuret moucheté. Le titre ne lui a pas plu. « Je sais, vous allez me dire que ce ne sont pas les journalistes qui font les titres, s'anime-t-il. Sur les titres, on est dans l'omertà ! On ne sait jamais qui les a faits. Ça doit être un type de la CGT qui passait au marbre[1]... » Nous lui confirmons que nous ne choisissons pas toujours les titres de nos papiers. « Si j'étais journaliste, je n'accepterais pas qu'on chapeaute mon papier d'un titre que je ne cautionne pas, s'enflamme-t-il. Donc je considère que le journaliste est responsable. On est

---

1. Terme de presse écrite faisant référence à la technique d'impression. Le marbre est le plateau de fonte polie sur lequel les typographes faisaient la correction des textes.

dans une société de liberté, plaide l'ancien avocat. Si j'écris un livre, je n'accepte pas un titre qui ne me convient pas. Raymond Aron[1], lorsqu'il écrivait dans *Le Figaro*, ne laissait jamais passer un titre qui n'avait pas son accord. » Nous lui faisons remarquer avec amusement que nous ne sommes pas Raymond Aron et qu'au gouvernement, les ministres acceptent aussi des choses qui ne leur conviennent pas forcément. « La différence, c'est qu'il n'y a pas de syndicat de ministres, observe-t-il curieusement. Dans la presse, il y a des instruments qui permettent de défendre les journalistes. » Que ce libéral assumé, notoirement anticommuniste, puisse imaginer un « syndicat des ministres », fait sourire...

Que pense-t-il d'ailleurs de la célèbre formule de Jean-Pierre Chevènement : « Un ministre, ça ferme sa gueule ou ça démissionne » ? Devedjian la trouve « un peu brutale », et lui préfère la phrase un peu moins célèbre mais beaucoup plus élégante de Disraeli : « Je vote avec mes amis comme un gentleman, et non pas selon ma conscience comme un aventurier. »

Redevenu sincère et moins bretteur, Devedjian finit par admettre que la fonction de ministre va de pair avec quelques compromissions : « Le rôle d'un membre du gouvernement, c'est d'avaler des couleuvres, quel que soit le gouvernement. À vous de faire des choix : il y a les petites couleuvres, les grosses, les occasionnelles, les permanentes... Comme toujours, le débat est sur les limites. Il n'y a pas d'absolu. »

La conversation suit un cours sinueux, et nous voilà à évoquer la relativité en politique. Le gouvernement souhaite introduire, dans sa réforme territoriale, le scrutin uninominal majoritaire à un tour, pour l'élection des

---

1. Philosophe et sociologue, qui fut pendant trente ans éditorialiste au *Figaro*.

futurs conseillers territoriaux. Déjà, Guy Carcassonne, professeur de droit reconnu, crie à l'inconstitutionnalité. Ce qui fait sourire le ministre : « Je peux vous trouver quatre constitutionnalistes qui défendent une thèse, et quatre autres une thèse différente. » Lui-même, lorsqu'il était avocat, a dû défendre devant les tribunaux un rabbin ashkénaze, attaqué par un rabbin sépharade. « J'ai fait témoigner au procès le grand muphti de Jérusalem, qui a dit le droit religieux. Eh bien, la partie adverse a fait témoigner le grand muphti d'Israël, qui a évidemment dit l'inverse ! » Une anecdote qui lui inspire une « blague juive » qu'il nous narre avec délectation : « C'est Shlomo qui va voir le rabbin et qui lui raconte qu'il est en conflit avec Lévy, son voisin. Après l'avoir écouté, rabbi lui dit : "C'est toi qui as raison, Lévy." Le lendemain, Shlomo va voir le rabbin pour la même affaire. "C'est toi qui as raison, Shlomo", lui dit le rabbin. "Mais rabbi, ce n'est pas honnête ce que tu fais, s'indigne Shlomo. Tu as dit à Lévy qu'il avait raison, et tu me dis la même chose." Et rabbi de lui répondre : "Tu as raison." »

Les curiosités de journalistes permettent parfois de vraies découvertes. Ainsi voulons-nous savoir si notre hôte a lu ou lira les Mémoires de Jacques Chirac, récemment parus[1]. Oui, il va les lire. « Mais d'une façon générale, je lis peu les livres politiques, parce qu'il n'y a rien dedans », assène-t-il. Ainsi ne lira-t-il pas celui de son ancien collègue Bernard Laporte[2], ex-secrétaire d'État aux Sports. Ni celui de Valéry Giscard d'Estaing, *La Princesse et le président*, écarté d'un : « Quel naufrage ! » Ni même *La Mauvaise Vie* de Frédéric Mitterrand, son collègue de la Culture, dont on a tant parlé : « Ça ne m'attire

---

1. *Chaque pas doit être un but*, Nil, 2009.
2. *Un bleu en politique*, Solar, 2009.

pas. » Ni celui, tout juste sorti, de Nathalie Kosciusko-Morizet, intitulé *Tu viens* ? « Elle me l'a envoyé, avec une jolie dédicace », reconnaît-il pourtant. « Si je fais la liste de tous les livres que je voudrais lire jusqu'à ma mort, il me reste trop peu de temps ! » explique-t-il. Devedjian détaille le calcul un brin morbide auquel il s'est livré : partant du principe qu'il ne lira « que jusqu'à 90 ans, parce que, après, soit on est mort, soit on ne lit plus », et à raison de deux livres par semaine en moyenne, son rythme actuel, il lui reste, calcule immédiatement sur son téléphone portable son attachée de presse, 2 600 livres à lire ! « Si je lis des livres politiques, ils me voleront Proust, Stendhal, Flaubert... »

Cet affamé de littérature a toujours un roman à portée de main. « Dans une journée, il y a toujours des interstices. Quand j'ai un quart d'heure à perdre, je lis dix pages. » Sans difficulté, « parce que je n'en suis jamais sorti ». Le ministre nous avoue pourtant dormir « huit heures par jour », ce qui laisse peu de place, dans son agenda de ministre, pour la lecture. « Mais je suis capable de dormir n'importe où, en avion, en train, et même debout dans le métro. »

Actuellement, le papivore est dans sa période « italienne », lisant le *Dictionnaire amoureux de l'Italie*, de Dominique Fernandez, qui lui donne envie de nouvelles lectures, comme celle de Leonardo Sciascia. « Je ne vais quand même pas me faire piquer Sciascia par un sous-essai politique », lance-t-il, amusé. Et puis, « je n'ai pas lu la correspondance de Proust », « je n'ai pas fini de lire Léautaud », et « j'ai entrepris de relire tout Balzac ». « Les *Mémoires d'outre-tombe* de Chateaubriand, c'est irremplaçable », rêve-t-il, les yeux brillants. « Balzac, je l'ai lu comme un imbécile quand j'avais vingt ans. *La Comédie humaine*, c'est génial ! » « Proust, je l'ai lu à 23 ans, et je suis quand même passé à côté de l'essentiel. Donc je ne vais pas m'emmerder avec des romans de gare. » Le ministre avoue lire peu d'auteurs contemporains, sauf certains étrangers comme le Turc Orhan Pamuk[1] ou le Français d'origine chinoise devenu académicien, François Cheng.

Mais, dévoré par une telle passion des livres et après tant d'années de compagnonnage politique, comment est-il parvenu à ne pas transmettre le virus à Nicolas Sarkozy, qui semble n'avoir découvert que tout récemment la littérature française ? « Chacun son chemin », réagit-il, le regard s'assombrissant. « Mais je l'ai vu lire Malaparte[2]. C'est pas mal, Malaparte... même si Fernandez le démolit. »

Le lendemain de ce déjeuner, alors que nous suivons la retransmission des questions d'actualité de l'Assemblée nationale à la télévision, nous surprendrons Patrick Devedjian, assis sur le banc des ministres, luttant pour ne pas sombrer dans les bras de Morphée. Il peut effectivement dormir « n'importe où »...

Après ce petit somme, le ministre de la Relance se rendra chez un concessionnaire Citroën de Pantin (Seine-Saint-Denis) pour remettre la 500 000ᵉ « prime à la casse », se félicitant d'un « succès qui a dépassé les prévisions du gouvernement ». Nous réaliserons alors qu'il ne nous a pas dit un mot de son action ministérielle, durant les deux heures passées à sa table ! Pourtant, à la tête d'une enveloppe de 33 milliards d'euros, Devedjian est celui qui, afin d'aider le pays à sortir de la crise, met du charbon dans la machine en signant les chèques pour construire, là une maison de retraite, ici une route, ou des programmes de logements. Multipliant les poses de première pierre dans

---

1. Prix Nobel de littérature 2006.
2. Curzio Malaparte, écrivain, journaliste, correspondant de guerre et diplomate italien, mort en 1957. A écrit notamment *Kaputt* et *La Peau*.

l'Hexagone. Au point que Brice Hortefeux l'a gentiment surnommé « l'as de la truelle »...

La mission de Devedjian, entamée en décembre 2008, doit cependant s'achever courant 2010. Posant la question de son avenir politique. Certains le verraient bien au Conseil constitutionnel, où trois postes sont à pourvoir début 2010. Pour déjouer l'opération, il attaquera en tout cas durement le Conseil constitutionnel, le 12 janvier. Devedjian dénoncera notamment les nominations de personnalités politiques au sein de l'institution. S'interdisant de facto d'y siéger lui-même. « Ça voudrait dire prendre ma retraite politique, or je n'ai pas envie de la précipiter », dira-t-il. Il annoncera son intention de se représenter à la présidence du conseil général des Hauts-de-Seine en 2011, un poste convoité par Jean Sarkozy. À 65 ans, Devedjian ne veut pas dételer.

Bruno Le Maire, ministre de l'Alimentation, de l'Agriculture et de la Pêche

Lundi 23 novembre 2009, 8 h 57
Gare de l'Est à Paris,
dans un TGV en partance pour Reims

Voici enfin Bruno Le Maire, l'étoile montante du gouvernement ! Nous ne sommes ni dans son bureau, ni dans une coquette salle à manger de son ministère. Mais à la gare de l'Est, dans une rame de TGV en partance pour Reims, en compagnie d'une flopée de conseillers. Il est 9 heures du matin. La journée du ministre est chargée. Elle débute par la visite d'un lycée agricole privé de la Marne et s'achèvera ce soir par une entrevue avec le président de la République, pour discuter du projet de loi de modernisation de l'agriculture en cours d'élaboration. Le Maire a besoin d'un petit remontant. « J'aimerais bien un café », glisse-t-il à un de ses conseillers. Pas de croissants, pas de jus d'orange ? Moi qui pensais prendre mon petit déjeuner avec lui. C'est raté.

N'attendez pas de Le Maire qu'il soigne la mise en scène. Il n'aime pas les artifices. Aimable mais réservé, attentif mais pas intrusif, loquace mais pas bavard, il cultive la sobriété. Pour Le Maire, la politique est une chose sérieuse. Il n'a pas l'intention de m'entretenir des dernières rumeurs qui courent dans le gouvernement, des hauts et des bas de ses collègues ou des derniers compliments que lui a faits le Château. « La question, affirme-t-il, ce n'est pas de savoir si le président et le Premier ministre m'aiment ou ne m'aiment pas. C'est de

savoir s'ils sont satisfaits de mon travail ou pas. »
D'emblée, il plante le décor et donne la tonalité de ce
que doit être, à ses yeux, l'échange entre un ministre et
un journaliste politique. Puisqu'il est à l'Agriculture,
c'est d'agriculture qu'il va parler. « Les choses avancent
dans la bonne direction, dit-il sans s'extasier. On est en
train de sortir de la crise agricole. Il ne faut pas faire
d'erreur, mais le plan d'urgence a eu son effet. »
Nommé fin juin 2009, l'ancien député de l'Eure n'a eu,
pour le moment, que des crises à gérer. Le secteur agricole va très mal. Des pêcheurs aux éleveurs de porcs, des
producteurs de lait aux céréaliers, toutes les filières sont
dans la tourmente. Les agriculteurs vont encore voir
leurs revenus baisser de près de 35 % en 2009. Une nouvelle diminution après celle de 20 % en 2008.

À l'approche des élections régionales, le gouvernement ne peut pas se permettre de décevoir cet électorat
qui vote massivement à droite mais qui, vu les circonstances, pourrait être tenté par le Front national. « Le FN
se nourrit de désespoir et d'impuissance politique. Il a
toujours réponse à tout », s'énerve Le Maire. D'où le
plan d'urgence annoncé fin octobre et qui semble, pour
le moment, porter ses fruits. Depuis quelques jours, Le
Maire n'est plus accueilli par des jets de pierre ou des
lancés de steaks hachés dès qu'il pointe le bout de son
nez hors de la capitale. « Parfois, je n'étais qu'à quelques millimètres du coup de poing, c'était violent. »

Les esprits se sont apaisés. Et le ministre profite de ce
déplacement à Reims pour m'expliquer la réalité de son
maroquin. « Tous mes prédécesseurs m'avaient dit : Tu
verras, l'Agriculture c'est un petit Matignon. Et c'est
vrai », dit-il. Matignon ? L'ancien directeur de cabinet
de Dominique de Villepin, nommé secrétaire d'État aux
Affaires européennes en décembre 2008, propulsé à
l'Agriculture en juin 2009, désigné chef de file de la
majorité en Haute-Normandie pour les régionales de

Déjeuners avec des ministres sous pression

2010, se verrait-il déjà en remplaçant de François Fillon ? La question l'agace : « J'ai lu des choses me concernant là-dessus. C'est absurde. Ce sont des hypothèses absurdes. Nous avons un Premier ministre remarquable. Je ne vois pas qui peut faire le travail mieux que Fillon. » Il précise sa pensée : « Le petit Matignon, c'est l'expression de Dominique Bussereau et d'Hervé Gaymard. Tous les deux m'ont dit qu'ils avaient mis six mois à s'en remettre tellement c'est épuisant. » L'Agriculture serait donc aussi un enfer...

Pour m'en convaincre, il énumère ses derniers déplacements. Veillant au passage à n'oublier aucune des dimensions et des enjeux du « job ». Belle démonstration de pédagogie ! Il commence par les aspects internationaux de son portefeuille, de loin les plus inquiétants puisque un milliard de personnes sur terre ne mangent pas à leur faim. « Il y a une semaine, illustre-t-il, j'étais à Rome au sommet de la FAO[1] et j'ai discuté avec le président brésilien Lula et différents chefs d'États africains. Ils veulent développer leur autonomie, mais beaucoup de pays viennent leur manger sur la tête. La France est l'un des rares à plaider pour cette autonomie alimentaire. » Il poursuit la description en mettant cette fois l'accent sur la dimension très européenne de son poste. C'est à Bruxelles que se fait – ou se défait – l'agriculture française ! « Vendredi, j'y étais. J'ai participé à un Conseil des ministres de l'Agriculture jusqu'à 16 heures et j'ai ensuite enchaîné avec un Conseil des ministres de la Pêche. Je ne me plains pas. Mon job est passionnant et c'est logique qu'un ministre de l'Agriculture soit aussi en charge de la pêche. Mais j'ai fait la navette entre le conseil et l'hôtel pour expliquer aux syndicats de pêcheurs comment avan-

---

1. Organisation des Nations unies pour l'Alimentation et l'Agriculture.

çaient les discussions sur les mailles de filet. » Ce jour-là, Bruno Le Maire, comme ses collègues portugais et italiens, a eu gain de cause. Pour préserver les ressources en poisson, Bruxelles proposait d'élargir la taille des mailles des filets de pêche. Les ministres européens ont choisi de reporter la décision. « Si elle était passée, analyse-t-il, je n'aurais pas pu n ettre un pied dans un port de pêche. Et aucun membre du gouvernement non plus. » Le Maire a eu chaud...

D'autres dossiers européens encore plus lourds attendent le ministre. En haut de la pile, la renégociation de la politique agricole commune (PAC). Ce sera LA grande affaire de 2010. Il y a aussi la délicate question des aides que l'État français a accordées aux producteurs de fruits et légumes, et que la Commission leur demande de rembourser. Ce dossier a, d'ailleurs, gâché les vacances d'été du ministre qui a dû rentrer en catastrophe à Paris, le lendemain de son arrivée sur son lieu de villégiature. 500 millions d'euros sont en jeu. Contrairement à ses prédécesseurs, le plus européen des ministres de l'Agriculture a choisi de ne pas faire de l'Europe un bouc émissaire, préférant expliquer aux producteurs de fruits et légumes qu'ils devront rembourser. Pas question de fragiliser la France à quelques mois des négociations sur la PAC. En revanche, depuis, il se bat pour que Bruxelles accepte de baisser le montant de la facture. « Je voudrais qu'on la réduise de moitié. Je pense qu'on va y arriver mais les négociations sont complexes. On avance deux millions par deux millions », dit-il. Devenu bon camarade, il n'accable plus ses prédécesseurs qui ont donné des subventions sans s'assurer au préalable que Bruxelles n'y trouverait rien à redire. « Quand il y a une crise agricole, dit-il, il faut réagir vite. Ce n'est pas en mois que ça se joue, c'est en jours. » En août 2009, le ministre avait tenu un tout autre discours, reprochant à ses prédécesseurs d'avoir été un peu légers dans l'octroi des subventions.

Lui, en tout cas, a su trouver la parade. Et le fait savoir au passage. Puisque Bruxelles est chatouilleux sur les subventions, il a voulu se donner davantage de marges de manœuvre. Et y est parvenu. « Le montant de l'aide d'État accordée aux exploitations était plafonné à 7 500 euros sur trois ans. On vient de passer à 15 000 euros. Cela m'a pris quatre mois pour convaincre les autres pays, mais j'y suis arrivé. »

Quatre mois seulement. La crise a certainement aidé le quadragénaire à arriver à ses fins. Mais il a aussi quelques atouts dans sa manche. En tant qu'ancien secrétaire d'État aux Affaires européennes, il connaît parfaitement la mécanique de Bruxelles. Il maîtrise aussi l'anglais et l'allemand sur le bout des doigts. Est-il le seul du gouvernement à s'en sortir si bien face aux partenaires européens ? Non. « Brice Hortefeux a fait un très bon travail sur l'immigration. Et Christine Lagarde aussi », dit-il.

Le quotidien d'un ministre de l'Agriculture, c'est aussi « l'échelle nationale ». Comprenez les visites d'exploitations agricoles, les rencontres avec les pêcheurs, les dégustations de boudins, de vins, de fruits, etc. « Il faut, explique-t-il, aller sur le terrain deux fois par semaine, dans les exploitations et les écoles agricoles. » Mais ce ministre bon chic bon genre a-t-il le costume adéquat, et la personnalité qui colle à la fonction ? Le Maire esquisse le sourire de celui qui a déjà trop entendu la question. « On ne me connaît pas », répond-il. Puis, il se défend. Le normalien, diplômé de Sciences-Po Paris et de l'ENA n'aime pas plus les caricatures que les artifices. « Ce qui est bien, c'est de discuter avec Lula ; mais c'est aussi bien de rencontrer les agriculteurs. Il n'y a rien de pire que de s'enfermer dans une catégorie étroite. Il n'y a rien de pire que cela. » D'ailleurs, le voilà qui se lance dans le récit de sa rencontre, quelques jours plus tôt, avec un éleveur de porcs du Pas-de-Calais. Il se souvient parfaitement des difficultés de celui-ci. Ce qui, au passage, est bien la preuve qu'il prête aux agriculteurs autant d'attention qu'à Lula. « Il a refait son installation il y a quatre ans, raconte Le Maire. Il a investi 250 000 euros. Les porcs n'ont pas beaucoup de place mais tout est propre. Le problème, c'est qu'une nouvelle norme va entrer en vigueur en 2013, et qu'elle impose un peu moins de 3 m^2 pour chaque animal. Il va devoir refaire des travaux et il ne peut pas. » Le Maire fait une pause puis reprend : « On va essayer de trouver une solution. On va essayer de lui obtenir une dérogation. Il faut écouter les gens, il faut écouter le bon sens. » Ah ! le bon sens terrien !

À l'entendre, beaucoup de ses collègues du gouvernement l'auraient perdu depuis belle lurette. Trop inquiets à l'idée de perdre leur portefeuille ou de ne pas progresser, ils auraient perdu de vue la raison pour laquelle ils ont été nommés ministres. « Je suis persuadé, martèle-t-il, que si on est trop accroché à son poste, on se fragilise. Mon avenir n'a aucune espèce d'importance. J'estime avoir eu jusqu'ici beaucoup de chance. Quand on a beaucoup de chance, on ne va pas en plus s'inquiéter de son avenir ! » Le Maire n'apprécie pas non plus les rumeurs colportées et les mesquineries entre collègues. « Ce que je n'aime pas dans la vie politique, dit-il, c'est les conflits de personnes, les remarques blessantes. » Ne pas rentrer dans le jeu réclamerait un effort de chaque instant. « Il faut, poursuit-il, s'imposer une discipline personnelle pour se dégager de cet aspect de la politique et pour se consacrer pleinement à son métier. » Puis il enchaîne sur la réalité crue de l'univers dans lequel il évolue : « Tout, dans la politique, vous tire vers le bas, vous incite à critiquer votre voisin. Quand on est ministre, on a la chance d'être utile. Il faut saisir cette chance. J'ai toujours mis en garde mes collaborateurs : Ne critiquez pas inutilement, ne faites que des propositions. Bien sûr, c'est difficile. Il y a des critiques tous les jours. La tentation, c'est d'y répondre. » Le Maire poursuit sur sa lancée, visiblement très agacé par le comportement de certains de ses collègues : « Un jour, Jacques Attali a demandé à François Mitterrand quelle était à ses yeux la plus grande qualité d'un homme politique. Mitterrand a répondu : "J'aurais aimé pouvoir vous répondre le courage. Mais dans le fond, je crois que c'est l'indifférence." » Le Maire, évidemment, partage le point de vue de l'ancien président socialiste. Indifférent aux critiques, épouvanté à l'idée que l'on mette toute son énergie à nuire, il se consacre donc totalement à sa fonction, c'est du moins l'impression qu'il veut laisser : « Moi je suis là pour soutenir la trésorerie des agriculteurs, moderniser l'agriculture et la pêche, et mettre l'agriculture en ordre de bataille avant les négociations de la PAC. Le reste de mon temps, je le consacre à ma femme et à mes enfants. » Père de deux petits garçons, il regrette sans aucun doute de ne pas passer davantage de temps auprès de sa famille. Il a même signé un livre[1] dans lequel il raconte jour après jour, d'une écriture élégante, ses années passées à Matignon, auprès de Dominique de Villepin. Une chronique quasi quotidienne dans laquelle il est souvent question de ses fils, qu'il n'a pas vu grandir, trop occupé qu'il était à traiter les affaires de la France.

Dans le gouvernement, Le Maire a un statut à part. L'ancien directeur de cabinet de Dominique de Villepin, élu député de l'Eure en 2007, est passé de l'autre côté en acceptant de rejoindre Nicolas Sarkozy. Mais il

---

1. *Des hommes d'État*, Grasset, 2007.

ne renie pas son attachement à l'ancien Premier ministre. Dès qu'il le peut, il lui témoigne même son affection. En raison de l'affaire Clearstream, la justice a interdit tout contact entre les deux hommes. Les marques d'estime et d'admiration s'échangent donc par médias interposés. Ce 23 novembre, c'est au journaliste de se transformer en passeur, en pigeon voyageur. Mais au préalable, le ministre doit en dire davantage sur les propos qu'il a tenus une dizaine de jours plus tôt, sur Europe 1. La presse avait eu toutes les peines du monde à les analyser, certains journalistes y voyant une nouvelle preuve de sa fidélité à Villepin, quand d'autres les assimilaient à une prise de distance. Le Maire sourit à l'évocation de ces analyses contradictoires : « Le langage politique ne supporte pas le contraste et les nuances », analyse-t-il. Certes, mais après un an passé auprès de Sarkozy, se sent-il toujours aussi proche de l'ancien Premier ministre ? Il assure que oui. « J'ai fait des choses exceptionnelles grâce à lui et je lui dois d'avoir vécu des choses exceptionnelles. Je ne peux pas oublier tout cela et le président de la République le sait très bien. » D'ailleurs, selon Le Maire, Villepin le magnifique devrait avoir toute sa place dans la majorité. « C'est quelqu'un qui peut apporter des choses, que l'on doit écouter et à qui on doit faire une place », explique-t-il. Il ajoute : « Cela ne m'empêche pas de penser que le candidat de 2012 sera Nicolas Sarkozy et je n'en vois pas beaucoup d'autres que lui dans notre famille politique. » Traduction : Villepin a toute sa place à l'UMP, sauf celle de présidentiable...

Soucieux de ménager à la fois Sarkozy et l'ennemi intime de celui-ci, Le Maire est un homme qui stationne entre deux rives. Alors n'allez surtout pas lui dire qu'il est un traître ! « J'ai accepté d'être ministre dans le gouvernement de Sarkozy sans avoir rien demandé à personne », se défend-il dans un joli lapsus qu'appréciera le Premier ministre. Et d'ailleurs, souligne-t-il, « Nicolas Sarkozy n'aime pas les traîtres, il les utilise ».

Contrairement à l'ex-socialiste Éric Besson, Bruno Le Maire n'a pas franchi le Rubicon. Il témoigne toujours son estime à Villepin, n'encense pas Sarkozy – auquel il reconnaît tout de même de nombreuses qualités – et donne des gages à Fillon : « On a un couple exécutif qui marche très bien. Le président et le Premier ministre ont réussi à nous faire traverser la crise dans les meilleures conditions possibles. Je ne fais pas partie des sarkozystes, loin de là, mais il faut reconnaître que les choix qui ont été faits étaient les bons, notamment sur la gestion de la crise économique. Je trouve étonnant le jugement que l'on porte sur le président par rapport à la réalité de ce qu'il a fait. Il y a un décalage. » D'où provient-il ? Peut-être de l'affaire Jean Sarkozy ? Le Maire ne répond pas... Il est loyal à tous.

Alors que le TGV approche de Reims et qu'hélas nous n'avons pas eu de café, le ministre embraye d'ailleurs sur sa vision de la solidarité gouvernementale. Dans ce domaine comme dans beaucoup d'autres, il est un puriste. « Quand on est ministre, on doit au gouvernement une loyauté totale. On n'est pas un pied dedans, un pied dehors », s'énerve-t-il. Manifestement, les dernières sorties des fortes têtes du gouvernement lui ont déplu. Le haut-commissaire Martin Hirsch s'est à nouveau illustré en critiquant le débat sur l'identité nationale lancé par son collègue de l'Immigration. Rama Yade s'est publiquement opposée à sa ministre de tutelle sur les avantages fiscaux accordés aux sportifs de haut niveau. Et Fadela Amara a critiqué la reconduite dans leur pays en guerre de trois clandestins afghans. Pour Le Maire, les oppositions doivent se régler à huis clos. Il poursuit : « Il faut être loyal vis-à-vis de la politique du gouvernement et donc vis-à-vis des ministres qui la portent. Et il n'existe pas de gouvernement avec lequel vous pouvez être d'accord sur toutes les décisions. Quand il y a un problème, il faut en parler avec François Fillon. Nicolas Sarkozy aussi est très accessible. Il répond aux demandes, il discute. » Pour l'heure, le ministre ne semble pas avoir connu pareille situation. Si c'était le cas, il n'en dirait rien de toute façon. Mais il prévient : « S'il devait y avoir une décision qui me pose un problème majeur… » Puis l'homme qui stationne entre deux rives se reprend : « Ce n'est pas le cas… Les Français ne mesurent pas à quel point les choix qui ont été faits pour contrer la crise ont été les bons. Et c'est ce qui fait que je suis à l'aise dans ce gouvernement. » Et s'il venait à perdre des arbitrages, serait-il toujours aussi loyal ? « Je respecterais l'arbitrage et je le défendrais. » Le TGV vient d'entrer en gare de Reims. Le Maire se lève. Direction : un lycée agricole privé. Et ce soir, l'Élysée.

La colère des agriculteurs sera bien plus difficile à calmer que ne l'imaginait Bruno Le Maire. Deux jours après son voyage à Reims, une manifestation des viticulteurs de l'Hérault, organisée à Montpellier à l'appel du syndicat des vignerons du Midi, dégénérera en affrontements avec les mille policiers et gendarmes mobilisés pour la circonstance. Les milliers de manifestants réclameront des aides pour compenser la diminution des cours du vin depuis cinq ans, ainsi que la baisse des volumes et l'augmentation des charges. En Bretagne, les producteurs de lait réclameront la réouverture des négociations sur le prix du lait pour novembre et décembre, allant jusqu'à bloquer un laboratoire d'analyse pour obtenir gain de cause. La tâche du ministre s'annonce encore plus difficile que prévu.
En janvier 2010, Bruno Le Maire présentera en Conseil des ministres son projet de loi de modernisation de l'agriculture et de la pêche dont l'objectif est notamment de stabiliser les revenus

Déjeuners avec des ministres sous pression

des agriculteurs, ou de leur permettre de mieux les anticiper. S'il est voté en l'état au Parlement, producteurs et acheteurs signeront bientôt des contrats écrits dans lesquels figureront à la fois les volumes des livraisons futures et leur prix.

Laurent Wauquiez, secrétaire d'État chargé de l'Emploi

Mardi 1ᵉʳ décembre 2009, 13 heures
Hôtel de Seignelay, 80, rue de Lille, Paris VIIᵉ

Nous revoici dans cet hôtel particulier où les ministres de Bercy disposent d'un bureau, à deux pas de l'Assemblée nationale. Nous y avions déjeuné en septembre avec Christian Estrosi. Nous y retrouvons cette fois Laurent Wauquiez. La table a été dressée dans son joli bureau, où ancien et moderne se tutoient, chaises en plexiglas sur parquet ancien. Le secrétaire d'État ne laissera rien au hasard au cours de ce déjeuner. Chaque parole aura sa raison d'être, la moindre anecdote servira à démontrer une idée, chaque affirmation sera le fruit d'une expérience, aucun interstice ne permettra au doute de s'insinuer dans la conversation, et même les tableaux accrochés aux murs s'avéreront porteurs d'un message obligeamment décodé...

À 34 ans, le secrétaire d'État à l'Emploi passe, il est vrai, pour l'un des plus brillants sujets du gouvernement. Il en a le CV en tout cas. Admis au concours de l'École normale supérieure à 19 ans, sorti major de l'ENA à 26 ans (promotion Mandela), benjamin de l'Assemblée nationale à 29 ans, nommé ministre à 32, Wauquiez, doté d'une belle gueule et d'une certaine prestance, a vite progressé. Mais a aussi commis quelques faux pas au début du quinquennat. Bombardé porte-parole du gouvernement, en juin 2007, il n'a guère révolutionné le genre, comme il l'avait promis à son arrivée et, un rien grisé, s'est montré trop bavard. Il s'est vu remplacé, neuf mois plus tard, par Luc Chatel. En échange, il a décroché le secrétariat d'État à l'Emploi... quelques mois avant le début de la crise. Depuis, il est devenu le messager des mauvaises nouvelles. Les augmentations du nombre de chômeurs, c'est à lui de les annoncer ! D'ailleurs, il vient de livrer les tout derniers et bien mauvais chiffres : 52 400 chômeurs de plus en octobre. Alors qu'il rêvait d'un ministère plein, il n'a pas grimpé, depuis, dans la hiérarchie gouvernementale, restant secrétaire d'État quand Chatel, encore lui, ou Bruno Le Maire sont devenus ministres de plein exercice.

Depuis mars 2008, à l'Emploi, Wauquiez tente donc de se racheter une conduite. Et s'interroge à voix haute sur les renoncements que l'ambition exige. « Est-ce que la politique repose nécessairement sur des vies déséquilibrées, sur le modèle du sacrifice absolu ? » lance-t-il ainsi en début de repas. Wauquiez évoque l'*hubris*, cette notion grecque signifiant la démesure. Doit-on forcément tout sacrifier pour réussir en politique ? Le jeune secrétaire d'État veut croire que non. « Regardez Pompidou, il a gardé un équilibre », se rassure-t-il. À l'en croire, l'irruption de l'*hubris* en politique daterait seulement de « la fin des années 70 ». Et ne se justifierait pas. « Le mythe du type qui bourre son agenda et qui dort cinq heures par nuit, moi, je n'y crois pas, affirme-t-il. Sarko, à 20 h 30, il arrête tout, il s'offre un temps de respiration. » Et lui-même, quelques échelons en dessous, suit l'exemple venu d'en haut : « Je garde du temps pour ma famille. »

Mais le temps n'est pas tout. Wauquiez, médiatisé depuis la parution de son livre, *Un Huron à l'Assemblée nationale*[1],

---

1. *Un Huron à l'Assemblée nationale : petit manuel à l'attention de ceux qui veulent secouer la politique*, éditions Privé, 2006.

n'échappe pas davantage que les autres aux intrusions de la sphère politique dans sa vie intime. Ainsi raconte-t-il avoir « vécu douloureusement » les conséquences de l'affaire Frédéric Mitterrand[1]. Il avait, à l'époque, et conformément aux instructions de l'Élysée, pris la défense du ministre de la Culture, accusant ceux qui ont lancé la polémique de faire de la « politique de fond de cuve ». « Le résultat, ça a été des affiches collées dans ma commune, sur le chemin de l'école que prend mon fils tous les jours, proclamant : Wauquiez la pourriture, la honte de l'Auvergne », s'indigne-t-il. « Dieu merci, mon fils, âgé de six ans, ne sait pas encore lire. » Et l'auteur présumé du forfait, « un type appartenant à un groupuscule néonazi », a été retrouvé. « Grâce à une législation anti-affichage sauvage » au Puy-en-Velay[2], la commune dont il est maire depuis mars 2008, « on a réussi à l'accrocher », se félicite-t-il. À raison d'une amende de 1 000 euros par affiche, l'individu devrait être redevable de 50 000 euros, calcule l'élu.

Il confie s'être interrogé, plus généralement, sur l'attitude à observer avec ses jeunes enfants. Devait-il ou non leur parler de son métier si particulier ? « Claude Chirac m'a dit qu'il n'y avait rien de pire que de ne pas en parler, rapporte-t-il. Elle m'a dit : Il ne faut pas que ton fils ait l'impression que les autres en savent plus que lui sur son père. Et elle a raison. »

---

[1]. Début octobre, après avoir pris la défense du cinéaste Roman Polanski, poursuivi par la justice américaine pour ses relations intimes avec une fillette de 13 ans, le ministre de la Culture Frédéric Mitterrand s'est vu reprocher par Marine Le Pen (FN) et Benoît Hamon (PS) ses écrits anciens. Dans *La Mauvaise Vie*, parue en 2005, Mitterrand raconte avoir pratiqué le tourisme sexuel en Thaïlande.

[2]. Préfecture de la Haute-Loire.

Le père de famille, maire et secrétaire d'État à l'Emploi se désole encore d'avoir trouvé « des tracts syndicaux dans le cahier de correspondance de mon fils ». « Dès lors qu'on est un personnage public, il n'y a pas de frontière pour les gens. Le dimanche, quand je me promène en famille, ils viennent me voir, il n'y a pas de sphère privée. Mais sans doute a-t-on une part de responsabilité... »

Pourtant, Wauquiez ne renoncerait pour rien au monde à son mandat de maire. « Je suis convaincu qu'être de quelque part, ancré dans un territoire, reste très important », assène l'énarque. Car « un homme politique, c'est toujours l'infiniment grand et l'infiniment petit, le mondial et le local, le long terme et le court terme... C'est d'une grande richesse d'articuler tout cela ». L'ode à l'ancrage local ne s'arrête pas là. « Un ministre est quelqu'un qui vit hors-sol : tout est toujours prêt, tout le monde lui dit oui tout le temps, tout est parfaitement bétonné quand il arrive quelque part. » Alors que le maire d'une commune de 20 000 habitants, lui, serait au contact direct des Français et de leurs préoccupations, « sans fard, sans barrière ». Quitte à se faire engueuler parfois. « Les gens vous ont connu avant que vous soyez ministre et vous verront après, explique Wauquiez. Et vous voyez des gens de tous niveaux. » Et pas seulement les inspecteurs des finances de Bercy...

Ainsi a-t-il été rudement interpellé, récemment, par un pompier du Puy, à l'occasion de la fête de la Sainte-Barbe : « Tu vois, vous êtes en train de refaire les mêmes conneries, vous vous attaquez à ceux qui bossent », lui a-t-il lancé. Un avertissement que le ministre prend au sérieux. « Depuis deux, trois semaines, je sens remonter la question de l'assistanat, que l'on nous reproche de nouveau. Eh bien, ça, si je n'avais pas la Haute-Loire, je ne l'aurais jamais su... » C'est encore dans sa commune, au cours d'une réunion avec les artisans du coin, qu'il a eu l'idée, raconte-t-il, du « dispositif zéro charge[1] » : « J'ai vu que c'étaient les très petites entreprises qui embauchaient le plus, et qu'il fallait les aider. » Au Puy, Wauquiez a également observé que « les gens étaient choqués » lorsque ont éclaté les affaires. « Ils trouvaient qu'on ne faisait pas notre job. La meilleure réponse, c'était de nous recentrer. »

Il confie encore qu'il redoutait plus que tout, en devenant ministre, de tomber dans « le cynisme » et « le sentiment d'impuissance ».

« Emmanuelle Mignon[2] me disait : En matière d'emploi, tout ce qu'on peut faire, ça ne sert à rien », se souvient-il. « J'étais prêt à prendre des paquets de flotte dans la figure, à porter la croix de Pôle emploi[3], mais est-ce que j'allais garder, à 34 ans, le sentiment d'utilité ? » se rappelle-t-il s'être interrogé.

Deux ans plus tard, la crise provoque la montée inexorable des chiffres du chômage : la France comptait 2,6 millions de chômeurs en octobre 2009, 500 000 de plus qu'en octobre 2008 ! « Je vous confirme que ce n'est pas simple », sourit le secrétaire d'État. Qui pense malgré tout avoir gagné sa bataille personnelle contre le cynisme et le sentiment d'inutilité. « Ce sentiment-là, je ne l'ai jamais eu, jure-t-il. Je me dis que ce qu'on fait est

---

1. Instauré le 19 décembre 2008, il exonère de charges les petites entreprises de moins de dix salariés qui embauchent un nouveau salarié.
2. Haut fonctionnaire, énarque et conseiller d'État comme Laurent Wauquiez, elle était directrice de cabinet du président de la République de 2007 à 2008, puis a été nommée conseillère auprès du chef de l'État, en charge des questions juridiques et des libertés publiques.
3. La fusion de l'ANPE et des Assedic en un Pôle emploi, promesse de campagne de Nicolas Sarkozy, a été mise en œuvre par Laurent Wauquiez.

utile là où on le fait. Quand on a permis à un type au chômage d'être payé 90 % de son salaire au lieu de 75 %, on est utile. » Mieux, il ne dédaignerait pas un peu de reconnaissance pour son action. « Les autres ne voient pas ce qu'on fait de bien, mais c'est pas grave », lâche-t-il, un soupçon d'amertume dans la voix. D'ailleurs, souligne-t-il, « quand il y a de bons chiffres, curieusement, il y a beaucoup de monde pour les annoncer. Mais quand ils sont mauvais, c'est moi ».

Le ministre se console en observant qu'« il n'y a pas de critique majeure des partenaires sociaux sur la politique qui est menée », et que « le PS n'a pas trouvé de prise pour nous attaquer sur les chiffres du chômage ». « On n'est pas conspué toutes les semaines, c'est miraculeux en cette période. »

Wauquiez attribue l'absence de réelle crise sociale au langage tenu par le président de la République et les ministres au début du quinquennat. « On a toujours été sur la ligne : il faut tenir un langage de vérité tout de suite. Car les gens n'ont plus envie qu'on leur surpromette des choses. » Dans son fameux discours de Toulon, le 25 septembre 2008, Nicolas Sarkozy avait parlé d'une « crise financière sans équivalent depuis les années trente », et donné la ligne : « Dire la vérité aux Français, c'est leur dire que la crise n'est pas finie, que ses conséquences seront durables, que la France est trop engagée dans l'économie mondiale pour que l'on puisse penser un instant qu'elle pourrait être à l'abri des événements qui sont en train de bouleverser le monde. Dire la vérité aux Français, c'est leur dire que la crise actuelle aura des conséquences dans les mois qui viennent sur la croissance, sur le chômage, sur le pouvoir d'achat. »

Avant ce discours, plusieurs écoles s'affrontaient au sommet de l'État sur le langage à tenir aux Français. « Il y avait la ligne Bercy, qui ne voulait pas qu'on tienne ce genre de discours pour ne pas déstabiliser le marché, se rappelle Wauquiez. Pérol[1] était là-dessus également. Guéant, en revanche, disait qu'il fallait dire la vérité tout de suite. » Le secrétaire d'État rend grâce au président : « Sarko a tranché très tôt entre ces deux lignes, il a eu une vraie intuition politique. Son discours de Toulon, c'était vraiment LE discours fondateur. »

Wauquiez estime qu'il est désormais temps pour sa « famille politique » d'avoir « un discours social qui lui soit propre ». Et préconise de s'adresser « en priorité aux classes moyennes », celles qui ont « entre 1 500 et 3 000 euros de revenu mensuel par foyer ». « Regardez les aides pour l'accès au logement : elles s'arrêtent devant les classes moyennes, observe-t-il. Or pour ces familles, la principale évaporation du pouvoir d'achat se fait sur le logement. Ce sujet-là, on l'a en partie traité, mais pas totalement », regrette-t-il.

Le problème est donc, à ses yeux, « au niveau des classes moyennes, pas des plus fragilisés ». Ces derniers relèvent de Martin Hirsch, le haut-commissaire aux Solidarités actives et à la Jeunesse, si peu populaire au sein du gouvernement. Wauquiez, à l'unisson de ses collègues, démarre au quart de tour. « J'assume mes différences avec lui », lance-t-il crânement. « Il est vraiment très mauvais camarade », poursuit-il. Wauquiez, qui a travaillé en étroite collaboration avec l'ancien patron d'Emmaüs sur les problèmes de l'emploi et de la pauvreté lorsqu'il n'était que député, estime, cinglant, que ce dernier a « un problème de sincérité : j'ai l'impression qu'il est plus préoccupé à sculpter sa statue du commandeur qu'à combattre la pauvreté en France ! ».

Ce problème de « sincérité », Wauquiez ne semble l'avoir rencontré qu'à gauche. Ainsi se souvient-il

---

1. François Pérol, haut fonctionnaire, a été secrétaire général adjoint de la présidence de la République de 2007 à 2009.

d'avoir surpris, un jour de 2006, une conversation téléphonique de Ségolène Royal, assise derrière lui dans le train remontant à Paris : « Devine d'où je reviens, aurait lancé celle qui n'était encore que candidate à la primaire du PS pour la présidentielle : du trou du cul de la France ! » « Je m'en suis servi pendant la campagne présidentielle », précise-t-il bien inutilement.

Le ministre aime dénoncer le sectarisme de la gauche. « Ayrault et Rebsamen[1] ne m'ont pris aucun contrat aidé dans leur ville, dénonce-t-il. Alors qu'ils prenaient des emplois jeunes sous Jospin. C'est bien la preuve qu'il ne s'agit pas d'une posture idéologique, mais politicienne... »

Il est en revanche beaucoup plus bienveillant avec son camp. Ainsi participera-t-il, le soir même, au forum pour l'emploi organisé par les jeunes UMP et Rama Yade à Colombes, la ville des Hauts-de-Seine où celle-ci est conseillère municipale d'opposition. Yade, candidate aux élections régionales dans le département, propose aux jeunes sans emploi de venir avec leur CV et une lettre de motivation, et de les mettre en contact avec des chefs d'entreprise. Le député communiste de Colombes, Roland Muzeau, accuse Rama Yade, dans la presse, ce jour-là, de « clientélisme électoral ». « Je suis halluciné par la polémique, réagit le secrétaire d'État à l'Emploi. Je me demande quand s'est arrêtée la pendule de Muzeau ! » Pour Wauquiez, sa collègue du gouvernement, « élue locale », « fait son job ». « En tant que maire, j'ai organisé moi aussi un forum pour l'emploi il y a quinze jours », rapporte-t-il. Pour lui, « Muzeau n'a pas touché juste, et rate sa cible. Il aurait dit : Elle fait campagne sur le dos des chômeurs, d'accord. Mais

---

1. Jean-Marc Ayrault : maire PS de Nantes. François Rebsamen : maire PS de Dijon.

l'accuser de clientélisme, ça ne prend pas. Et ça en dit long sur la carte génétique du Parti communiste... ».

Lui-même n'ira pas aux régionales, contrairement à sa collègue des Sports. Ainsi en ont décidé ses bonnes fées, Nicolas Sarkozy, le président, et Brice Hortefeux, élu d'Auvergne comme lui, et dont il est proche. « Brice et Nicolas en ont parlé. Le président a dit au ministre de l'Intérieur : Laurent a pris une ville de gauche, ça le fragiliserait sur le plan électoral d'y aller. » Manifestement, « Laurent » n'a pas protesté.

À droite, Wauquiez ne se permet d'en critiquer qu'un seul, mais il s'agit de la bête noire de Nicolas Sarkozy : Jean-François Copé. Ce dernier a récemment opposé au « travailler plus pour gagner plus » du président son « travailler mieux pour gagner plus ensemble », prenant ainsi en compte la question de la souffrance au travail, révélée par les suicides à France Telecom. « Travailler mieux, c'est pas un sujet pour maintenant, balaie d'un revers de main, excédé, le secrétaire d'État : le problème majeur, c'est de travailler. » Et de poursuivre, agacé : « Mais sur quoi Copé n'est-il pas critique ? La stratégie du sniper[1], ça a ses limites. »

En revanche, Wauquiez se radoucit dès lors qu'il est question d'Hortefeux, et justifie le démarrage poussif du ministre de l'Intérieur : « Brice peut parfois donner l'impression de démarrer lentement. Mais, attention, une fois qu'il est parti, c'est une Formule 1 ! »

Et lui, qu'est-il donc ? Un jeune ministre impatient de grimper d'une marche dans le gouvernement, à n'en pas douter. Mais même s'il a choisi de se situer clairement dans la ligne de l'Élysée, ce sera peut-être plus compliqué qu'il ne l'avait cru un temps. Après les réunions du G7, ce groupe des ministres que réunissait à

---

1. Tireur isolé.

intervalles réguliers le président, il a été jugé trop bavard par Nicolas Sarkozy, qui lui reprochait de parler à la presse. « Les fuites, je n'ai pas été le seul à en faire, et j'en ai plutôt dit moins que les autres, se défend Wauquiez en se levant de table. Mais j'en ai tiré la leçon : il ne faut pas trop parler aux journalistes politiques, sauf à ceux à qui on fait confiance. »

Laurent Wauquiez prendra publiquement la défense, le soir même, de sa collègue Rama Yade, lors du forum pour l'emploi organisé à Colombes où se presseront, dans une école bondée, plus de 150 personnes. « On l'a taxée de clientélisme, c'est hallucinant, dira-t-il. Que Rama se bouge et mette sa popularité au service de l'emploi, c'est une bonne nouvelle. » Il repartira lui-même de la soirée avec une petite pile de CV, tout en précisant qu'il n'a pas de « baguette magique ».

Le lendemain, en Conseil des ministres, il présentera une communication relative à la politique de l'emploi. Le dispositif « zéro charge », dont il aurait eu l'idée en parlant avec des artisans du Puy-en-Velay, aurait favorisé le recrutement de 650 000 personnes – pas moins ! – dans les très petites entreprises. L'activité partielle, qui permet de prévenir les licenciements, aurait bénéficié à 320 000 salariés. Et 400 000 contrats aidés auraient été conclus depuis le début de l'année.

Il organisera, une semaine après notre déjeuner, à la Maison de la chimie, à Paris, un colloque intitulé « Après la crise, les nouvelles frontières du social ». Le thème de l'un des ateliers sera : « Comment remettre les classes moyennes au cœur de nos politiques publiques », problématique qu'il a rapidement abordée au cours du déjeuner. Henri Guaino et Raymond Soubie, conseillers du président de la République, interviendront dans ce colloque, qui sera clôturé par Xavier Bertrand, secrétaire général de l'UMP, dont Wauquiez est proche.

Il poursuivra par ailleurs son « tour de France », qui consiste à revenir dans tous les bassins d'emploi et à faire le point avec les agents sur « ce qui a été réussi, ce qui a été manqué et ce qui reste à faire ». L'ambition du jeune secrétaire d'État est intacte.

Fin décembre, à la surprise générale, le ministre annoncera des chiffres du chômage bien meilleurs que prévu. Marquant une nette décélération. Pôle emploi n'enregistrera « que » 3 100 chômeurs de plus en novembre 2008, contre une hausse de 52 400 le mois précédent.

CEUX QUE NOUS AVONS REVUS

Hubert Falco, secrétaire d'État à la Défense et aux Anciens Combattants

Mercredi 9 septembre 2009, 13 heures
Abbaye de Pentemont, 37, rue de Bellechasse, Paris VIIe

« Vous connaissez mon bureau ? Non ? Alors, venez, venez ! Je vais vous le montrer. » Planté en haut de l'escalier, Hubert Falco veut faire le guide. Le 23 juin, les cartes ont été rebattues dans le gouvernement. Falco est maintenant secrétaire d'État aux Anciens Combattants. Le voilà « numéro deux de la Défense ! » comme le titrait si gentiment *Var Matin* au lendemain du jeu de chaises musicales. Ce n'est en réalité pas une promotion. Falco rêvait d'un ministère de plein exercice. Et puis, des anciens combattants, il n'y en a plus beaucoup... Mais il a gagné en espace. Il s'est installé à l'abbaye de Pentemont, au cœur du VIIe arrondissement de Paris, dans un bâtiment bien à lui. Son ministre de tutelle, Hervé Morin, n'occupe pas les mêmes locaux. Comme c'est bon d'avoir un vrai chez-soi !

Avant de passer à table, le nouveau maître des lieux fait donc la visite du premier étage. D'abord son bureau, blanc, clair et spacieux. La pièce est agréable, mais sans chichis. Elle ressemble davantage à la réception d'un bel appartement haussmannien qu'à un bureau ministériel. Falco semble d'ailleurs s'étonner que l'endroit soit « classé ». « Il est même ouvert à la visite pour la journée du patrimoine », dit-il. Nostalgique, le secrétaire d'État a disposé les reliques de ses fonctions passées. Pas grand-chose en fait. À un bout de la pièce, une grande carte de France pastillée d'autocollants rouges est posée sur un chevalet. Qu'est-ce donc ? « Ce sont tous les déplacements que j'ai faits lorsque j'étais à l'Aménagement du territoire », répond fièrement le ministre. Est-ce un hasard si, sur cette carte, le sud-est de la France est bien plus rouge que ne le sont les autres régions ? « Non, non, regardez bien, je suis allé partout », plaide le maire de Toulon, sans vraiment nous convaincre. Un peu plus loin, un gros livre est placé bien en évidence. Un ouvrage rare ? L'exemplaire numéroté d'un grand classique de la littérature ? Rien de tout cela. Son livre à lui, c'est le... *Quid pour les seniors*. « Je l'ai fait faire après la canicule de 2003, lorsque j'étais ministre délégué aux Personnes âgées », explique-t-il.

« J'ai autre chose à vous montrer, suivez-moi ! » ordonne Falco en quittant son bureau au pas de charge. Direction un coquet couloir dans lequel sont accrochés les portraits de ses prédécesseurs. Beaucoup d'illustres inconnus, quelques politiques qui ont marqué l'histoire et surtout... un ancien président de la République. « Regardez, regardez bien ! Il y a François Mitterrand. Lui aussi a été aux Anciens Combattants », s'enthousiasme le secrétaire d'État. La scène suinte les regrets. Mitterrand n'avait que 30 ans lorsqu'il a été nommé à ce poste, alors que Falco vient d'atterrir ici à 62 ans.

Comme il l'avait fait lors de notre premier dîner en mars, le maire de Toulon veut nous démontrer qu'il a décroché un beau maroquin, un portefeuille qui pèse lourd. Nous prenons place à table, dans la salle à manger du rez-de-chaussée. Bien sûr, l'homme n'est pas dupe des rumeurs qui ont couru sur son déclassement. Ni de l'épouvantable réputation de son nouveau portefeuille. Alors, sans se faire prier, il admet bien volontiers avoir été déçu en apprenant son changement d'affectation. Mais c'est pour mieux nous convaincre qu'il s'était trompé et que... nous nous trompons aussi. « J'ai su dans la journée [du 23 mars] qu'on me donnait ce portefeuille, et j'ai dit au Premier ministre que je n'étais pas content. Le président de la République m'a appelé. Il m'a dit : Tu as tort, Hubert, de ne pas être content. Avec ta région, la Défense et les Anciens Combattants, c'est quelque chose qui te va bien. » C'est effectivement à Toulon, la ville dont Falco est maire, que se trouve la principale base navale de l'armée française. C'est là que stationnent entre autres le porte-avions *Charles-de-Gaulle*, le *Mistral* et le *Tonnerre*, six sous-marins nucléaires d'attaque. Que serait Toulon sans son arsenal ?

Tout compte fait, Falco se sent bien dans ses nouvelles fonctions. « Une fois de plus, le président avait raison », soupire-t-il. Les Anciens Combattants, c'est tellement mieux que l'Aménagement du territoire ! « Dès que je touchais à quelque chose, on me disait : Oh attention, c'est l'industrie, ou : Oh attention, là c'est la santé. Ici, je suis beaucoup moins contraint que je ne l'étais », explique-t-il. Moins contraint et, surtout, bien plus demandé par les télévisions et les radios. « Les sollicitations qu'on a des médias, c'est fou ! s'enflamme-t-il. Tout ce qui touche à la mémoire intéresse les Français. Regardez le succès qu'a eu hier *Apocalypse*[1]. » Et s'il n'y avait que les médias ! Depuis qu'il est ici, quelques-uns de ses collègues s'intéressent à lui. « Frédéric Mitterrand est venu me voir à la fin d'un Conseil des ministres. Il veut que l'on fasse une opération commune sur la mémoire », confie-t-il. Par mémoire, comprenez l'his-

---

1. Diffusé sur France 2, *Apocalypse* est une série documentaire sur la Seconde Guerre mondiale qui a enregistré de très bons scores d'audience.

toire de notre pays, dont le secrétaire d'État est désormais le gardien. Le neveu de l'ancien président socialiste s'intéresse donc à Falco et cela vaut bien un compliment : « Frédéric Mitterrand, il a la classe et l'élégance. Il est gentil et intelligent. Rien à voir avec Bockel et Besson. » Il ajoute : « Dans le gouvernement, il n'y a que deux ministres d'ouverture qui font le poids. C'est Kouchner et Mitterrand. Les autres ne font pas le poids. »

Heureux, Falco ? Pas autant qu'il veut nous le faire croire. Il y a dans cette charge toute la rancœur et l'amertume de celui dont on ne reconnaît pas suffisamment les talents. Du fidèle du parti qui se fait doubler sur sa gauche.

Le maire de Toulon est inquiet. Il doit prendre dans les prochains jours une décision grave : se lancer ou non dans la bataille pour les régionales de 2010 en région Provence-Alpes-Côte d'Azur. Le président compte sur lui. Après de longs mois de suspense – « ce n'est pas oui, ce n'est pas non », disait-il en mars –, Falco avait fini par accepter, au cours de l'été 2009. Mais voilà qu'il n'est plus très sûr de vouloir y aller. La règle selon laquelle un ministre devra quitter le gouvernement s'il est élu président de région a fait remonter en surface toutes ses hésitations du printemps. Accepter d'être candidat, c'est prendre le risque de devoir, en cas de victoire, lâcher son mandat le plus cher : celui de maire de Toulon. Si c'est en plus pour être remercié du gouvernement ! Alors, candidat ou pas ? « Je n'ai pas pris ma décision », nous répond-il en levant les yeux au ciel.

Le secrétaire d'État n'en finit pas de peser et de soupeser les avantages et les inconvénients de cette quinzième bataille électorale que le président lui demande de livrer. « Pour moi, il y a deux choses différentes, dit-il sur le ton de la confession. Il y a mes fonctions de ministre d'un côté, et mon mandat de maire de Toulon de l'autre. Être au gouvernement, il faut savoir l'apprécier. Quand on voit le nombre de personnes qui veulent devenir ministre, si je ne le suis plus, ce ne serait pas un problème. Après tout, j'ai participé à quatre gouvernements. Je n'ai pas à me plaindre. Les Toulonnais m'ont confié un mandat. Dans les choix que je vais faire, il faut que je pense à eux. J'ai été réélu maire de Toulon en 2008 avec 65 % au premier tour. Je ne le dois qu'à moi et à mes électeurs. À la table du gouvernement, des maires d'une ville de plus de 100 000 habitants élus avec un tel score, il n'y en a pas d'autres que moi. » Pas de doute, Falco va déclarer forfait pour les régionales. Non ? Nous tentons d'obtenir une réponse franche. « Mais puisque je vous dis que ma décision n'est pas prise », nous lance-t-il, agacé.

Le secrétaire d'État poursuit sa réflexion, à voix haute : « Quand on est ministre, on peut nous prendre ce qu'on nous a donné. C'est normal et on l'accepte. La règle du non-cumul de Sarkozy, que je la comprenne ou que je ne la comprenne pas, que je l'accepte ou que je ne l'accepte pas, le résultat est le même : je dois faire avec. Et cette règle, c'est : je gagne, on me vire ; je perds, je reste. » Une aberration pour Falco, qui n'a toujours pas digéré que certains de ses collègues, battus lors des municipales de 2008, aient conservé leur maroquin ! Il y a, dit-il, trop de donneurs de leçons dans ce gouvernement qui n'ont jamais prouvé grand-chose sur le terrain. Moi, je vais me battre pour que mon camp gagne la région, mais cela ne veut pas dire que je vais conduire la liste. » Donc, le secrétaire d'État n'ira pas aux régionales ? « Arrêtez avec ça ! s'agace-t-il. Puisque je vous dis que ma décision n'est pas prise. »

Comme lui, quelques-uns ont grogné en apprenant le diktat présidentiel. Il attend donc de voir si les états d'âme de ses collègues ne pourraient pas, par hasard, infléchir la position du président. D'ailleurs, il revient de l'Élysée. Et les nouvelles seraient plutôt bonnes. Nicolas Sarkozy serait en train de changer de pied, croit Falco. « Ce matin, à la fin du Conseil des ministres, le président a dit qu'il comprenait les états d'âme des uns et des autres, mais qu'il fallait accepter la règle. Il nous a parlé de lui et d'Estrosi, des ministres qui sont partis du gouvernement puis qui sont revenus. Je l'ai trouvé très affectif. Il nous a aussi dit : "Que chacun prenne ses responsabilités." À mon avis, cela veut dire que l'on peut aussi ne pas être candidat. »

Falco sourit. Pourquoi ? Parce qu'il pense à Toulon, la ville qu'il aime tant et qu'il ne sera peut-être pas obligé de laisser. « Ne croyez pas que je fais ma chochotte et que je cherche à me faire prier. Mes collègues n'ont jamais vu un électeur. Moi, ma vie, c'est le terrain. » En outre, Toulon a encore besoin de Falco. « C'est la ville de plus de 100 000 habitants la plus sinistrée. Vous connaissez Toulon ? » nous interroge-t-il. « Oui, répond l'une d'entre nous. J'y suis allée plusieurs fois. Je me souviens de m'être promenée un soir près du port avant d'embarquer pour la Corse. C'était en 2003. Et pour tout vous dire, je n'en garde pas un très bon souvenir. » Visiblement, le ministre n'est pas mécontent que l'on puisse émettre quelques critiques sur sa ville : « Vous voyez. C'est ce que je viens de vous dire ! Il y a encore à faire ! »

Seul Toulon compte. Falco veut faire croire qu'il n'est pas sensible aux lumières de la capitale. « Bien sûr, quand on est dans le VIIe arrondissement de Paris, qu'on prend sa voiture avec le chauffeur qui vous ouvre la portière pour aller à Inter, LCI ou Europe 1... » Puis il poursuit, plus acrimonieux encore : « Moi aussi, je suis bien dans mon confort parisien. Mais s'il n'y avait que des gens à Paris, on les gagnerait comment, ces élections ? Et les trois qui devaient rentrer au gouvernement, c'est pas dur pour eux[1] ? Bien sûr que oui ». Il ajoute, en nous regardant droit dans les yeux : « Un portefeuille ministériel, ce n'est pas un mandat. La région ou la ville, là, c'est mon choix. Le reste, ce n'est pas mon choix. Et surtout n'allez pas croire que l'on est forcément subjugué par la vie parisienne ! » Alors donc, c'est « non » pour les régionales ? Falco ne s'agace plus de notre insistance. Calmement, il répond : « Comprenez une bonne fois pour toutes que je n'ai pas encore pris ma décision. »

Il n'en finit pas de s'interroger. Comment pourra-t-il expliquer aux Toulonnais qu'il les abandonne ? Comment leur dire qu'il les quitte pour Marseille ? « Quand on est président de région, les Varois disent : "Ça y est, il part pour Marseille. Il s'éloigne. Il n'est plus des nôtres." C'est ça qui est dur. Quand on est président de région, on n'est pas dans la proximité. » Comment se fait-il alors que certains ministres, Hervé Novelli en tête, rêvent de présider une région ? « Hervé, il y va le cœur léger, répond gentiment Falco qui aime bien son collègue de Bercy. Il n'a rien. Alors il n'a rien à perdre. » Falco, lui, a tout à perdre. À commencer par tous ces petits bonheurs qui font qu'il se sent si bien dans « sa bonne ville ». « Quand j'y suis, je me lève toujours très tôt, et je vais boire un café au bar de la Marine vers 6 heures du matin. Le patron et les clients me connaissent bien. Je m'installe toujours au fond, pour lire les journaux et travailler. Là-bas, les gens ne viennent pas me déranger. Si quelqu'un veut s'approcher, le patron l'en empêche. »

---

1. Falco fait allusion au porte-parole de l'UMP, Frédéric Lefebvre, au député PRG de Haute-Corse, Paul Giacobbi, et au député UMP du Val-d'Oise, Axel Poniatowski. Pressentis pour entrer au gouvernement à l'été 2009, leurs noms se sont retrouvés par erreur sur le site Internet du gouvernement. À ce jour, aucun n'est venu compléter l'équipe gouvernementale.

Déjeuners avec des ministres sous pression

À Paris, au contraire, on ne cesse de l'importuner. On l'ennuie avec des règles qui, dit-il, « ne servent à rien ». Des règles que l'on impose aux autres et que l'on ne s'est jamais appliquées à soi-même. « François Fillon, il était bien président de région lorsqu'il était ministre ? Ce sont ceux qui ont beaucoup cumulé qui sont les premiers à nous donner des leçons sur le non-cumul. » Comme souvent, le Premier ministre fait office de bouc émissaire. Et comme toujours, le chef de l'État est épargné. « Heureusement qu'on l'a. Il est vraiment dans son rôle. Il a le feeling, c'est un chef. Il ne se trompe pas. Il vaut mieux un chef dur qu'un chef mou. Il est responsable, il en impose. » Falco sait à qui il doit d'être au gouvernement... ou de ne plus y être. Mais l'heure tourne et le ministre est pressé. Il doit être décoré dans quelques heures. « Cet après-midi, annonce-t-il fièrement, je reçois la Croix d'or du mérite de la République polonaise. C'est la plus haute distinction civile polonaise. Je suis un ami de la Pologne. » La décoration rejoindra bientôt les deux trésors du ministre Falco : une carte de France pastillée de rouge et un *Quid pour les seniors*.

Hubert Falco ne sera pas candidat à la présidence de la région Provence-Alpes-Côte d'Azur. Comme Rama Yade pour les élections européennes, il dira « non » au président. Le secrétaire d'État l'annoncera le 18 septembre depuis sa cité varoise, au cours d'une conférence de presse. « J'ai beaucoup, beaucoup, beaucoup réfléchi, dira-t-il. Et la décision que je prends ce matin, je la prends en homme politique libre. J'ai fait le choix de Toulon. J'ai fait le choix de respecter les engagements que j'ai pris en 2001 et en 2008 avec les Toulonnaises et les Toulonnais [...]. La confiance du président m'a touché. Il m'a demandé d'être le candidat. » Hubert Falco adressera une lettre à Nicolas Sarkozy pour lui expliquer les raisons de son refus. Dans cette missive, il *proposera d'abandonner son poste de secrétaire d'État aux Anciens Combattants. « C'est un parjure, réagira le président de la République. Il ne sera plus ministre après les régionales. Il veut privilégier Toulon, qu'il y reste ! »* C'est le député UMP du Vaucluse, Thierry Mariani, qui sera désigné comme tête de liste régionale. À la demande de Nicolas Sarkozy, Falco acceptera finalement de conduire la liste de la majorité dans le Var. Quelques jours plus tard, il fera même un long mea culpa public. *« Je suis peiné, je suis malheureux de l'avoir déçu »*, dira le secrétaire d'État, ajoutant que sa candidature dans le Var est *« une manière de réparer la peine que j'ai faite au président ».*

Michèle Alliot-Marie, ministre d'État, garde des Sceaux, ministre de la Justice et des Libertés
Dimanche 6 décembre 2009, 19 h 20
Dans l'A319 présidentiel,
quelque part entre Doha et Paris

Revoilà Michèle Alliot-Marie. La ministre d'État est installée à l'avant de l'A319 de la République française. L'avion revient de Doha, la capitale du Qatar, et vole vers Paris. L'insubmersible, qui a discrètement fêté en mai son septennat de ministre, n'a pas modifié ses habitudes depuis notre dernière rencontre. Elle a quitté son tailleur-pantalon pour enfiler une combinaison intégrale de coton beige, sa fameuse tenue « tempête du désert » qu'elle porte depuis si longtemps sur les vols long-courriers. Je l'ai accompagnée dans ce déplacement de 48 heures. Comme il y a un an lorsqu'elle s'était rendue à Washington pour assister à un Conseil des ministres des Affaires intérieures entre les États-Unis et l'Union européenne. Avec deux autres journalistes et quatre conseillers, nous allons dîner avec elle. Comme à son habitude, la ministre s'assure que le voyage a été agréable pour ses invités.

« Tout s'est bien passé pour vous ? Ça n'a pas été trop fatigant ? Ça l'est beaucoup plus pour vous que pour moi, parce que vous devez attendre souvent. » Effectivement, pendant que la ministre s'entretenait avec l'émir, pendant qu'elle parlait avec le procureur général du Qatar, nous autres journalistes pationtions. C'est la règle. De là à dire que c'est fatigant... Pour nous consoler de ces heures d'attente, nous avons eu droit, hier, à un étonnant après-midi organisé par le chef d'état-major des armées qatariennes. Alliot-Marie le connaît depuis 2002 et ne l'a jamais perdu de vue. Au programme : poursuites de gazelles par des lévriers, démonstrations de faucons chassant des mouettes dans le désert, promenade décoiffante en hors-bord et déjeuner pantagruélique avec pour plat principal plusieurs jeunes chameaux rôtis à la broche... La ministre a goûté à toutes ces attractions. Une invitée se doit de faire plaisir à son hôte.

Toujours classique, toujours aimable mais réservée, Michèle Alliot-Marie n'a pas changé. Pourtant, en un an, beaucoup de choses ont changé autour d'elle. En juin 2009, celle qui est « contre le zapping politique » a été nommée à la Justice, pour remplacer Rachida Dati. Elle a mal vécu cette mobilité soudaine, dont elle a été informée quelques heures seulement avant qu'elle ne soit annoncée. « J'ai grogné », avouera-t-elle d'ailleurs quelques mois plus tard. Manière polie de dire qu'elle était furieuse. Mais elle a gagné, en contrepartie, le titre de ministre d'État que seul Jean-Louis Borloo détenait jusque-là. Surtout, elle peut se prévaloir d'avoir enchaîné trois ministères régaliens depuis 2002 : la Défense, l'Intérieur et la Justice. Une première depuis le début de la Ve République !

Mais Alliot-Marie a un problème : sa cote de popularité est en baisse dans les sondages depuis le printemps 2009. L'ancienne présidente du RPR perd des points, y compris parmi les militants UMP qui l'ont placée si longtemps en haut du podium. Sa collègue de l'Économie, Christine Lagarde, est devenue sa plus sérieuse concurrente. Depuis le printemps, c'est elle qui grimpe. Alliot-Marie, qui n'est pas une sarkozyste convaincue, est peut-être en train de perdre la meilleure de ses protections. Mais comment l'interroger sur un sujet dont elle-même ne s'ouvre pas auprès de ses plus proches conseillers ?

Puisque Michèle Alliot-Marie revient du Qatar, c'est du Qatar qu'il sera question au début du dîner. Sur place, elle a négocié un accord qui pourrait être signé en février 2010, avec l'émir Cheikh Hamad Bin Khalifa al-Thani et le procureur général Ali Bin Fetais al Marri. Que prévoit cet accord ? Des formations croisées de magistrats, la mise en place de groupes de travail qui permettraient d'y voir un peu plus clair sur les droits respectifs de la France et de l'émirat, et la tenue, à Paris, d'une conférence dans le cadre du cycle de Doha. « Tout s'est bien passé. Nous nous sommes mis d'accord sur des décisions concrètes […]. À terme, ce sera plus facile pour les PME de venir s'implanter au Qatar », se félicite la garde des Sceaux qui vient d'attaquer une entrée dont la composition est somme toute assez étrange : foie gras et poisson cru à la japonaise. Et puis, ajoute-t-elle, « si le Qatar et la France sont les deux pays qui ont le mieux résisté à la crise, c'est parce qu'ils ont, l'un et l'autre, un système dans lequel il y a de la régulation ». Contrairement aux États-Unis...

En réalité, la ministre ne dit pas tout. Si elle s'est rendue sur place, c'est d'abord pour trouver une solution aux promesses faites par son prédécesseur et que la France ne pourra honorer. En avril 2008, lors d'un déplacement dans l'émirat, Rachida Dati avait annoncé la création d'une école de la magistrature à Doha calquée sur le modèle français et ayant vocation à former les magistrats qataniens ainsi que ceux du monde arabe. Bref, l'ENM, qui a déjà des antennes dans plusieurs pays, allait avoir une nouvelle filiale. La décision avait été prise, un mois plus tôt à Paris, sans que l'Élysée en soit préalablement informé. Dati avait reçu son homologue place Vendôme et lui avait suggéré cette idée. L'établissement sera financé par le Qatar, avait alors promis le procureur général.

L'objectif de Dati était louable : il s'agissait d'augmenter l'influence de la France dans un pays où le droit anglo-saxon n'en finit pas de gagner du terrain, notamment dans le domaine commercial.

Mais l'initiative de Rachida Dati va assez vite se heurter à des difficultés. D'abord, parce que l'école nationale de la magistrature qu'elle propose d'installer à Doha vient directement concurrencer celle qu'envisage de créer l'Élysée dans le cadre de cette Union pour la Méditerranée voulue par le président. Mais aussi parce que le procureur général du Qatar s'est un peu avancé en proposant de financer cet établissement. L'émir, lui, n'est pas disposé à prendre en charge cet investissement dont la vocation est d'augmenter l'influence de la France dans son pays. « Le Qatar a beau être riche à milliards, ce n'est pas un tiroir-caisse », résume un diplomate français. Mais la France n'a pas les moyens de payer cette école. La Chancellerie est un ministère pauvre. Rachida Dati a tenté d'obtenir le soutien financier des Affaires étrangères. En vain. Depuis avril 2008, le projet, qui a fait grand bruit au Qatar, est bloqué. Et l'émir pourrait commencer à s'impatienter.

Mais le Qatar n'est pas un pays comme les autres. Ce petit émirat, coincé entre l'Arabie Saoudite et l'Iran, a fait sienne la devise selon laquelle il doit parler à tout le monde, au point qu'il jouit aujourd'hui d'une influence grandissante dans la région. Les liens avec la France, anciens, se sont renforcés depuis l'élection de Nicolas Sarkozy. L'émir du Qatar n'est-il pas le premier chef d'État arabe à avoir été reçu à l'Élysée ? C'était en mai 2007. Chirac avait plutôt tendance à s'appuyer sur l'Arabie Saoudite pour faire passer ses messages.

S'il ne compte que 1,6 million d'habitants, le Qatar est aussi, grâce à ses réserves de gaz, un des pays les plus riches du monde, le septième en termes de PNB par habitant. La France souhaite lui vendre les savoir-faire et les technologies de ses grands groupes tricolores : des centres de traitement de l'eau, des stations de distribution d'électricité, du nucléaire, des avions, des métros, des tramways, de l'armement, des routes, des immeubles, etc. Des milliards, ou plutôt des dizaines de milliards d'euros de contrat sont en jeu.

Michèle Alliot-Marie est donc venue sur place pour déminer ce dossier encombrant, en veillant à ce qu'aucune des parties ne perde la face. Et surtout pas l'émir. Une solution a été trouvée : au lieu d'une école, les deux pays se sont mis d'accord pour échanger des magistrats. À partir de septembre 2010, des magistrats qatariens seront accueillis dans des juridictions françaises. Seulement trois par an au début, puis cinq par an ensuite… Pas plus ? « Vous savez, il n'y a que 100 procureurs et 100 juges au Qatar », se défend la ministre.

Comme il a été difficile de recoller les morceaux de cette saga ! Comme il a été fastidieux de comprendre toutes les raisons de ce déplacement ! D'autant que Michèle Alliot-Marie s'est bien gardée de raconter toute l'histoire. Elle s'applique une règle stricte, à laquelle elle ne déroge jamais. Pas de commentaires désagréables, pas de critiques franches, pas de phrases assassines sur ses prédécesseurs. Alors que le dîner se poursuit, elle ne bouge pas de la ligne qu'elle s'est fixée : « Je crois que l'idée de cette école ne vient pas de Rachida Dati », répond-elle, évasive, lorsque je tente d'y voir plus clair. Elle n'en dira pas plus, si ce n'est pour répéter qu'« un bon accord » a été trouvé.

En revanche, elle est intarissable sur l'Union pour la Méditerranée (UPM), que pousse Nicolas Sarkozy depuis le début de son quinquennat. « C'est un excellent projet en termes de rapport de force. L'Europe est bien trop petite face à l'Inde ou à la Chine. En plus, grâce à l'UPM, on va rééquilibrer l'Europe par le Sud. Et je vous rappelle que l'agriculture est dans le Sud », explique-t-elle. Vient ensuite l'éloge de son maroquin et des chantiers qu'elle s'apprête à lancer. « Je veux faire comprendre, dit-elle, que ce ministère n'est pas seulement national mais qu'il est aussi international. » Veut-elle se positionner vis-à-vis de Jean-Louis Borloo qui a fait alors le tour du monde pour préparer le sommet de Copenhague, ou de Christine Lagarde qui, avec la crise, s'est retrouvée sur le devant de la scène internationale ? C'est probable. Toujours est-il que la ministre estime qu'« il y a beaucoup de travail à la Justice ». Qu'en est-il, d'ailleurs, de la grande réforme du code de procédure pénale voulue par Nicolas Sarkozy et qui doit déboucher notamment sur la suppression du juge d'instruction ? « J'ai lancé des concertations. Il faut arriver à quelque chose d'équilibré. Et s'il faut allonger la période de concertation, on le fera », explique-t-elle, pariant sur un texte bouclé « cet été ».

Mais il y a un problème. Le Parlement croule sous les textes en attente. Comment va-t-il pouvoir examiner celui-là ? L'ancienne ministre de l'Intérieur connaît bien ces difficultés, elle qui, en deux ans, n'est jamais parvenue à faire inscrire la Loppsi 2 à l'ordre du jour de l'Assemblée et du Sénat. Souvenez-vous, il y a un an presque jour pour jour, elle croisait les doigts pour que ce projet de loi passe en février 2009. Elle quittera la place Beauvau au début de l'été sans l'avoir défendu. Échaudée, la ministre imagine déjà une parade. « Si le texte est important, réfléchit-elle, on pourra peut-être faire plusieurs parties. » Traduction : le projet de loi sera examiné de façon découpée par les parlementaires. Voilà qui ne simplifiera pas sa compréhension par des Français déjà très peu au fait des questions judiciaires !

Alliot-Marie vient de terminer son entrée. « Non merci. Je prendrai juste du fromage et un dessert », dit-elle à l'hôtesse qui vient lui demander si elle souhaite un poisson ou du poulet en plat principal. Le plateau de fromages ne mettra pas cinq minutes à arriver sur la table. Et la ministre enchaîne sur les régionales : « Ce seront des élections difficiles », admet-elle. Elle compte mouiller sa chemise. « Je m'impliquerai au plan national, promet-elle. Vous me verrez sur des meetings importants. » L'ancienne présidente du RPR sait déjà ce qu'elle martèlera aux militants : « Le citoyen peut-il admettre que sa région n'applique pas la politique du gouvernement ? » Mais, ajoute immédiatement Alliot-Marie, « vous me verrez beaucoup moins au niveau local ». Et pourquoi cela ? Parce qu'elle n'a pas encore digéré que Peyuco Duhart, son successeur à la mairie de Saint-Jean-de-Luz, n'ait pas été désigné tête de liste UMP du département des Pyrénées-Atlantiques. Le député européen et ancien ministre Alain Lamassoure lui a été préféré... Le ministre des Affaires sociales, Xavier Darcos, qui conduit la liste de la région Aquitaine, défendait sa candidature. Tout comme l'ancien Premier ministre et maire de Bordeaux, Alain Juppé. Tout comme Brice Hortefeux qui a voté par procuration et s'est sans doute rangé aux souhaits du président. Le vote s'est déroulé fin novembre. Et son résultat est cruel pour Michèle Alliot-Marie : elle n'a plus le champ libre au Pays basque. L'UMP est en train de faire main basse sur ce terroir qu'elle aime tant et où elle a grandi. Le soir du vote, elle était partie en claquant la porte.

Visiblement, cette histoire l'agace toujours. « Juppé et Darcos m'ont proposé d'être tête de liste régionale, dit-elle. J'ai refusé d'y aller. Parce qu'à chaque fois que je me suis présentée, j'ai assumé la fonction. Quand j'accepte de me présenter quelque part, j'accepte le mandat. » Veut-elle signifier par là qu'Alain Lamassoure n'assumera pas le sien ? « J'aime bien Alain Lamassoure, poursuit-elle. C'est moi qui l'ai envoyé au Parlement européen. Mais ce sera difficile pour lui d'être à la fois député européen et conseiller régional. » Elle ajoute en persiflant : « Juppé soutient Lamassoure. Juppé estime que les cumuls de mandats sont possibles. » Alliot-Marie, elle, pense le contraire. Et se met à raconter les années « impossibles » qu'elles a vécues à partir de 1989, lorsqu'elle a gagné un siège à Strasbourg. À l'époque, la ministre cumulait beaucoup. Elle était donc députée européenne, mais aussi députée des Pyrénées-Atlantiques et conseillère municipale de Biarritz. « J'ai pris en moyenne un avion et demi par jour pendant quatre ans. Parfois, il m'arrivait d'en prendre trois dans la même journée », soupire-t-elle. Cette vie-là, Alliot-Marie a dû tout de même l'apprécier. La preuve, elle a pesté, en 2002, lorsque Chirac lui a demandé d'abandonner son mandat de maire de Saint-Jean-de-Luz. « J'ai été fâchée avec Chirac parce qu'il nous a annoncé cela après que nous avons été nommés ministre », dit-elle. Faut-il en conclure qu'elle aurait choisi sa ville plutôt que le maroquin de la Défense si elle avait connu les règles du jeu avant ? Elle tente de nous faire croire que la réponse est oui : « En 1995, Juppé m'avait proposé la Coopération, mais je venais de prendre Saint-Jean-de-Luz », dit-elle. Curieuse réécriture de l'histoire. Si elle n'est pas entrée au gouvernement en 1995, c'est parce qu'elle n'avait pas voulu choisir entre les deux amis de trente ans, Chirac et Balladur.

Depuis, les années ont passé. Et la voilà qui plaide maintenant pour le non-cumul. Elle se dit ainsi favorable à la règle posée par Nicolas Sarkozy, selon laquelle un ministre élu président de région devra quitter le gouvernement. « Les choses ont changé, dit-elle. La présidence d'une région implique une très grande disponibilité. »

Nous ne quitterons pas Michèle Alliot-Marie sans qu'elle nous reparle du Chêne, le mouvement qu'elle a créé, fin 2006, pour soutenir son éphémère candidature à la présidentielle de 2007. En un an, il a peu prospéré, et compte, dit-elle, une centaine de parlementaires. Le colloque annuel de ce mini-parti aura lieu le 26 janvier 2010 au Sénat. À cette occasion, la ministre pourra compter ses soutiens. Et tenter, peut-être aussi, de faire entendre sa petite musique (néogaulliste). En attendant, elle émet quelques critiques sur l'identité nationale, le débat lancé par son collègue de l'Immigration, Éric Besson. Le dîner est terminé. La ministre se lève pour rejoindre sa salle de repos et enfiler un tailleur-pantalon. Il est 21 heures. L'avion atterrit dans une heure à Villacoublay.

Le déplacement de Michèle Alliot-Marie ne laissera pas indifférente Rachida Dati. Dès le lendemain, une proche de l'ancienne ministre de la Justice appellera la Chancellerie pour se plaindre de l'article rédigé dans la foulée de ce déplacement au Qatar et des confidences glanées auprès de quelques diplomates et de conseillers de la garde des Sceaux.

La ministre ne sera pas tendre avec le Parlement qui multiplie les séances de nuit. Quelques jours après son déplacement, elle refusera d'entamer à l'Assemblée un débat sur l'exécution des décisions de justice pénale. Elle avait été convoquée à 23 h 30 et, à 0 h 10, la ministre patientait toujours. « C'est un manque de respect vis-à-vis des parlementaires », dira-t-elle pour expliquer son refus.

Sans surprise, elle prendra officiellement ses distances avec le débat sur l'identité nationale dans une tribune publiée dans Le Figaro, *le jeudi, en proposant de réfléchir à l'unité nationale. Parce que, dira-t-elle, cette notion « ne se résume pas à une référence au passé qui a construit notre État. Elle n'est ni nostalgie ni conservatisme. Elle est aspiration, mouvement qui appelle au rassemblement ».*

Michèle Alliot-Marie

Début 2010, près de 300 avocats, magistrats et fonctionnaires, inquiets de la suppression du juge d'instruction, manifesteront sur les marches du Palais de justice de Paris. Le procureur général de la Cour de cassation, Jean-Louis Nadal, émettra également des critiques sur la réforme du code de procédure pénale : « Pour préserver le droit des victimes, je ne vois pas d'autre solution qu'un dispositif qui ressemblerait à un rétablissement du juge d'instruction », dira devant François Fillon et Michèle Alliot-Marie celui qui est l'un des plus hauts magistrats du pays.

Brice Hortefeux, ministre de l'Intérieur, de l'Outre-mer et des Collectivités territoriales

Mardi 8 décembre 2009, 8 h 30
Place Beauvau, Paris VIIIe

Brice Hortefeux n'est pas de bonne humeur. Il est 8 h 30 du matin. Le ministre a déjà dévoré la revue de presse du jour. Et il nous accueille en grognant à propos d'un article consacré à l'envahissant débat sur l'identité nationale, faisant état de quelque 4 000 lieux de culte catholique en France. Ce chiffre, établi par ses conseillers et communiqué la veille par le ministre en personne au journaliste qui a rédigé le papier, n'est pas le bon. « C'est impossible qu'il n'y ait que 4 000 églises puisqu'il y a 36 000 communes en France, s'agace-t-il. J'ai évoqué 4 000 lieux de culte parce qu'on m'a passé une fiche sur laquelle 4 000 était inscrit. » Ce que ne dit pas le ministre, c'est que l'article en question n'a pas mis cette donnée dans sa bouche. Et qu'il ne peut donc être pris en défaut.

Peu importe, Brice Hortefeux est un perfectionniste. Il aime autant les dossiers au carré et les fiches sans erreurs que les parcs ordonnancés et les palais de la République entretenus. C'est sa manière à lui de se protéger contre les aléas inhérents à sa fonction. Dans cet univers où il n'est pas permis de faire état de ses doutes, il ne fait pas mystère de ceux qui l'assaillent parfois. L'homme est un étonnant mélange d'assurance et d'humilité, de certitudes et de doutes. « Je suis un anxieux. Et la seule façon de ne pas l'être, c'est de travailler, travailler, travailler... », avait-il dit à quelques journalistes au lendemain de sa nomination aux Affaires sociales.

Son arrivée surprise à ce poste, son installation dans un palais en piteux état, sa plongée dans le code du travail et sa découverte des négociations marathons avec les leaders syndicaux, c'était en janvier 2009. Il y a presque un an. Depuis, Hortefeux a encore bougé. C'est son troisième changement d'affectation depuis le début du quinquennat. Après l'Immigration, après les Affaires sociales, il est arrivé place Beauvau fin juin 2009. Et s'il est contrarié au sujet du nombre d'églises, c'est parce que le ministre de l'Intérieur – qu'il est maintenant – est aussi en charge des Cultes.

Après avoir grimpé en bougonnant l'escalier qui conduit au premier étage, notre hôte prend place à la table de la petite et sobre salle à manger. Contrairement à notre dernière rencontre, en mars, il ne dira pas un mot sur l'état de son nouveau ministère. Beauvau est bien tenu. Et le locataire des lieux habite la fonction. Il est dans son élément. La délinquance, l'identité nationale, les régionales de 2010 et la polémique de Seignosse sont au menu de ce petit déjeuner. Mieux encore, le ministre va très vite oublier ce papier qui l'a mis de si méchante humeur.

L'identité nationale est LE sujet de la journée. *Le Monde* va faire paraître en début d'après-midi une tribune signée du président de la République sur la question. Et un débat sur le sujet est organisé en fin de journée à l'Assemblée nationale. « C'est une question essentielle pour notre société », dit-il. Mais, précise le ministre, « la question, ce n'est pas que l'immigration, même si l'immigration est un élément constitutif de cette identité ». Hortefeux se souvient d'ailleurs d'avoir convié, lorsqu'il avait le maroquin de l'Immigration, « une centaine d'ambassadeurs étrangers à la cité de l'Immigration » pour célébrer les pays dont sont originaires les millions d'immigrés qui se sont installés en France et nourrissent, depuis des siècles, notre pays. Au passage, le ministre amoche *Le Nouvel Observateur* : « Ils disent que je n'ai jamais mis les pieds à la cité de l'Immigration. C'est faux. J'y suis allé trois fois. » Exigeant vis-à-vis de lui-même, il l'est aussi avec ceux qui ne potassent pas suffisamment leurs dossiers. Il remettra d'ailleurs à sa place l'une d'entre nous : « Les journalistes n'ont pas beaucoup d'estime pour les hommes politiques, mais il peut arriver que la réciproque soit vraie », admet-il avec l'humour grinçant dont il ne se départit jamais. À propos des supposées approximations des médias, il ajoute, dans une nouvelle note d'humour : « Cela agace même les plus placides, comme moi. »

Placide, Brice Hortefeux ? Pas vraiment. Et encore moins lorsqu'on l'interroge sur l'embarras que suscite dans la majorité ce débat sur l'identité nationale. Il a fait sienne la devise du président de la République : « Quand je me contemple, je me désole. Quand je me compare, je me console. » Un embarras dans la majorité ? « Pas du tout », rétorque-t-il agacé, préférant pointer le « vide sidéral de la gauche » sur cette question, comme sur celles de « la protection sociale » et des « flux migratoires ». « Hollande, que j'aime bien, avait résumé cela quand j'étais à l'Immigration. Il avait dit : "Il faut une régularisation générale [des sans-papiers] au cas par cas." » Curieuse formule en effet !

Le voilà qui décrit un parti socialiste dévasté par ses querelles internes et fait mine de le regretter puisque, dit-il, « la démocratie a besoin d'une opposition ». L'ancien Premier ministre socialiste Laurent Fabius ? « C'est la dégringolade aux enfers. » L'actuelle première secrétaire du PS ? « Aubry, c'est une succession de poncifs. » Pour Hortefeux, le PS a « un problème majeur », celui de la bataille livrée en ordre dispersé, sans ligne directrice. « Regardez Aubry, elle prend position pour la régularisation générale [des sans-papiers]. Ensuite, on a Peillon[1] qui parle d'une régularisation générale mais pragmatique... Autant d'interventions, autant de positions. » Les dissensions au sein du PS résonnent jusqu'en Auvergne, la région dont il est conseiller régional, pour laquelle il est candidat en mars 2010[2], et où il a ses attaches familiales. « Le président sortant[3] s'est fait retoquer sa liste », explique Hortefeux. Il ajoute : « Je l'ai vu la semaine dernière et je lui ai dit : Arrête de déconner, sinon on va gagner ! » Traduction : si vous, les socialistes, continuez à vous battre entre vous, la majorité va vous reprendre l'Auvergne. Toujours cet humour grinçant, mêlé d'autodérision ! Pendant que les barons socialistes s'étripent en Auvergne, « Georges Frêche[4] devient tête de liste avec 97 % des voix des militants », s'étonne encore le ministre. Et, pour couronner le tout, les socialistes ne cherchent même plus à faire semblant de s'entendre. Ils s'étripent en public. « La semaine dernière, raconte-t-il, Glavany a hurlé à Valls[5] à l'Assemblée : "Monsieur Valls, nous n'avons pas besoin de garde-chiourme." »

Cette anecdote le replonge dans de vieux souvenirs. Le ministre raconte le dîner qu'il a partagé en 1997 avec, entre autres, Laurent Fabius et un grand patron.

---

1. Vincent Peillon, député européen PS.

2. Brice Hortefeux conduira la liste du département du Puy-de-Dôme.

3. Le socialiste René Souchon est président du conseil régional d'Auvergne.

4. Le président du conseil régional de Languedoc-Roussillon a été exclu du PS il y a deux ans, après ses propos sur les harkis. Après l'avoir d'abord laissé présenter sa liste, le PS a finalement changé d'avis en février 2009.

5. Jean Glavany : député PS des Hautes-Pyrénées. Manuel Valls : maire PS d'Évry et député de l'Essonne.

Déjeuners avec des ministres sous pression

C'était avant la dissolution. Le grand patron avait alors expliqué que Chirac s'apprêtait à dissoudre l'Assemblée. « Fabius a commencé par dire : "Je n'y crois absolument pas." Puis il a ajouté : "Nous ne sommes absolument pas prêts. C'est peut-être ce qui nous permettra de gagner." » L'ancien Premier ministre ne croyait pas si bien dire...

Mais qu'en est-il des régionales de 2010, qui auront valeur de test national ? Hortefeux, également vice-président de l'UMP, ne s'étend pas sur le sujet : « La majorité part unie, l'opposition part divisée », explique-t-il. Manière de signifier que son camp arrivera sans doute en tête au premier tour dans beaucoup de régions. Manière peut-être aussi d'admettre que la majorité n'aura pas beaucoup de réserve de voix au second tour, mais qu'elle pourrait éventuellement gagner quelques régions grâce à d'éventuelles triangulaires. Quoi qu'il en soit, la majorité est en ordre de bataille, estime-t-il. Les thèmes de campagne sont arrêtés : « la folie fiscale » dans les régions, « la régularisation générale des sans-papiers » proposée par Aubry, « les questions de sécurité » que lui-même défend en tant que ministre de l'Intérieur.

Hortefeux profite de l'occasion pour nous annoncer que les chiffres de la délinquance de novembre devraient être « bons ». Si la tendance se poursuit en décembre, « je pourrais annoncer, en janvier, la septième année consécutive de baisse », se félicite-t-il. Mais pourquoi diable communiquer tous les mois sur la délinquance ? « Sarkozy a mis cela en place lorsqu'il était ici et d'ailleurs cela présente quelques avantages », répond le ministre sans plus de précisions. Il poursuit : « En fait, mon problème, c'est de changer les agrégats de l'Observatoire national de la délinquance. Mais je ne peux le faire que si j'ai une tendance à la baisse qui se poursuit. Sinon, que ne vais-je pas entendre ! On va me dire que je casse le thermomètre parce que les résultats sont mauvais. » Quel est donc le problème avec ces indicateurs ? « Plus on lutte contre la drogue, plus on fait remonter les chiffres de la délinquance », explique Hortefeux.

Avant de le nommer à l'Intérieur, Sarkozy avait mis en garde son ami. « Il m'a dit : "C'est une maison qui travaille à la pression." » Depuis, l'« hypermnésique » président observe de très près son ministre. Il s'est ainsi rendu place Beauvau le 2 septembre 2009, alors que Hortefeux réunissait les directeurs de la police et de la gendarmerie. À l'époque, la délinquance était en hausse depuis mars. Le président a demandé en personne aux policiers et aux gendarmes de « redresser la situation ». Hortefeux y a-t-il vu une quelconque reprise en main de la part de Sarkozy ? Pas du tout. « Nous nous étions vus la veille et il m'a dit : "La seule chose qui me préoccupe, c'est que tu réussisses" », confie-t-il. Il ajoute : « Pour MAM[1], c'était très dur puisque la réunion s'était faite à l'Élysée. »

Depuis, la délinquance serait en baisse. La pression a fait son œuvre, assure-t-il. Selon le ministère de l'Intérieur, elle a baissé de 5,94 % en octobre 2009 par rapport à octobre 2008. Et notre hôte semble ici dans son élément. Le maroquin dont il rêve depuis si longtemps a tenu ses promesses. Son collègue des Transports, Dominique Bussereau, le croit « malheureux ». Il n'en est rien. « C'est le plus beau des ministères que j'aurai jamais, s'enflamme-t-il. C'est un ministère formidable », parce que, dit-il, il y a la sécurité des Français, mais aussi « la sécurité routière, la lutte contre le terrorisme, les collectivités locales, l'outre-mer ». « Je suis très heureux à l'Intérieur, ajoute-il encore. C'est un poste très différent des autres en termes de pression et de mobilisation

---

[1]. Michèle Alliot-Marie.

physique », poursuit-il. De fait, l'Intérieur est un sacerdoce : pas de week-end et presque pas de congés. Et les rares repos qu'ils s'accordent ne durent pas forcément très longtemps. Ils peuvent être appelés à tout moment, de jour comme de nuit. Hortefeux sait déjà qu'il passera le Nouvel An dans son ministère. Est-ce pour cette raison qu'un sapin, qu'il nous a curieusement proposé de décorer à notre arrivée, est installé dans la petite salle à manger ? Sans doute. Quoi qu'il en soit, Michèle Alliot-Marie, qui l'a précédé et officie maintenant place Vendôme, avoue ne pas regretter ce rythme d'enfer. « À la Justice, on a le temps de préparer les choses un peu à l'avance », confiait-elle quelques jours plus tôt.

Ce rythme n'est pas pour déplaire à son successeur qui multiplie les déplacements sur le terrain. Au cours de ce petit déjeuner, il en évoque un avec amusement. À la Toussaint, il s'était rendu au bord d'une route pour sensibiliser les automobilistes au respect des règles de la sécurité routière. Imaginez la surprise de ceux qui se sont fait arrêter par le ministre de l'Intérieur en personne. Brice Hortefeux ne s'en lasse pas. « Le premier était un monsieur un peu âgé qui a été pris à 136 kilomètres/heure. Quand je lui ai dit que ce n'était pas bien, il m'a répondu : "Ne me l'expliquez pas, je suis un ancien gendarme." » Il y a quinze jours, il était en Corse pour vendre aux élus de l'île de Beauté la réforme territoriale et tenter d'apaiser les tensions entre les deux frères ennemis que sont Camille de Rocca Serra et Ange Santini[1]. « J'ai été agréablement surpris par Camille. Il a été plutôt habile et bon dans l'expression », commente Hortefeux qui ajoute : « Il fait partie d'une grande famille et son père était un des rares parlementaires qui

---

1. Camille de Rocca Serra : président de l'Assemblée de Corse et député UMP de Haute-Corse. Ange Santini : président UMP du conseil régional de Corse.

pouvait venir armé dans l'hémicycle. » Aujourd'hui, l'agenda du ministre est encore surchargé : discours pour les 65 ans des CRS, réunion de groupe à l'Assemblée, déjeuner avec François Fillon, questions d'actualité, réunion UMP, etc. Sans compter les impondérables. Ce matin, ce sont deux policiers qui défraient la chronique. Ils ont dévalisé un magasin parisien. Mais l'endroit étant équipé de caméras de surveillance, ils ont été très vite arrêtés : « Vous voyez bien que ça sert à quelque chose, les caméras de surveillance ! » s'exclame Hortefeux, tout en soupirant à l'idée de devoir gérer cette encombrante histoire de flics « ripoux ».

Peu importe. Il aime la pression. Et déteste les faux plats. Est-il plus heureux à l'Intérieur qu'il ne l'était aux Affaires sociales, où son passage n'a guère laissé de traces ? Sans aucun doute. Mais il se refuse à émettre la moindre critique sur son ancien maroquin. « Les Affaires sociales m'ont permis de m'ouvrir à d'autres sujets, explique-t-il. Et puis, j'y ai fait des choses, se défend-il. J'ai eu à gérer cinq grandes manifestations sociales sans qu'à aucun moment le dialogue social ait été interrompu. J'ai relancé le travail du dimanche. J'ai remis en selle le dossier des retraites. Mais, là, je dois avouer que c'était involontaire. J'avais déjà dit quinze fois la même chose et la seizième fois, je ne sais pas ce qui s'est passé, le sujet est parti. » Disant cela, le ministre se remémore encore les raccourcis de quelques journalistes : « Fogiel a dit que je voulais retarder l'âge du départ en retraite à 67 ans. Je l'ai appelé », dit-il. Hortefeux égratigne les journalistes, les taquine, s'énerve contre eux, prend souvent son téléphone quand il n'est pas d'accord. À l'entendre, il y aurait de quoi faire puisque, dit-il, Nicolas Sarkozy « est assiégé par la presse ». Il livre même son explication : « Les journalistes n'ont pas voté Sarkozy. Et, comme ils sont des prescripteurs d'opinion, c'est un désaveu pour eux », analyse-t-il. En réalité, il apprécie bien plus les médias qu'il ne veut le laisser croire. « Je n'ai pas le sentiment d'être maltraité. Honnêtement non », assure-t-il d'ailleurs.

Nous y voilà. Le ministre rescapé revient sur l'affaire qui aurait pu lui coûter son poste mais qu'il a su gérer habilement. Fin août, il est filmé à son insu lors de l'université d'été de l'UMP, qui a lieu à Seignosse, dans les Landes. Sur la vidéo, qui sera diffusée par *Le Monde* le 10 septembre, on le voit avec Jean-François Copé, en pleine discussion avec des militants UMP d'Auvergne. On rit, on s'amuse, on fait des blagues de comptoir, une militante parle des Arabes, du porc et de la bière... et puis tout ce petit monde commence à déraper en présence d'un jeune homme d'origine maghrébine. « Quand il y en a un, ça va. C'est quand il y en a beaucoup qu'il y a des problèmes », lâche alors Brice Hortefeux devant un Jean-François Copé hilare. Deux heures après sa mise en ligne, la vidéo a déjà fait le tour de la Toile. Les dépêches dégringolent et l'opposition crie au scandale.

« Vous avez été les uns et les autres totalement instrumentalisés. Pour lancer la polémique, on a mis le mot arabe dans ma bouche dans le sous-titrage et ça a marché », explique aujourd'hui Brice Hortefeux. Mais il reconnaît que « la presse ne s'est pas acharnée » sur lui. Certes, l'AFP, dit-il, a commencé à faire des dépêches sur ses « propos racistes », mais très vite, l'agence s'est ravisée et les propos ont été qualifiés d'« ambigus », puis d'« équivoques ». À l'opposé, certains journalistes, que l'on ne peut guère soupçonner d'être proches du pouvoir, ont ensuite apporté leur soutien à Hortefeux. C'est le cas de Nicolas Domenach, directeur adjoint de la rédaction de l'hebdomadaire *Marianne*, que le ministre se souvient d'avoir vu à l'époque dans une émission de télévision : « Domenach a dit : "Hortefeux, je le connais depuis seize ans. Le racisme chez lui, même pas en rêve !" »

Durant cette période, le ministre a effectivement reçu beaucoup de soutiens. Dalil Boubakeur, le recteur de la grande mosquée de Paris et l'ancien président du Conseil français du culte musulman (CFCM) qui a défendu le ministre ? « Je ne l'ai pas sollicité », affirme Hortefeux. Mohammed Moussaoui, l'actuel président du CFCM ? Idem. Le député PS de Paris, Jean-Christophe Cambadélis ? Lui aussi est monté au front. « Je ne lui avais jamais parlé de ma vie », assure Hortefeux. Et le maire de Montpellier, Georges Frêche, qui s'est fait exclure du PS après avoir traité les harkis de « sous-hommes » ? « Il a dit : Hortefeux n'est pas raciste », poursuit le ministre. Certes, celui-ci admet aujourd'hui qu'il se serait volontiers passé, à l'époque, de l'encombrant soutien du président du Front national. « Le Pen a dit que j'étais un type hyper-bien. Là, je me suis dit qu'il y avait un problème si Le Pen se mettait à me soutenir », soupire-t-il. Quant à ses collègues du gouvernement, ils ont fait bloc. Tous unis pour défendre le confident du président. « Il y a une raison. Chacun sait qu'il peut aussi se faire avoir », analyse-t-il. D'ailleurs, selon lui, le président attend de ses ministres d'être solidaires dans les moments difficiles : « Il dit souvent : "Soyez tranquilles, vous aurez sans doute un jour ou l'autre à faire face à une polémique." »

Pour faire retomber la pression, Hortefeux n'a pas ménagé ses efforts. Au programme : beaucoup de déplacements et, surtout, deux grandes épreuves... deux grands oraux. En pareil cas, « il ne faut pas se louper, c'est quitte ou double », confie-t-il. Le 14 septembre 2009, il se rend ainsi à la rupture du jeûne du ramadan organisée à Paris par le Conseil français du culte musulman. « Je veux donc dire mes regrets. Au-delà d'une polémique inutile et injuste, j'exprime mon respect

Déjeuners avec des ministres sous pression

pour tous les Français, celles et ceux qui vivent sur notre sol, quelles que soient leur religion, leurs convictions », dira alors le ministre. « J'étais très ému », confie-t-il aujourd'hui, ajoutant « qu'il y aurait très bien pu avoir un tiers de la salle qui se lève » en signe de protestation. Second moment fort, le 15 septembre : les questions d'actualité à l'Assemblée nationale... autant dire la fosse aux lions. Hortefeux s'est préparé seul à l'épreuve.

« D'habitude, ce sont mes conseillers qui s'occupent de mes réponses. Mais, cette fois, j'ai préféré la rédiger moi-même. C'était trop important. » Devant les députés, il dira : « J'ai exprimé mes regrets car du fait d'une interprétation inexacte, certains ont pu être blessés dans leurs convictions. L'éthique ne s'applique pas seulement aux ministres, elle s'applique aussi aux élus [...]. Où sont les regrets de ceux qui ont traité les harkis de sous-hommes ? » Il fait explicitement allusion aux propos de Georges Frêche et, plus implicitement, à ceux de Manuel Valls sur les « blancos[1] » et aux récentes accusations de fraude massive au PS lors de l'élection du premier secrétaire du parti. Le ministre a un temps songé à citer les noms de Frêche et de Valls. « J'avais même passé un coup de fil à Valls la veille pour le prévenir. Et puis, quand je me suis retrouvé devant les députés, je lui ai fait un petit signe de la tête pour lui faire comprendre que je ne parlerais pas de lui », dit-il. Avec du recul, il se réjouit de n'avoir prononcé aucun nom. « Je me suis dit : Ne fais pas aux autres ce que tu n'aimerais pas qu'on te fasse », confie-t-il. La polémique est ensuite retombée, éclipsée, il est vrai, par une autre, plus retentissante, l'affaire Frédéric Mitterrand.

---

1. Dans un reportage diffusé en juin 2009 sur Direct 8, une chaîne de la TNT, on voit le maire d'Évry, alors en visite dans une brocante de sa ville, regretter auprès de l'un de ses adjoints qu'il n'y ait que « quelques blancs, quelques white, quelques blancos ».

De cette période, Hortefeux retient en tout cas « deux gestes formidables ». D'abord, celui de son ancienne secrétaire d'État à la Ville, Fadela Amara. « Elle m'a appelé en me disant : On y va ensemble. » Traduction : je serai à tes côtés au pavillon Dauphine pour la cérémonie de rupture du jeûne organisé par le CFCM. Hortefeux profite toujours de la moindre occasion pour montrer qu'il l'apprécie. Ce 8 décembre, voilà que le ministre lui témoigne à nouveau son estime. « Elle est courageuse et sincère. Elle n'a pas changé depuis son entrée au gouvernement. C'est la seule à être restée authentique. Vous savez, on a des yeux pour observer et des oreilles pour écouter. » Deuxième « geste formidable » : celui du président et du porte-parole du conseil régional du culte musulman d'Auvergne. « Ils étaient tellement choqués par ce qui m'arrivait, raconte-t-il, qu'ils ont fait un long trajet en voiture pour être à mes côtés » lors de la cérémonie de rupture du jeûne, organisée au Pavillon Dauphine, à Paris.

De cette tornade médiatique, le ministre retient aussi le conseil de son ami Nicolas. « Le président a raison : les universités d'été se déroulent dans des ambiances trop détendues. Le reproche qu'il m'a fait, c'est de ne pas y être allé en cravate. » Dorénavant, Hortefeux ira donc à la rencontre des jeunes UMP en cravate et costume. Se croit-il à l'abri d'un autre dérapage ? Non. Il sait que son ironie permanente lui vaut d'être apprécié mais aussi qu'elle peut lui jouer de mauvais tours. « C'est compliqué. Je sais que je pourrais ressortir une connerie », admet-il, lucide, en évoquant son « tempérament ». Le voilà qui se lève et s'apprête à partir. Les CRS fêtent aujourd'hui leur soixante-cinquième anniversaire. Il est temps d'aller les retrouver. Et Hortefeux lâche en s'amusant : « Avec les CRS, il ne faut pas être en retard. Sinon, vous savez bien ce qui se passe. Ils frappent. »

Déjeuners avec des ministres sous pression

Encore un bon mot illustrant l'humour très spécial du ministre et... son « tempérament ».

Le lendemain de ce petit déjeuner, Brice Hortefeux annoncera sa volonté de mettre en place un pacte européen contre la drogue. Ce dispositif ne sera pas sans rappeler le pacte sur l'immigration adopté par l'Union européenne en juillet 2008, sous la présidence française, lorsqu'il était alors ministre de l'Immigration. « Les trafics [de drogue] favorisent le développement d'une économie souterraine dont le chiffre d'affaires annuel est estimé à quelque 2 milliards d'euros », expliquera-t-il, précisant que « chaque jour, en France, on arrête plus de 80 dealers qui officient sur la voie publique ».

En janvier 2010, il présentera le bilan 2009 de la sécurité et annoncera une baisse de 1 % de la délinquance. « Pari pris, pari tenu », se réjouira-t-il en évoquant une « rupture » sur les quatre derniers mois de 2009. Les chiffres communiqués par le ministre seront très contestés, y compris par les syndicats de policiers. Brice Hortefeux confirmera qu'il souhaite faire évoluer, en 2010, l'outil de mesure de l'activité de la police. « Il ne s'agit pas de casser le thermomètre », dira-t-il.

Conclusion

La foule des grands jours se presse au Conseil constitutionnel. La vénérable institution fête, ce 5 mars 2009, son cinquantième anniversaire. Puisque « cette maison est celle de la République », le maître des lieux, Jean-Louis Debré, a convié les présidents, bien sûr, mais aussi tous les membres des gouvernements de la Ve encore de ce monde. Il lui en aura fallu du temps pour établir la liste des ministres et des secrétaires d'État qui ont servi le pays depuis 1958. L'ami de Chirac aurait épluché des centaines de pages du *JO*. Combien sont-ils à avoir eu le privilège de décrocher un maroquin ? 509 au total. 350 sont toujours de ce monde. Ce 5 mars 2009, pas moins de 250 personnalités sont de la fête. Retrouver les ors de la République, cela ne se refuse pas ! Se faire à nouveau donner du « Monsieur le ministre » ou du « Madame le ministre » non plus ! D'ailleurs, certains étaient là dès 17 h 15, pour une réception débutant à 18 h 30 ! Les « ex » ont fait leur entrée dans l'aile Montpensier du Palais-Royal, seuls, ou, plus rarement, par petites grappes. Ont ainsi défilé les socialistes mitterrandiens Roland Dumas et Jack Lang. Alain Devaquet a aussi répondu à l'invitation. Rappelez-vous ! Il est l'ancien ministre délégué à l'Enseignement supérieur du gouvernement Chirac. Celui qui, en 1986, a tenté de réformer l'université.

Son projet avait mis alors des centaines de milliers de jeunes dans la rue. Et s'était soldé par la mort du jeune Malik Oussekine[1]. Alain Devaquet n'est resté que huit mois ministre. Victime collatérale du mélange explosif de la jeunesse et de la rue qui a fait reculer tant de gouvernements, il a fait un temps la une des journaux. Certes, il est bien moins connu qu'une Simone Veil ou qu'un Robert Badinter, qui ont porté l'autorisation de l'interruption volontaire de grossesse et la suppression de la peine de mort. Mais beaucoup d'anciens ministres n'ont pas sa notoriété. Par égard pour ces anonymes, nous ne citerons pas de noms. D'ailleurs, le pourrions-nous ? L'ancien ministre de la Défense Jean-Pierre Chevènement, également présent à la petite sauterie du Conseil constitutionnel, en a fait la curieuse expérience. Ce soir-là, il n'a pas reconnu l'ex-ministre de la Mer venu le saluer. D'où cette confidence : « On aurait dû garder les mêmes. »

De l'ombre à la lumière, de la lumière à l'ombre... ainsi va la vie de ceux qui sont nommés, et qui ensuite doivent lâcher leur maroquin. De retour du Conseil constitutionnel, l'ancien ministre de la Culture Jean-Jacques Aillagon postait sur son blog un billet aigre-doux : « Dans un moment, tout se dissipera, nous serons à nouveau seuls, au milieu des solitudes. » Pour Aillagon, cette phrase, empruntée au chef-d'œuvre de Samuel Beckett *En attendant Godot*, qu'il vient de revoir sur scène, illustre les désillusions de ceux qui ont connu la pression du pouvoir. C'est, écrit-il, « la réflexion qu'ont dû se faire beaucoup des moins résistants [...] que je viens de croiser quand ils ont dû se remettre de la dis-

---

1. Cet étudiant de 22 ans a été tué par des voltigeurs motocyclistes dans l'entrée d'un immeuble du Quartier latin. Les deux policiers, qui l'ont frappé à mort, ont été condamnés et les brigades de voltigeurs motocyclistes supprimées.

Conclusion

grâce de ne plus être ministres ». Il ajoute, à ce propos : c'est « ce curieux état qui crée chez beaucoup de ceux qui y sont appelés le sentiment (vain) qu'il est destiné à durer toujours ».

Toujours ? Peut-être pas. Mais forcément de longs mois, parfois même quelques années. Rares sont ceux qui l'avouent. Ne pas l'admettre rend sans doute plus douloureuse encore cette chute, réelle ou supposée. Tous les ministres rencontrés depuis un an, au cours de ces déjeuners, vivront tôt ou tard cette infortune. Certains y ont déjà goûté. En juin 2009, huit ministres sont partis et huit autres ont été recrutés. La remuante Christine Boutin a dû rendre son maroquin du Logement, et l'insaisissable Rachida Dati a quitté la place Vendôme. Elles n'ont pas été les seules à devoir partir. Cinq autres ont été congédiés[1] : la ministre de la Culture, Christine Albanel, qui a hélas annulé le déjeuner prévu en pleine tempête sur la loi Hadopi ; le secrétaire d'État chargé de l'Outre-mer, Yves Jégo ; celui des Sports, Bernard Laporte ; le secrétaire d'État à la Fonction publique André Santini ; ainsi que Roger Karoutchi, qui veillait aux relations du gouvernement avec le Parlement. D'autres ont pris la suite.

Les comptes sont à refaire. Les membres du gouvernement de la Ve République ne sont plus 509, mais 516[2]. Et ce n'est pas fini. D'autres jeux de chaises musicales sont en vue, à commencer par celui qui interviendra

---

1. Au total, huit ministres et secrétaires d'État sont sortis en juin 2009. Parmi eux, il y avait Michel Barnier (Agriculture) qui a choisi de son propre chef de quitter le gouvernement et de siéger à Strasbourg. Depuis, il a obtenu le poste dont il rêvait à la Commission européenne, celui de commissaire au Marché intérieur et aux Services financiers.
2. Huit nouveaux ministres ont fait leur entrée, mais ils sont sept à n'avoir jamais été ministres. Christian Estrosi l'a déjà été.

probablement après les élections régionales de mars 2010. « Profitez de la chance que vous avez d'être au gouvernement ! » lance souvent Nicolas Sarkozy à ses ministres.

Inquiets et anxieux quand ils sont aux affaires, ils deviennent amers et perdus quand il leur faut quitter les palais de la République. Les conseillers qui veillent sur eux ne sont plus là. Les égards dont ils bénéficiaient naguère ont cédé la place, au mieux à la politesse et à l'indifférence, au pire au mépris. Dans son livre *Un député, ça compte énormément*[1], Jean-François Copé, l'ancien ministre du Budget de Villepin et de Chirac, raconte la solitude qu'il a connue lorsqu'il n'a plus été ministre : « Lorsque le chauffeur m'a déposé, dit-il, je savais que la parenthèse gouvernementale se refermait en même temps que la portière. Je redevenais un citoyen sans gyrophare ni agent de sécurité, sans pile de parapheurs ni réunions de cabinet. J'avais beau m'y attendre, j'avais beau avoir entendu les anciens ministres le dire, je me suis étonné de découvrir mon téléphone soudain silencieux, alors qu'il était pris d'assaut auparavant. »

Jégo, dans le livre qu'il a écrit après son renvoi[2], raconte avec amertume le « regard d'un maître d'hôtel si obséquieux hier et si méprisant aujourd'hui » lorsqu'il doit quitter la rue Oudinot et son secrétariat à l'Outre-mer.

Blessés, les « ex » se revoient pour discuter de leur infortune. Comprendre les raisons d'une infortune, qui ne leur a pas toujours été expliquée. Certes, ces « licenciements secs » sont bien moins durs que ceux que vivent beaucoup de salariés. Mais ils peuvent être extrêmement blessants, tant la politique est un monde vio-

---

1. Albin Michel, 2009.
2. Yves Jégo, *15 mois et 5 jours entre faux gentils et vrais méchants*, Grasset, 2009.

Conclusion

lent. Alors, les anciennes éminences se revoient, créent des liens, parfois même des amitiés. En 2004, quelques-uns des ministres remerciés du deuxième gouvernement Raffarin s'étaient retrouvés chez Lipp, pour un déjeuner. Depuis, les choses n'ont guère changé. Les congédiés de juin 2009 se sont aussi rapprochés depuis leur éviction. Jégo aurait ainsi longuement discuté avec Boutin, Santini, Albanel et Laporte. Plus de deux ans après son départ, l'ancien ministre de l'Économie et des Finances, Thierry Breton, continue toujours à voir les membres de son cabinet. Parce qu'il veut suivre leur parcours, mais peut-être aussi par nostalgie de ces années passées sous la lumière.

En réalité, beaucoup vivent dans l'espoir d'être rappelés un jour. Ils ont leurs chances, du moins ils le pensent. Nicolas Sarkozy ne cesse de répéter qu'« un ministre peut partir puis revenir ». « On s'use vite et on se régénère vite », a-t-il aussi glissé à l'un des congédiés de juin[1]. « Tu reviendras bientôt », a-t-il promis à un autre. Le président de la République connaît mieux que quiconque les petites morts et les retours tonitruants. Fin 2004, Chirac lui demandait de quitter Bercy et le gouvernement pour ne se consacrer qu'à l'UMP. Quelques mois plus tard, après l'échec au référendum sur la Constitution européenne, Sarkozy revient place Beauvau. L'insubmersible n'en était pas à sa première disgrâce. Il avait déjà connu une longue traversée du désert au lendemain de l'élection présidentielle de 1995. Et ce n'est qu'en 2002 qu'il sera à nouveau ministre. « Moi, je suis parti et revenu », répète donc le chef de l'État à ses ministres anxieux.

Les congédiés s'accrochent donc à l'idée qu'ils pour-

---

1. « Le club des ex du gouvernement », *Le Monde*, 4 novembre 2009.

raient être rappelés. Christine Boutin a expliqué, en novembre 2009, qu'elle n'était « pas sûre » d'accepter de revenir si Nicolas Sarkozy le lui demandait. Ce qui signifie qu'il est probable qu'elle accepte. L'ex-entraîneur du XV de France, Bernard Laporte, a mordu à la politique. Il a été ministre. Il veut maintenant être élu. Quant à Yves Jégo, il croit dur comme fer à son retour. Ou feint d'y croire. « Je me prépare à revenir sur le devant de la scène politique pour exercer à nouveau des responsabilités. Je le fais en songeant aux beaux parcours de certains ministres, virés comme le fut François Fillon en son temps », explique-t-il dans son livre.

Roselyne Bachelot a raison : le pouvoir est une drogue dure.

Remerciements

Aux ministres qui nous ont invitées à petit-déjeuner, déjeuner ou dîner dans leur ministère.

À ceux qui ont bien voulu se laisser inviter en dehors de leur ministère.

Aux anciens Premiers ministres, Jean-Pierre Raffarin et Dominique de Villepin, qui nous offrirent de précieux décryptages, bien sûr au cours d'un déjeuner.

À notre consœur, Marie Croccel, qui a fait un bout de chemin avec nous dans cette balade politico-culinaire.

À notre éditeur, Alexandre Wickham, qui eut le premier l'eau à la bouche.

Table

Introduction 9

Michèle Alliot-Marie, ministre de l'Intérieur,
de l'Outre-mer et des Collectivités territoriales,
vendredi 12 décembre 2008 15

Rachida Dati, ministre de la Justice,
lundi 23 février 2009 24

Nadine Morano, secrétaire d'État
chargée de la Famille et de la Solidarité,
mardi 10 mars 2009 32

Hubert Falco, secrétaire d'État
chargé de l'Aménagement du territoire,
lundi 23 mars 2009 40

Brice Hortefeux, ministre du Travail,
des Relations sociales, de la Famille,
de la Solidarité et de la Ville,
mercredi 25 mars 2009 50

Hervé Morin, ministre de la Défense,
mercredi 25 mars 2009 65

Roselyne Bachelot, ministre de la Santé et des Sports,
jeudi 26 mars 2009 73

Christine Boutin, ministre du Logement,
jeudi 14 mai 2009 82

Déjeuners avec des ministres sous pression

Éric Besson, ministre de l'Immigration,
 de l'Intégration, de l'Identité nationale
 et du Développement solidaire, mardi 2 juin 2009 95
Jean-Louis Borloo, ministre d'État,
 ministre de l'Écologie, du Développement durable
 et de l'Aménagement du territoire,
 jeudi 4 juin 2009 105
Rama Yade, secrétaire d'État
 chargée des Affaires étrangères
 et des Droits de l'homme,
 lundi 8 juin 2009 115
Chantal Jouanno, secrétaire d'État
 chargée de l'Écologie, mercredi 10 juin 2009 126
Nora Berra, secrétaire d'État chargée des Aînés,
 lundi 6 juillet 2009 136
Nathalie Kosciusko-Morizet, secrétaire d'État chargée
 de la Prospective et du développement
 de l'Économie numérique,
 mercredi 2 septembre 2009 142
Martin Hirsch, haut-commissaire aux Solidarités actives
 contre la pauvreté et à la Jeunesse,
 jeudi 3 septembre 2009 153
Hervé Novelli, secrétaire d'État chargé du Commerce,
 de l'Artisanat, des PME, du Tourisme,
 des Services et de la Consommation,
 lundi 7 septembre 2009 161
Christian Estrosi, ministre chargé de l'Industrie,
 mardi 8 septembre 2009 169
Jean-Marie Bockel, secrétaire d'État
 auprès de la ministre de la Justice et des Libertés,
 mercredi 16 septembre 2009 179
Benoist Apparu, secrétaire d'État chargé du Logement
 et de l'Urbanisme, mercredi 23 septembre 2009 189
Valérie Pécresse, ministre de l'Enseignement supérieur
 et de la Recherche, mercredi 21 octobre 2009 197

Table

Fadela Amara, secrétaire d'État
chargée de la Politique de la ville,
vendredi 23 octobre 2009 206

Dominique Bussereau,
secrétaire d'État chargé des Transports,
mercredi 4 novembre 2009 219

Éric Woerth, ministre du Budget,
des Comptes publics, de la Fonction publique
et de la Réforme de l'État,
jeudi 12 novembre 2009 230

Patrick Devedjian, ministre chargé
de la Mise en œuvre du plan de relance,
mardi 17 novembre 2009 238

Bruno Le Maire, ministre de l'Alimentation,
de l'Agriculture et de la Pêche,
lundi 23 novembre 2009 248

Laurent Wauquiez, secrétaire d'État chargé de l'Emploi,
mardi 1er décembre 2009 259

CEUX QUE NOUS AVONS REVUS

Hubert Falco, secrétaire d'État
à la Défense et aux Anciens Combattants,
mercredi 9 septembre 2009 273

Michèle Alliot-Marie, ministre d'État,
garde des Sceaux, ministre de la Justice
et des Libertés, dimanche 6 décembre 2009 282

Brice Hortefeux, ministre de l'Intérieur,
de l'Outre-mer et des Collectivités territoriales,
mardi 8 décembre 2009 292

Conclusion 305
Remerciements 311

Composition Nord Compo
Impression : Imprimerie Floch, février 2010
Éditions Albin Michel
22, rue Huyghens, 75014 Paris
www.albin-michel.fr

ISBN 978-2-226-20604-6
N° d'édition : 18948/01 – N° d'impression : 75947
Dépôt légal : mars 2010
Imprimé en France.